珞珈管理评论
Luojia Management Review

2013 年卷　第 1 辑（总第 12 辑）

武汉大学经济与管理学院主办

Accredited by
Association of MBAs

武 汉 大 学 出 版 社

图书在版编目(CIP)数据

珞珈管理评论.2013年卷.第1辑(总第12辑)/武汉大学经济与管理学院主办.
—武汉:武汉大学出版社,2013.7
ISBN 978-7-307-10832-5

Ⅰ.珞…　Ⅱ.武…　Ⅲ.企业管理—文集　Ⅳ.F270-53

中国版本图书馆 CIP 数据核字(2013)第 105315 号

责任编辑:柴　艺　　　责任校对:王　建　　　版式设计:詹锦玲

出版发行:武汉大学出版社　　(430072　武昌　珞珈山)
　　　　(电子邮件:cbs22@whu.edu.cn 网址:www.wdp.com.cn)
印刷:军事经济学院印刷厂
开本:880×1230　1/16　印张:12　字数:344 千字
版次:2013 年 7 月第 1 版　　　2013 年 7 月第 1 次印刷
ISBN 978-7-307-10832-5　　　定价:30.00 元

目　　录

CONTENTS

4　Corporate Governance

5　Marketing Management

6　Electronic Commerce and Logistics Management

股权拍卖中平行串谋防范机制研究[*]

● 郑君君[1]　关之烨[2]

（1, 2　武汉大学经济与管理学院　武汉　430072）

【摘　要】在风险投资家和外部投资者参与的风险企业股权拍卖中，可能发生外部投资者平行串谋的问题，这会损害风险投资家的利益。本文从防范外部投资者串谋的角度出发，通过在第二价格股权拍卖中建立离散博弈模型，将公开保留价和事后惩罚两种方式结合起来，探讨了这两种方式对防范串谋的共同作用。研究表明公开保留价和事后惩罚对防范串谋的作用依赖于外部投资者对股权的估值分布，并且与串谋成本有关。

【关键词】股权拍卖　平行串谋　公开保留价　事后惩罚

1. 引言

当风险企业运作成熟后，风险投资家会将风险投资退出风险企业。风险投资退出的方式有很多，其中股权拍卖方式在一定程度上能够避免风险投资退出市场上非对称信息所导致的逆向选择和道德风险问题，但在风险投资家和外部投资者参与的风险企业股权拍卖活动中，可能发生外部投资者平行串谋的问题。一些（或全部）外部投资者通过采取串谋报价或限制性的技术、商务手段等，减少有效报价数量，从而以更低的价格获得风险企业股权，损害风险投资家的利益。

20 世纪 80 年代中期，经济学家开始注意到拍卖中的串谋问题。Robinson 分析了不同拍卖方式对串谋的抵御能力，认为第二价格拍卖比第一价格拍卖更有利于串谋的形成[①]。Graham 等在独立对称的私人价值假设下，研究了第二价格拍卖与英式拍卖中投标人的串谋行为，设计了"强卡特尔"第二价格串谋机制[②]。McAfee 等在分析了包含部分投标人的"弱卡特尔"之后，研究了"强卡特尔"，论证了存在以及不存在转移支付情况下的最优串谋策略[③]。Katerina 研究了在投标人之间无信息交流时，升价拍卖中投标规则的改进和投标人估价信息的非对称性对串谋行为的影响，发现投标规则的改进和投标人私人估价信息的

＊ 本文是国家自然科学基金"基于演化博弈与多主体仿真的风险投资股权拍卖机制研究"（项目批准号：71071120）的阶段性成果。

① Robinson, M. S. . Collusion and the choice of auction[J]. *The RAND Journal of Economics*, 1985, 16(1)：141-145.

② Graham, D. A. , and Marshall, R. C. . Collusive bidder behavior at single-object second-price and English auctions [J]. *Journal of Political Economy*, 1987, 95(6)：1217-1239.

③ McAfee, R. P. , and McMillan, J. . Bidding rings[J]. *American Economic Review*, 1992, 82(3)：579-599.

改变不总是能破坏具有强烈投机愿望的投标人的串谋行为①。Chen 等研究了第二价格拍卖中投标人之间具有单边支付机制的串谋问题，发现单边货币补偿支付能促使串谋成功，避免核查问题，保证串谋的建议者和支持者事后获得非负回报②。近年来国内学者对拍卖中的串谋问题也做了相应的研究。王彦等探讨了拍卖中投标人的串谋报价，设计了"强卡特尔"第二价格串谋机制，指出在此机制下，每个卡特尔成员都会报告其真实估价，串谋的投标人在拍卖前举行一场预拍卖就可以完成利益的合理分配③。敬辉蓉等通过对具有货币补偿支付机制的"强卡特尔"的两种典型合谋机制的研究，证明了第二价格密封拍卖更有利于串谋联盟的形成④。

可以发现，对于拍卖中串谋问题的研究主要集中于不同拍卖方式对串谋的抵御能力、串谋机制以及不同条件下的串谋行为，而对串谋防范方面的研究较少。本文基于风险企业股权拍卖的背景，探讨了公开保留价和事后惩罚两种方式对防范串谋的共同作用。为此笔者通过在第二价格股权拍卖中建立外部投资者报价的离散博弈模型，分析了公开保留价和事后惩罚两种方式对防范外部投资者平行串谋的共同作用。本文的研究可以为风险投资退出股权拍卖中风险投资家有效防范和控制外部投资者平行串谋问题提供决策参考。

2．研究背景及基本假设

在风险投资家和外部投资者参与的股权拍卖活动中，外部投资者可能会相互串谋来操控投标活动，减少有效报价数量，从而以更低的价格获得风险企业股权。这种串谋行为增加了外部投资者的效用，却损害了风险投资家的利益。为了防范和控制可能存在的串谋行为，风险投资家可以使用公开保留价和事后惩罚两种方式。公开保留价的设置能够排除一部分报价过低的外部投资者，达到降低损失的目的；当发现存在串谋时，对外部投资者进行事后惩罚可以补偿利益损失。

为了分析外部投资者的平行串谋行为，有如下基本假设：

假设1：风险投资家采用设置了公开保留价 r 的第二价格拍卖方式出售风险企业股权，并将风险企业股权看做单件不可分割物品。

假设2：两个外部投资者（竞拍者）参与风险企业股权拍卖活动，外部投资者 i 的估价 v_i 为私人信息，服从离散分布，且有两个取值，分别为 $\underline{v}$，$\bar{v}$，$0 \leqslant \underline{v} < \bar{v}$，其中 $v_i = \bar{v}$ 的概率为 θ，则 $v_i = \underline{v}$ 的概率为 $1 - \theta$，$0 < \theta < 1$。

假设3：如果外部投资者串谋，事后被发现的概率为 p，被发现后要向风险投资家缴纳罚款 t。由于外部投资者在串谋时要防止被风险投资家发现而影响今后继续参加相关拍卖活动，所以外部投资者串谋时存在串谋成本 $c > 0$。

由以上假设可知，只有两个外部投资者同时串谋时，串谋行为才会发生。为了分配串谋获得的收益，在正式拍卖前，两个外部投资者先进行一场拍卖，称为预拍卖。在预拍卖中出价高的外部投资者获胜，并作为代表参加正式拍卖，另一个外部投资者不参加拍卖，或报价等于公开保留价。在外部投资者串谋

① Katerina Sherstyuk. Collusion in private value ascending price auctions [J]. *Journal of Economic Behavior & Organization*, 2002，48：177-195.

② Chien-Liang Chen, and Tauman, Y.. Collusion in one shot second-price auctions [J]. *Economic Theory*, 2006，28(1)：145-172.

③ 王彦，李楚霖. 拍卖中的串通出价 [J]. 管理工程学报，2004，18(3)：16-20.

④ 敬辉蓉，李传昭. 拍卖中卡特尔的两种合谋机制研究 [J]. 管理工程学报，2008，22(3)：130-133.

并赢得风险企业股权后，假设分配串谋收益时不存在交易费用，即二者可以平分串谋获得的收益。

另外为了分析的方便，我们还假定在股权拍卖结束后，风险投资家可以根据外部投资者的报价情况很容易判断出外部投资者之间是否存在串谋现象，也就是说风险投资家对外部投资者的监督不需要成本。

3. 风险投资家和外部投资者的期望收益分析

3.1 外部投资者不串谋时的期望收益分析

下面首先分析外部投资者不串谋时，在不同公开保留价的情形下，外部投资者的报价和期望收益以及风险投资家的期望收益。当外部投资者不串谋时，根据公开保留价的大小，可以分以下两种情况进行讨论。

第一种：当 $r \leqslant \underline{v} < \bar{v}$ 时，外部投资者(竞拍者)的报价矩阵如表1所示。

表1　　　　　　　　　　　　　$r \leqslant \underline{v} < \bar{v}$ 时外部投资者的报价矩阵

竞拍者1 ＼ 竞拍者2	$\bar{v}(\theta)$	$\underline{v}(1-\theta)$
$\bar{v}(\theta)$	$\bar{v}, \bar{v}$	$\bar{v}, \underline{v}$
$\underline{v}(1-\theta)$	$\underline{v}, \bar{v}$	$\underline{v}, \underline{v}$

当外部投资者报价组合为 $(\bar{v}, \bar{v})$ 时，两人报价相等且都超过公开保留价 r，两人获胜的概率相等。由于股权成交价等于外部投资者估价，此时获胜的外部投资者的期望收益为0。同理，当报价组合为 $(\underline{v}, \underline{v})$ 时，与报价组合 $(\bar{v}, \bar{v})$ 一样，获胜的外部投资者的期望收益也为0。当外部投资者报价组合为 $(\bar{v}, \underline{v})$ 或 $(\underline{v}, \bar{v})$ 时，报价为 $\bar{v}$ 的外部投资者获胜并向风险投资家支付 $\max\{r, \underline{v}\} = \underline{v}$，这两种情况发生的概率均为 $\theta(1-\theta)$。因此，外部投资者的期望收益为：

$$U_{E1} = \theta(1-\theta)(\bar{v} - \underline{v}) \tag{1}$$

风险投资家的期望收益为：

$$U_{S1} = \theta^2 \bar{v} + 2\theta(1-\theta)\underline{v} + (1-\theta)^2 \underline{v} = \theta^2 \bar{v} + (1-\theta^2)\underline{v} \tag{2}$$

第二种：当 $\underline{v} < r \leqslant \bar{v}$ 时，外部投资者(竞拍者)的报价矩阵如表2所示。

表2　　　　　　　　　　　　　$\underline{v} < r \leqslant \bar{v}$ 时外部投资者的报价矩阵

竞拍者1 ＼ 竞拍者2	$\bar{v}(\theta)$	$\underline{v}(1-\theta)$
$\bar{v}(\theta)$	$\bar{v}, \bar{v}$	$\bar{v}, -$
$\underline{v}(1-\theta)$	$-, \bar{v}$	$-, -$

外部投资者报价组合为$(\bar{v},\bar{v})$时，两者报价相等且都超过公开保留价r，此时两个外部投资者获胜的概率相等，但获胜者的期望收益为0。当外部投资者估价组合为$(\underline{v},\bar{v})$或$(\bar{v},\underline{v})$时，由于$\underline{v}<r$，估价为$\underline{v}$的外部投资者将不会参与股权拍卖，因此有报价组合$(-,\bar{v})$或$(\bar{v},-)$，此时估价为$\bar{v}$的外部投资者赢得风险企业股权并支付公开保留价r，这两种情况发生的概率均为$\theta(1-\theta)$。当两者的估价均为$\underline{v}$时，估价都小于公开保留价r，参与拍卖反而会降低他们的效用，所以两者都不会参与股权拍卖。因此，外部投资者的期望收益为：

$$U_{E2}=\theta(1-\theta)(\bar{v}-r) \qquad (3)$$

风险投资家的期望收益为：

$$U_{S2}=\theta^2\bar{v}+2\theta(1-\theta)r \qquad (4)$$

3.2 外部投资者串谋时的期望收益分析

下面分析外部投资者串谋时，在不同公开保留价的情形下，外部投资者的报价和期望收益以及风险投资家的期望收益。在外部投资者平行串谋时，根据公开保留价的大小，同样可以分两种情况进行讨论。

第一种：当$r\leqslant\underline{v}<\bar{v}$时，外部投资者（竞拍者）的报价矩阵如表3所示。

表3 $r\leqslant\underline{v}<\bar{v}$ 时外部投资者的报价矩阵

竞拍者1 ＼ 竞拍者2	$\bar{v}(\theta)$	$\underline{v}(1-\theta)$
$\bar{v}(\theta)$	$\bar{v},r$ 或 $r,\bar{v}$	$\bar{v},r$
$\underline{v}(1-\theta)$	$r,\bar{v}$	$\underline{v},r$ 或 $r,\underline{v}$

当估价组合为$(\bar{v},\bar{v})$时，两个外部投资者通过预拍卖选择其中一个作为代表参加正式拍卖，并报告自己的真实估价，而另一个报告公开保留价r，即有报价组合$(\bar{v},r)$或$(r,\bar{v})$。可以发现这一报价组合改善了外部投资者的效用，对外部投资者具有串谋的激励。外部投资者进行串谋，获得串谋收益，同时支付串谋成本，另外还要承担被发现的风险，这种情况发生的概率为θ^2。同理当估价组合为$(\underline{v},\underline{v})$时，外部投资者串谋并有报价组合$(\underline{v},r)$或$(r,\underline{v})$，出现的概率为$(1-\theta)^2$。当估价组合为$(\underline{v},\bar{v})$或$(\bar{v},\underline{v})$时，估价为$\bar{v}$的外部投资者作为代表参加正式拍卖，并报告自己的真实估价，估价为$\underline{v}$的外部投资者则报告公开保留价r，这两种情况发生的概率均为$\theta(1-\theta)$。因此，外部投资者的期望收益为：

$$\hat{U}_{E1}=\frac{\theta^2}{2}(\bar{v}-r)+\theta(1-\theta)(\bar{v}-r)+\frac{(1-\theta)^2}{2}(\underline{v}-r)-c-pt$$
$$=\left(\theta-\frac{\theta^2}{2}\right)(\bar{v}-r)+\frac{(1-\theta)^2}{2}(\underline{v}-r)-c-pt \qquad (5)$$

风险投资家的期望收益为：

$$\hat{U}_{S1}=r+2pt \qquad (6)$$

第二种：当$\underline{v}<r\leqslant\bar{v}$时，外部投资者（竞拍者）的报价矩阵如表4所示。

表4 $\underline{v}<r\leqslant\bar{v}$ 时外部投资者的报价矩阵

竞拍者1＼竞拍者2	$\bar{v}(\theta)$	$\underline{v}(1-\theta)$
$\bar{v}(\theta)$	$\bar{v},r$ 或 $r,\bar{v}$	$\bar{v},r$
$\underline{v}(1-\theta)$	$r,\bar{v}$	$-,-$

当估价组合为 $(\bar{v},\bar{v})$ 时，外部投资者报价组合为 $(\bar{v},r)$ 或 $(r,\bar{v})$，其中一个外部投资者作为代表参加正式拍卖，并以公开保留价 r 赢得风险企业股权，这种情况发生的概率为 θ^2。当外部投资者估价组合为 $(\underline{v},\bar{v})$ 或 $(\bar{v},\underline{v})$ 时，估价为 $\bar{v}$ 的外部投资者作为代表参加正式拍卖并以公开保留价 r 赢得风险企业股权，这两种情况发生的概率均为 $\theta(1-\theta)$。当估价组合为 $(\underline{v},\underline{v})$ 时，两个外部投资者的估价都低于公开保留价 r，风险投资家不会出售风险企业股权。因此，外部投资者的期望收益为：

$$\hat{U}_{E2}=\frac{\theta^2}{2}(\bar{v}-r)+\theta(1-\theta)(\bar{v}-r)-c-pt=\left(\theta-\frac{\theta^2}{2}\right)(\bar{v}-r)-c-pt \tag{7}$$

风险投资家的期望收益为：

$$\hat{U}_{S2}=\theta^2 r+2\theta(1-\theta)r+2pt=(2\theta-\theta^2)r+2pt \tag{8}$$

4. 公开保留价和事后惩罚对防范串谋的共同作用

下面根据公开保留价的大小，分两种情况讨论公开保留价和事后惩罚对防范外部投资者平行串谋的共同作用。

4.1 $r\leqslant\underline{v}<\bar{v}$ 时公开保留价和事后惩罚对防范串谋的作用

当 $r\leqslant\underline{v}<\bar{v}$ 时，如果外部投资者不串谋获得的期望收益不低于串谋的期望收益，即 $U_{E1}\geqslant\hat{U}_{E1}$，也就是说串谋并没有改善其效用，那么外部投资者没有串谋的激励，串谋行为也就不会发生。$U_{E1}\geqslant\hat{U}_{E1}$，由式(1)和式(5)有：

$$\theta(1-\theta)(\bar{v}-\underline{v})\geqslant\left(\theta-\frac{\theta^2}{2}\right)(\bar{v}-r)+\frac{(1-\theta)^2}{2}(\underline{v}-r)-c-pt \tag{9}$$

设 $t_1(r)$ 为 $U_{E1}\geqslant\hat{U}_{E1}$，即式(9)的解，可以得到：

$$t_1(r)\geqslant\frac{1}{p}\left[\left(\theta-\frac{\theta^2}{2}\right)(\bar{v}-r)+\frac{(1-\theta)^2}{2}(\underline{v}-r)-\theta(1-\theta)(\bar{v}-\underline{v})-c\right] \tag{10}$$

由式(10)发现，公开保留价和事后惩罚对防范外部投资者平行串谋的作用具有替代性。事后惩罚 $t_1(r)$ 随着公开保留价 r 的增加而减小，当公开保留价足够防范串谋时，事后惩罚的作用变得不再明显。

由式(5)可知，串谋时外部投资者的期望收益随着公开保留价和事后惩罚力度的增大而减小。当事后惩罚与公开保留价满足式(10)时，串谋行为不会发生，这时风险投资家的期望收益即为外部投资者不串谋时的收益，根据式(2)，风险投资家的期望收益与公开保留价和事后惩罚无关。因此在满足式(10)的条件下，风险投资家可以设置尽可能大的公开保留价。对于风险投资家来说最优选择是令 $r=\underline{v}$，此时 $t=t_1(\underline{v})$。

5

根据式(10)有：

$$t_1(\underline{v}) \geqslant \frac{1}{p}\left[\frac{\theta^2}{2}(\bar{v} - \underline{v}) - c\right] \tag{11}$$

当 $\frac{1}{p}\left[\frac{\theta^2}{2}(\bar{v} - \underline{v}) - c\right] \geqslant 0$，即 $c \leqslant \frac{\theta^2}{2}(\bar{v} - \underline{v})$ 时，不妨令 $t_1(\underline{v}) = \frac{1}{p}\left[\frac{\theta^2}{2}(\bar{v} - \underline{v}) - c\right]$，此时外部投资者串谋与不串谋的期望收益相等，一般认为串谋行为不会发生；当 $c > \frac{\theta^2}{2}(\bar{v} - \underline{v})$，即 $\frac{1}{p}\left[\frac{\theta^2}{2}(\bar{v} - \underline{v}) - c\right] < 0$ 时，事后惩罚 $t = t_1(\underline{v}) = 0$。

当 $[r, t] = [\underline{v}, t_1(\underline{v})]$ 时，风险投资家的期望收益为：

$$U_{S1} = \theta^2 \bar{v} + (1 - \theta^2)\underline{v} \tag{12}$$

4.2 $\underline{v} < r \leqslant \bar{v}$ 时公开保留价和事后惩罚对防范串谋的作用

令 $U_{E2} \geqslant \hat{U}_{E2}$，即当 $\underline{v} < r \leqslant \bar{v}$ 时，外部投资者不串谋时的期望收益不低于串谋的收益，此时外部投资者不会串谋。由式(3)和式(7)可以得到：

$$\theta(1 - \theta)(\bar{v} - r) \geqslant \left(\theta - \frac{\theta^2}{2}\right)(\bar{v} - r) - c - pt \tag{13}$$

设 $t_2(r)$ 为 $U_{E2} \geqslant \hat{U}_{E2}$，即式(13)的解，则有：

$$t_2(r) \geqslant \frac{1}{p}\left[\frac{\theta^2}{2}(\bar{v} - r) - c\right] \tag{14}$$

由式(7)可知，外部投资者串谋的期望收益随着公开保留价和事后惩罚的上升而减小。当事后惩罚与公开保留价满足式(14)时，可以防范外部投资者串谋，而根据式(4)，风险投资家的期望收益随着公开保留价 r 的上升而增加。因此为了最大化自身的期望收益并防范外部投资者串谋，风险投资家应该设置尽可能高的公开保留价，同时令事后惩罚与公开保留价满足式(14)。

风险投资家的最优选择是 $r = \bar{v}$，$t = t_2(\bar{v})$。式(14)可知：

$$t_2(\bar{v}) \geqslant -\frac{c}{p} \tag{15}$$

因为 $-\frac{c}{p} < 0$，所以 $t = t_2(\bar{v}) = 0$，即公开保留价和事后惩罚两种方式的组合为 $[r, t] = [\bar{v}, t_2(\bar{v})] = [\bar{v}, 0]$。风险投资家的期望收益为：

$$U_{S2} = (2\theta - \theta^2)\bar{v} \tag{16}$$

4.3 公开保留价和事后惩罚的最优组合

在分析了两种情况下公开保留价和事后惩罚对防范外部投资者平行串谋的共同作用后，下面通过两种情况下风险投资家期望收益的比较，确定公开保留价和事后惩罚的最优组合。

假设 $[\underline{v}, t_1(\underline{v})]$ 为最优组合，式(12)要大于式(16)，即有：

$$\theta^2 \bar{v} + (1 - \theta^2)\underline{v} > (2\theta - \theta^2)\bar{v} \tag{17}$$

整理式(17)得：

$$(1 + \theta)\underline{v} > 2\theta\bar{v} \tag{18}$$

通过以上分析，得到如下结论：

在两个外部投资者参与的第二价格股权拍卖中，为了防范外部投资者平行串谋，风险投资家可以设置公开保留价和事后惩罚的最优组合为：

(1) 当 $(1 + \theta) \underline{v} \leqslant 2\theta \bar{v}$ 时，$[r, t] = [\bar{v}, t_2(\bar{v})] = [\bar{v}, 0]$；

(2) 当 $(1 + \theta) \underline{v} > 2\theta \bar{v}$ 时，则有：

$$\begin{cases} [r, t] = [\underline{v}, t_1(\underline{v})] = [\underline{v}, t_1] & 0 < c \leqslant \dfrac{\theta^2}{2}(\bar{v} - \underline{v}) \\ [r, t] = [\underline{v}, t_1(\underline{v})] = [\underline{v}, 0] & c > \dfrac{\theta^2}{2}(\bar{v} - \underline{v}) \end{cases} \tag{19}$$

其中：
$$t_1 = \frac{1}{p}\left[\frac{\theta^2}{2}(\bar{v} - \underline{v}) - c\right] \tag{20}$$

通过上述结论，可以发现公开保留价和事后惩罚对防范串谋的共同作用，依赖于外部投资者的估价分布，另外还与串谋成本有关。实际上，公开保留价和事后惩罚对外部投资者平行串谋的防范作用主要体现在 $(1 + \theta)\underline{v} > 2\theta\bar{v}$ 时。当串谋成本 c 很小，$0 < c \leqslant \dfrac{\theta^2}{2}(\bar{v} - \underline{v})$，即串谋比较容易发生时，对外部投资者处以事后惩罚 t_1 会减少其串谋的期望收益，降低其串谋激励，从而起到防范串谋的作用。而当串谋成本非常大时，$c > \dfrac{\theta^2}{2}(\bar{v} - \underline{v})$，外部投资者缺乏串谋动机，因此只要设置公开保留价 $r = \underline{v}$ 就足以防范串谋，事后惩罚的作用不再明显。随着公开保留价的上升，外部投资者串谋的期望收益减少，当公开保留价足够大时，$r = \bar{v}$，事后惩罚的作用同样不再明显。

5. 结语

股权拍卖能够有效揭示非对称信息情况下风险企业股权的真实价值，但在具体实施过程中，可能会发生外部投资者平行串谋的问题，这会损害风险投资家的利益，降低市场配置效率。基于风险投资家的视角，本文在风险企业股权第二价格拍卖中，探讨了公开保留价和事后惩罚对防范外部投资者平行串谋的共同作用，得到了公开保留价和事后惩罚的最优组合。通过研究，本文能够为股权拍卖中风险投资家防范和控制外部投资者平行串谋提供决策参考，具有借鉴意义。

（作者电子邮箱：99zhengjunjun@163.com）

◎ 参考文献

[1] 王彦，李楚霖. 拍卖中的串通出价[J]. 管理工程学报，2004，18(3).

[2] 敬辉蓉，李传昭. 拍卖中卡特尔的两种合谋机制研究[J]. 管理工程学报，2008，22(3).

[3] Chien-Liang Chen, and Tauman, Y.. Collusion in one shot second-price auctions[J]. *Economic Theory*, 2006，28(1).

[4] Graham, D. A., and Marshall, R. C.. Collusive bidder behavior at single-object second-price and English auctions[J]. *Journal of Political Economy*, 1987，95(6).

[5] Katerina Sherstyuk. Collusion in private value ascending price auctions[J]. *Journal of Economic Behavior & Organization*, 2002，48.

[6] McAfee, R. P., and McMillan, J.. Bidding rings[J]. *American Economic Review*, 1992，82(3).

[7]Robinson, M. S.. Collusion and the choice of auction[J]. *The RAND Journal of Economics*, 1985, 16(1).

Research on the Prevention Mechanism of
Parallel Collusion in Equity Auction

Zheng Junjun[1]   Guan Zhiye[2]

(1, 2 Economics and Management School of Wuhan University, Wuhan, 430072)

Abstract: In the equity auction participated by venture capitalist and external investors, external investors' parallel collusion which damages venture capitalist's interest will probably happen. From the angle of collusion prevention of external investors, this paper combines the public reserve price and afterwards punishment, and analyzes the combined effect of public reserve price and afterwards punishment on preventing collusion in the second-price equity auction through establishing a discrete game model. The research finds that the roles of public reserve price and afterwards punishment rely on the value distribution of external investors, and are also related to the cost of collusion.

Key words: Equity auction; Parallel collusion; Public reserve price; Afterwards punishment

COD 允许排放量免费分配方案的有效性评价[*]

● 饶从军[1,2]

（1 华中科技大学管理学院　武汉　430074；2 黄冈师范学院数学与计算机科学学院　黄冈　438000）

【摘　要】本文以环境规划中化学需氧量（COD）允许排放量的分配问题为背景，研究了现有免费分配的有效性评价问题。具体来说，本文分析了 COD 允许排放量免费分配方法存在的局限性，基于具有激励性的可分离物品统一价格拍卖思想，建立了一个 COD 允许排放量免费分配的有效性评价模型，论证了其用来分析和评价免费分配有效性的可行性和合理性，研究了免费分配有效性的评价指标及步骤，并以一个 COD 允许排放量免费分配的有效性评价决策实例，说明了具体的评价实施过程。本文的研究可为污染物总量控制的有效实施和排污申报制度的改进提供理论依据与方法指导。

【关键词】COD 允许排放量　免费分配　统一价格拍卖　有效性评价

1. 引言

污染物允许排放量是一种特殊的"稀有"资源，其价值受区域、企业、时间和政策等因素的影响，应当得到合理的配置。污染物允许排放量分配的公平性和有效性是目前实施总量控制、污染治理和环境可持续发展的基础之一。公平合理的分配有助于激发各排污厂商防治污染的积极性，有利于遏制环保部门的利己行为，尤其对于我国环保工作中相关政策的制定可以起到理论上的借鉴作用和方法上的指导作用①。

由于我国总量控制制度起步较晚、环境监测和统计信息不完全以及地区发展不平衡等因素，政府主要采用免费方式分配污染物允许排放量，其优点是简单易行、容易操作。然而所依据的排污申报信息本质上是一种私人信息，存在复杂的不对称性，这使得基于免费分配的环境规划的有效性和可行性易受到质疑。因此，如何对免费分配的有效性进行评价或度量，并作相应改进或提出更有效的分配方法是环境规划中一个值得研究的问题。

污染物允许排放量的分配方式目前主要有免费分配、公开拍卖和标价出售三种。经济学家建议采用拍卖进行分配，这样可实现资源的有效配置和社会福利的优化，例如，美国环保署（EPA）关于 COD 的排

---

* 本文是国家自然科学基金"连续可分离物品的多属性拍卖及在电煤多源采购决策中的应用研究"（项目批准号：71201064）的阶段性成果。

① 马中，D. Dudek. 总量控制与排污权交易[M]. 北京：中国环境科学出版社，1999：65.

放权拍卖采用的就是歧视价格标准密封拍卖方法。实际研究与应用中，关于污染物允许排放量的拍卖方法存在歧视价格和统一价格之争，Cason 和 Plott(1996)认为采用歧视价格拍卖将导致巨大的价格信号偏差并削弱排污权交易市场的效率，而统一价格拍卖能提供比较精确的价格信息；Svendsen 和 Christensen(1999)分析了 EPA 关于 SO_2 的歧视价格拍卖中存在的问题，也提出改用统一价格拍卖可能会产生更好的价格信号；而 Cramton 和 Kerr(2002)对碳排污权拍卖作了深入分析和比较，认为采用歧视价格升钟拍卖方法可以提供可信的价格，优于统一价格密封拍卖方式。

国内也有部分学者对污染物允许排放量(TPPDC)在定价出售和拍卖方面做了一些有意义的研究工作。陈德湖(2006)运用博弈论中的一级密封价格拍卖原理建立了 TPPDC 的拍卖模型，得出买者越多，风险偏好系数越大，卖方的期望收益越高的结论；邝山(2006)基于一级密封价格拍卖方式，分析了 TPPDC 拍卖中企业的最优策略和政府对排污权拍卖的机制设计问题；曾鸣等(2010)在比较分析无偿分配及拍卖分配的不同影响的基础上，将拍卖分配方式引入碳排放权交易市场中，提出了标准增价拍卖方式的定量化模型；王先甲等(2010)针对 TPPDC 交易市场的交易机制设计问题，设计了一个激励相容的双边拍卖机制；李寿德等(2005)提出了 TPPDC 拍卖的三种不同方式：统一价格拍卖、歧视价格拍卖、Vickrey 拍卖，并从期望收益、有效性、公平性和简便性方面进行了比较，最后得出我国的 TPPDC 拍卖应该采用统一价格拍卖方式；唐邵玲等(2010)对适用 TPPDC 拍卖的 4 种拍卖机制进行对比，并实施了一系列经济学实验，实验结果表明：统一价格拍卖优于歧视价格拍卖，且不亚于 Vickrey 拍卖，而向上叫价时钟拍卖机制则优于统一价格拍卖机制，基于该实验结果及我国目前的实际状况，建议我国实施 TPPDC 拍卖宜采用向上叫价时钟拍卖机制。从国内外现有的文献来看，大部分研究附加了一定的条件，对竞标规则也作了一定的限制。如果这些条件和限制不成立，那么就需要对相应的结论重新考虑。另外，大部分污染物允许排放量拍卖问题的研究属于拍卖理论的应用研究范围，并与拍卖理论的研究进展一致，这些研究本质上采用的主要是不可分物品的拍卖方式(将一个大的排污权分解为若干个小的排污权)、可分离物品的歧视价格拍卖方法和设置了一些特殊条件的统一价格拍卖方法(如秘密保留价)，而直接针对污染物允许排放量这种具有连续同质可分离特点的物品、当前的技术手段以及拍卖方法本身进行的理论探讨很少。

免费分配和拍卖是污染物允许排放量分配的两种常用方法，其中免费分配是一种无偿分配方式，对企业给出真实信息没有激励，而拍卖被认为是一种具有激励作用的有偿分配方式。实践中，二者的分配目标应该是一致的，即为了实现资源的有效配置，以达到区域内总的污染控制成本最低或社会福利最大。因而，在一组相同的申报信息下，可以将免费分配的实际结果与拍卖的预期(或理想)结果进行对比，以评价免费分配方案的有效性，这在一定程度上也可反映我国目前排污申报制度的激励性和总量控制方案的合理性。

本文以我国现阶段环境规划中 COD 允许排放量的分配问题为背景，将 COD 允许排放量看成是一种同质连续可分离的物品，并假设排污企业的边际治污成本为私有信息，提出了一种可分离物品统一价格拍卖模型，用来分析和衡量免费分配方案的有效性，以评价环境政策的激励效果，为我国污染物总量控制的有效实施和环境政策的设计提供理论依据与科学方法。

2. COD 允许排放量的免费分配分析

设 Q_0 为待分配的 COD 允许排放总量，G_i 为第 i 个污染源(指排污企业，下文简称企业)的实际 COD 排放量，$f_i(x)$ 表示企业 i 真实的边际治污成本(下文简称边际成本)函数，$g_i(x)$ 表示企业 i 申报的边际治污成本函数，q_i 为政府根据各企业申报的 $(g_1, g_2, \cdots, g_n)$ 分配给企业 i 的 COD 允许排放量，$x = G_i - q_i$ 表示企

业 i 自身应治理的 COD 数量，$i = 1, 2, \cdots, n$。$F_i(x)$ 为企业 i 治理剩余 COD 即 x 的成本函数，则其边际成本 $dF_i(x)/dx = f_i(x) \geq 0$，即企业 i 的边际成本随着自身应治理量的增大而增大。对 COD 总量 Q_0 的分配要求可表示为：

$$\sum_{i=1}^{n} q_i = Q_0 \qquad 0 \leq q_i \leq G_i \qquad i = 1, 2, \cdots, n$$

另记 $N = \{1, 2, \cdots, n\}$ 为企业集合，$q = (q_1, q_2, \cdots, q_n)$ 为 COD 允许排放量的分配方案集，$F = (F_1(G_1), F_2(G_2), \cdots, F_n(G_n))$ 为企业现状点，于是 (N, q, F) 构成一类 COD 允许排放量总量分配的优化问题，即寻找一种合理可行的分配方法，以实现资源的有效配置，从而达到区域内总的 COD 污染控制成本最低或社会福利最大的目标。

由于历史、地域和产业间的差异，目前我国污染物允许排放量的分配多采用免费方法，其目标是促进区域内总的污染治理成本（即总量控制成本）最低或社会福利最大，即在相同边际成本下实现资源的有效配置。具体来说，COD 允许排放量的免费分配可描述为模型 M_1：

$$\min \sum_{i=1}^{n} F_i(G_i - q_i) \qquad\qquad (M_1)$$

$$\text{s. t.} \begin{cases} \sum_{i=1}^{n} q_i = Q_0 \\ g_i(G_i - q_i) = p \qquad i = 1, 2, \cdots, n \\ 0 \leq q_i \leq G_i \qquad i = 1, 2, \cdots, n \end{cases}$$

模型 M_1 所描述的免费分配基于企业申报的边际成本 $g_i(x)$ 和 COD 产生量 G_i。当企业 i 申报的是真实信息时，模型 M_1 描述的是一个普通的资源分配问题，其分配结果是：边际成本 $g_i(x)$ 低的企业分得的 COD 允许排放量较少，而 $g_i(x)$ 较高的企业分得的 COD 允许排放量较多，其结论可反映在命题 1 中。

命题 1 对于模型 M_1，设企业 i 和 j 的 COD 最优分配量为 q_i 和 q_j，边际成本 $g_i(x)$ 和 $g_j(x)$ 为严格单调增函数，则有：(1) 若 $g_i(G_i) \geq g_j(G_j)$，$q_j > 0$，则 $q_i > 0$；(2) 若 $g_i(x) \geq g_j(x)$，$G_i > G_j$，则 $q_i \geq q_j$。

证明： 作拉格朗日乘子 $L = \sum F_k(G_k - q_k) + \lambda(Q_0 - \sum q_k)$，对 i 和 j 有：

$$\partial L / \partial q_i = -g_i(G_i - q_i) - \lambda = 0 \qquad\qquad \partial L / \partial q_j = -g_j(G_j - q_j) - \lambda = 0$$

由此得：
$$g_i(G_i - q_i) = g_j(G_j - q_j)。$$

(1) 若 $q_j > 0$，则作为严格单调增函数有 $g_i(G_i) \geq g_j(G_j) > g_j(G_j - q_j) = g_i(G_i - q_i)$，得 $G_i > G_i - q_i$，即 $q_i > 0$。

(2) 若 $g_i(x) \geq g_j(x)$，$G_i > G_j$，$g_i(x)$ 和 $g_j(x)$ 为严格单调增函数，则有 $g_j(G_j - q_j) = g_i(G_i - q_i) \geq g_i(G_j - q_i) \geq g_j(G_j - q_i)$，所以有 $G_j - q_j \geq G_j - q_i$，即 $q_i \geq q_j$。

证毕。

命题 1 的含义是：边际成本 $g_i(x)$ 大的企业将会优先获得 COD 允许排放量，并且实际排污量越大，所分配的 COD 允许排放量也越多。模型 M_1 所描述的具体分配方法是首先将 Q_0 分配给边际成本最大的企业，然后依次分给边际成本第 2、3……大的企业，而且 G_i 越大的企业分配量越多，直到将 Q_0 分完为止。

模型 M_1 所描述的免费分配方法在完全信息的情况下可使得控制区域内总的污染控制成本最小以及总量分配的社会效率最大，从而实现资源的有效配置，具有一定的合理性。然而，申报信息 $g_i(x)$ 和 G_i 本质上是企业 i 的私人或部分私人信息，其真实性和可靠性难以保证。在 M_1 中，$g_i(x)$ 高的企业可以得到更多的 COD 允许排放量，因而免费分配具有鼓励企业 i 夸大边际成本的倾向。从该意义上讲，免费分配方案在实际中难以实现资源的有效配置（即难以达到资源配置的帕累托最优——在不使任何企业收益变小的情况下，不可能再使某些企业的收益增大）。在实际的免费分配中，如何衡量申报信息的可靠性或真实性进而评价分配方案的有效性水平，这无法从模型 M_1 本身反映出来。因此，需要借助合理的方法或工具对免费分配的有效性进行评价或度量。

3. COD 免费分配的有效性评价模型

对于企业 i 而言，$F_i(G_i)$ 是内生确定的。因此，模型 M_1 的目标 $\min \sum_{i=1}^{n} F_i(G_i - q_i)$ 可等价于：

$$\max \sum_{i=1}^{n} \left[F_i(G_i) - F_i(G_i - q_i) \right] \tag{1}$$

因为在式(1)中，$F_i(G_i) - F_i(G_i - q_i)$ 表示企业 i 分别治理 COD 排放量 G_i 和 $G_i - q_i$ 的成本差，也表示企业 i 获得 COD 免费排放量 q_i 的收益，即 $F_i(G_i) - F_i(G_i - q_i) = \int_{G_i-q_i}^{G_i} g_i(x)\mathrm{d}x$，于是：

$$\frac{\mathrm{d}(F_i(G_i) - F_i(G_i - q_i))}{\mathrm{d}q_i} = g_i(G_i - q_i) \geqslant 0 。$$

因此，在边际成本等价，即 $g_i(G_i - q_i) = p$ 时，$\max_{q_i}(F_i(G_i) - F_i(G_i - q_i))$ 等价于 $\max_{q_i} pq_i$。于是，式(1)等价于 $\max \sum_{i=1}^{n} pq_i = \max pQ_0$，模型 M_1 等价于下列模型 M_2：

$$\max pQ_0 \tag{M_2}$$

$$\text{s. t.} \begin{cases} \sum_{i=1}^{n} q_i = Q_0 \\ g_i(G_i - q_i) = p & i = 1, 2, \cdots, n \\ 0 \leqslant q_i \leqslant G_i & i = 1, 2, \cdots, n \end{cases}$$

在模型 M_2 中，如果将 pq_i 视为企业 i 为获得 COD 允许排放量 q_i 需缴纳的费用，并假设：

(1)政府和所有企业都是风险中性的，COD 允许排放总量 Q_0 为政府的公有信息；

(2)企业 i 真实的边际成本函数为 $f_i(x)$，此为私有信息，其他企业和政府均不能观察到 $f_i(x)$ 的值，且任意两个 $f_i(x)$ 和 $f_j(x)$ $(i \neq j)$ 是独立的；

(3)对于企业 i，其真实的边际成本 $f_i(x)$ 大于或等于其申报的边际成本 $g_i(x)$。

那么，可将 M_2 看成是一个连续同质可分离物品的统一价格拍卖模型，其中政府是卖者(或拍卖人)，所有企业是买者。注意：下文出于表述的需要，在拍卖机制的讨论中将"政府"统一称为"卖者"，将"企业"统一称为"买者"。这里，卖者依据买者 $i(i = 1, 2, \cdots, n)$ 申报的边际成本 $g_i(x)$，以统一价格 $p = g_i(G_i - q_i)$ 来分配污染物允许排放量 Q_0，且卖者的目标是收益最大化，即 $\max pQ_0$。M_2 可以看成是一种基于拍卖机制的有偿分配方法，和免费方法相比，对买者报出其真实治污边际成本和排污量可能具有一定的激励作用。

显然，模型 M_2 的约束条件包含了模型 M_1 的约束条件，因而 M_2 描述的统一价格拍卖所依据的买方信息，与 M_1 描述的免费分配所依据的企业申报信息本质上是相似的。另外，M_2 的目标与 M_1 的目标也是一致的，即实现资源的有效配置。因而，在一组相同的申报信息(如 $g_i(x)$ 和 G_i)下，可以将免费分配的实际结果与 M_2 描述的拍卖预期(或理想)结果进行对比，评价免费分配方案的有效性。

然而，文献研究表明：基于 M_2 描述的多物品拍卖易出现隐性合谋，并导致低价均衡。因此，对于卖者来讲，M_2 描述的方法不是进行污染物允许排放量分配的好方法，难以具备激励性，也就不适合用来分析和评价免费分配的效率(即有效性)问题。基于此，需要对模型 M_2 描述的拍卖机制进行改进，以消除"隐性合谋"或"低价均衡"等不合理因素，使改进后的拍卖机制可用于污染物允许排放量的有偿分配，并使基于该机制的分配模型能用于分析和评价免费分配方案的有效性。

实际上，M_2 描述的拍卖中产生"隐性合谋"或"低价均衡"的原因在于，固定供给总量($\sum_{i=1}^{n} q_i = Q_0$)限制了卖者的策略选择，并导致目标 $\max pQ_0$ 完全由买者决定，因此从买者的利益出发，该目标当然越小越好。基于这个原因，可通过改变条件 $\sum_{i=1}^{n} q_i = Q_0$ 来扩大卖者的策略空间，增加卖者决策的主动性，并遏制买者的逆向选择。改进的基本思路是将 $\sum_{i=1}^{n} q_i = Q_0$ 中固定 COD 允许排放总量的约束修改为 $\sum_{i=1}^{n} q_i \leq Q_0$，即在拍卖前投标人面临的 COD 分配总量是不确定的。

在上述假设下，卖者选择 COD 允许排放总量 $Q \leq Q_0$ 和统一价格 $p > 0$，使分配或拍卖所得收益 $\sum_{i=1}^{n} pq_i = pQ$ 最大化，即：

$$\max pQ \qquad (M_3)$$

$$\text{s. t.} \begin{cases} \sum_{i=1}^{n} q_i = Q \leq Q_0 \\ g_i(G_i - q_i) = p & i = 1, 2, \cdots, n \\ 0 \leq q_i \leq G_i & i = 1, 2, \cdots, n \end{cases}$$

买者 i 的目标是通过选取最优的报价策略 $g_i(x)$，使得其自身收益最大化，即：

$$\max \int_{G_i-q_i}^{G_i} (f_i(x) - p)\mathrm{d}x = \max \int_{G_i-q_i}^{G_i} f_i(x)\mathrm{d}x - pq_i$$

M_3 描述的是一个基于不确定供给量的统一价格、连续可分离物品的拍卖模型。直觉上，基于 M_3 分配的预期总量 Q^* 有可能小于计划总量 Q_0。如果 M_3 具有在完全竞争情况下 $Q^* = Q_0$ 的性质，那么从资源配置的角度，$Q_0 - Q^*$ 的差值就反映了申报信息(报价)的真实性和分配的有效性。而 Q_0 也是免费分配的总量，同时 M_3 所依据的报价信息与 M_1 中买者的申报信息本质上是一致的，且都欲实现资源的有效配置，因此若 $Q_0 - Q^*$ 越小，就说明买者申报的边际成本越接近真实边际成本，免费分配的有效程度也就越高。

为了用 Q^* 和 Q_0 来分析、评价免费分配方案的有效性，下面讨论其合理性。

4. 评价模型的合理性分析

命题 2 和命题 3 说明了 M_3 可用来定量评价 COD 允许排放量免费分配方案有效性的合理性。

命题 2 M_3 所描述的拍卖能反映报价信息的真实性，即当买者报价信息不完全真实时，分配总量 Q^* 会小于计划总量 Q_0；否则，分配总量 Q^* 可达到或接近计划总量 Q_0。

证明： 假设买卖双方达到平衡时，统一价格及对应的 COD 允许排放总量分别为 p^* 和 Q^*，且 $Q^* < Q_0$。如果此时存在某个买者 i 对均衡的偏离，且一方面对己有利，另一方面也能使卖者获利，则说明只有当 $Q^* = Q_0$ 时才能达到双方的均衡。

考虑买者 i 作如下偏离 $\bar{g}_i$：$\begin{cases} g_i(G_i - q_i^*) = \bar{g}_i(G_i - q_i^*) = p^* \\ \bar{g}_i(G_i - q_i^* - \delta) = p^* - \varepsilon \end{cases}$，其中 $\varepsilon > 0$，$\delta > 0$，且 ε 足够小，满

足 $\varepsilon \leqslant \dfrac{p^* \delta}{Q^* + \delta}$。除买者 j 外，其余 $n-1$ 个买者的投标策略都不变。一方面，若卖者选择供应量 $Q^* + \delta$，则相应的统一价格为 $p = p^* - \varepsilon$。由于 ε 足够小，$\delta \geqslant \dfrac{Q^* \varepsilon}{p^* - \varepsilon}$，卖者的收益 $p(Q^* + \delta) = (p^* - \varepsilon)(Q^* + \delta) \geqslant$

$(p^* - \varepsilon)(Q^* + \dfrac{Q^* \varepsilon}{p^* - \varepsilon}) = p^* Q^*$，即卖者将获利。

另一方面，由于 $p = p^* - \varepsilon < p^*$，且买者 i 获得的 COD 允许排放量 $q_i = q_i^* + \delta > q_i^*$，因此其收益为：

$$\int_{G_i - q_i}^{G_i} f_i(x)\,\mathrm{d}x - pq_i = \left[\int_{G_i - q_i}^{G_i} f_i(x)\,\mathrm{d}x - p(q_i - q_i^*) \right] + \left[\int_{G_i - q_i^*}^{G_i} f_i(x)\,\mathrm{d}x - pq_i^* \right]$$

$$\geqslant \int_{G_i - q_i^*}^{G_i} f_i(x)\,\mathrm{d}x - pq_i^* \geqslant \int_{G_i - q_i^*}^{G_i} f_i(x)\,\mathrm{d}x - p^* q_i^*$$

即买者 i 通过适当的偏离也将获利。因此，综合双方利益可知，卖者原有 COD 允许排放量的均衡分配量 Q^* 必将会增加，直到 $Q^* = Q_0$ 达到均衡。

证毕。

命题 2 表明，基于各方利益最大化原则，M_3 中卖者的均衡策略仍然是 $Q^* = Q_0$。因此，可以利用这个性质来判断买者申报信息的真实性，即当 $Q^* < Q_0$ 时，说明买者报价的竞争性不够，卖者可以事先公布可能的分配结果让买者进一步竞价。买者一旦观察到卖者的最佳分配量 $Q^* < Q_0$，必然会调整自己的报价而促使卖者将余额分配完，即 $Q^* = Q_0$，同时这些报价会进一步接近真实水平。而且，$Q_0 - Q^*$ 越小，买者的报价就越接近真实值。因此，从激励的角度讲，$Q_0 - Q^*$ 可以用来评价 COD 允许排放量免费分配的有效性。这个性质反映了将 M_3 用于免费分配有效性评价的合理性。下面的命题 3 进一步证明了 M_3 作为评价模型的有效性和合理性。

命题 3 假设所有买者都是风险中性的。当买者 i 将其报价函数由 g_i 变为 g_i'（卖者要求这个报价应该是递增的，即不允许向下修改，此时 g_i' 更接近其真实边际成本 $f_i(x)$），其余买者的报价保持不变，则基于 g_i' 的 COD 允许排放量 $Q^{*'}$ 不小于基于 g_i 的排放量 Q^*，即 $Q^{*'} \geqslant Q^*$。

证明：设调整报价函数前的出清价格为 p^*，对应的买者 i 的 COD 允许排放量为 q_i^*，自身的 COD 治污量为 $x_i^* = G_i - q_i^*$，$i = 1, 2, \cdots, n$；调整报价函数后的出清价格为 $p^{*'}$，对应的买者 i 的分配量为 $q_i^{*'}$，自身的 COD 治污量为 $x_i^{*'} = G_i - q_i^{*'}$，$i = 1, 2, \cdots, n$。由于卖者要求买者所调整的报价应该是递增的，即不允许向下修改，考虑买者 i 将其报价函数由 g_i 以图 1 所示的方式变为 g_i'。

买者 i 将其报价函数由 g_i 变为 g_i' 时满足 $g_i'(G_i - q_i^*) = g_i(G_i - q_i^*) = p^*$，且 g_i' 更接近其真实边际成本 $f_i(x)$。如其余买者的报价保持不变，则在新的均衡下，卖者的均衡价会下调，即 $p^{*'} \leqslant p^*$。

对于买者 i 而言，由图 1 可知，其将报价函数由 g_i 变为 g_i' 前后的 COD 自身治污量的大小关系为 $x_i^* = G_i - q_i^* \geqslant x_i^{*'} = G_i - q_i^{*'}$，从而得到：达到均衡时，买者 i 调整报价前后的 COD 允许排放量大小关系为 $q_i^{*'} \geqslant q_i^*$。

对应买者 k（$k = 1, 2, \cdots, i-1, i+1, \cdots, n$），其报价函数保持不变。同理，由图 1 可得：买者 i 调整报价前后买者 k（$k = 1, 2, \cdots, i-1, i+1, \cdots, n$）获得的 COD 允许排放量大小关系为 $q_k^{*'} \geqslant q_k^*$。

调整报价前的 COD 允许排放总量 $Q^* = q_i^* + \sum\limits_{\substack{k=1 \\ k \neq i}}^{n} q_k^*$，调整报价后的 COD 允许排放总量 $Q^{*'} = q_i^{*'} + \sum\limits_{\substack{k=1 \\ k \neq i}}^{n} q_k^{*'}$。由于 $q_i^{*'} \geqslant q_i^*$，$q_k^{*'} \geqslant q_k^*$，则有 $Q^{*'} \geqslant Q^*$，即基于 g_i' 的排放量 $Q^{*'}$ 不小于基于 g_i 的排放量 Q^*。

证毕。

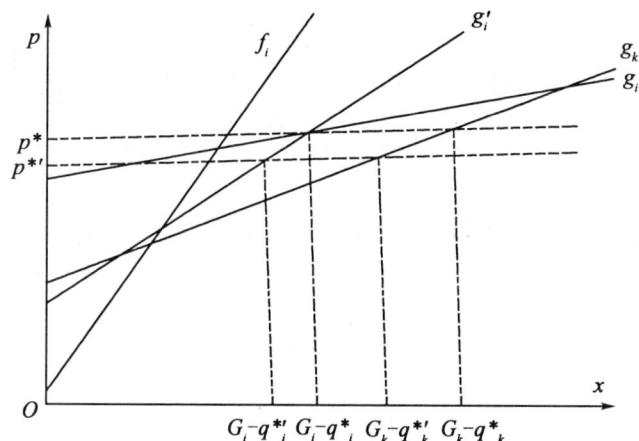

图 1 买者 i 调整报价函数前后的均衡示意图

命题 3 说明模型 M_3 具有这样的性质：当买者 i 将其报价函数由 g_i 变为 g_i'，其余买者的报价保持不变时，如果 g_i' 更接近其真实边际成本 $g_i(x) = \mathrm{d}F_i(x)/\mathrm{d}x$，那么基于 g_i' 的 COD 允许排放总量 $Q^{*'}$ 不小于基于 g_i 的 COD 允许排放总量 Q^*，即 $Q^{*'} \geqslant Q^*$。这个性质被称为"报价一致性"准则，即买者的申报信息越真实，其得到的 COD 允许排放量就越多，而且卖者分配的 COD 允许排放总量 Q^* 也越多。这进一步说明了以 $Q_0 - Q^*$ 来评价免费分配的有效性是合理的。

5. COD 允许排放量免费分配的有效性评价过程

从以上的分析可以看出，模型 M_3 可有效地消除分配中存在的"隐性合谋"或"低价均衡"问题，具有较好的信息激励性，且满足"报价一致性"准则，可以达到分配的公平性和有效性。因此，可以直接利用模型 M_3 来分析和评价 COD 允许排放量免费分配方案的有效性。

在实际 COD 允许排放量分配中，卖者可以从同样的企业申报的基本信息出发，将免费分配的实际结果与 M_3 描述的拍卖预期（或理想）结果进行对比来评价免费分配方案的有效性。具体来讲，差值 $Q_0 - Q^*$ 可反映申报信息的可靠性和免费总量分配的有效性。将基于 M_3 的分配总量 Q^* 称为免费分配中的有效部分，$Q_0 - Q^*$ 为无效部分。于是，免费分配的有效性评价可量化如下：

免费分配的有效程度为：$H = \dfrac{Q^*}{Q_0} \times 100\%$

免费分配的无效程度为：$\bar{H} = \dfrac{Q_0 - Q^*}{Q_0} \times 100\%$

上述评价过程如图 2 所示。

因此，在政府编制环境规划或 COD 总量免费分配方案时，可以用上述评价指标来判断企业申报信息的可靠性和免费分配方案的有效性。政府在确定最终的免费分配方案前，先将企业申报的基本信息用模型 M_3 进行测算。测算结果 $Q_0 - Q^*$ 越小（即 $\bar{H}$ 越小），则说明企业申报的边际成本越接近真实边际成本，免费分配的有效程度也越高；当 $Q^* < Q_0$ 时，政府可以公布可能的分配结果让企业进一步调整申报信息，使其接近真实值，从而提高 COD 免费分配的有效性。

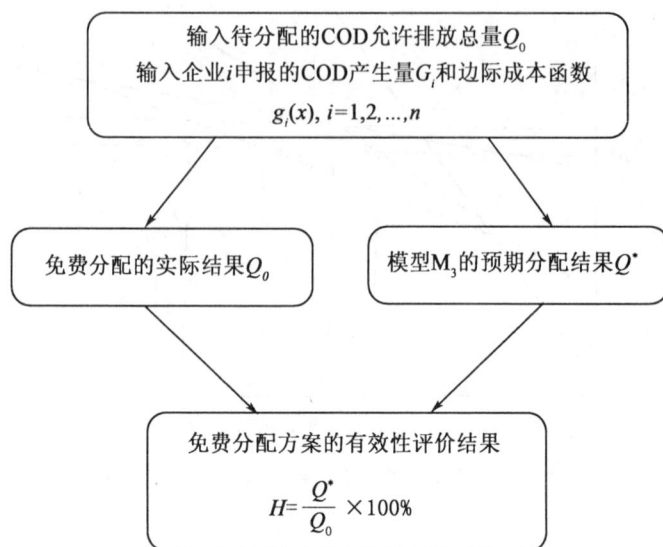

图 2　COD 免费分配的有效性评价过程示意图

6. 有效性评价实例分析

利用评价模型 M_3，对"十一五"期间"1+8"武汉城市圈环境规划中 COD 允许排放量免费分配方案的有效性进行评价和分析。

在具体测算中，取污染源 i（第 i 个城市）的边际成本函数为 $g_i(x) = a_i x + b_i$，其中 $a_i \geq 0$，为可变成本系数，这与 COD 排污申报表中的化学药品、电费、维修费、处理级别和相关的人力资源有关；$b_i \geq 0$，为固定成本系数，可由各城市污水处理设施的建设费用和融资成本并按 20 年运营期折旧进行估算。具体来说，依据"1+8"武汉城市圈 9 城市环境保护"十一五"规划及湖北省环境保护"十一五"规划，对各地区申报的相关投资项目、城市污水处理现状、目前相关机构的实际开支（年终报表）及未来 5 年管理机构改革趋势进行统计分析，最终可确定单位成本系数 a_i、b_i，结果如表 1 所示。

另外，结合"1+8"武汉城市圈 9 城市环境保护"十一五"规划及湖北省环境保护"十一五"规划，可得如下数据信息：湖北省政府对"1+8"城市圈 9 城市的 COD 控制目标是：2010 年的允许排放量 Q_0 为 33.77 万吨。2005 年，"1+8"武汉城市圈 9 城市的 COD 实际排放总量为 35.91 万吨，各城市的具体实际排放量见表 1。9 城市 2010 年 COD 的实际排放总量可根据 2005 年实际排放量按年增长 4.5% 来进行预测，其预测的排放总量是 44.72 万吨，各城市的具体预测量见表 1。

将上述数据信息代入模型 M_3，利用 Lingo 软件进行计算，求得各城市 2010 年的具体分配量如表 1 所示。

由表 1 的计算结果可得，2010 年基于模型 M_3 的最优分配总量 $Q^* = 31.86$ 万吨，小于政府的允许排放量 $Q_0 = 33.77$ 万吨。这意味着在当前 9 城市申报的边际成本函数信息下，若政府采用免费分配的方法将 $Q_0 = 33.77$ 万吨全部分配下去的话，则有 $Q_0 - Q^* = 1.91$（万吨）是无效的，即免费分配的有效程度为 $H = \dfrac{Q^*}{Q_0} \times 100\% = \dfrac{31.86}{33.77} \times 100\% = 94.3\%$。

对政府来讲，并没有实现 COD 允许排放量的最优配置结果。在这种情况下，政府可适时公布当前的基于模型 M_3 的分配结果，让各城市重新调整自己的申报信息。某些污染源一旦观察到政府当前的分配量

表1　　　　　　　　　　武汉城市圈9城市2010年COD分配测算结果

序号	城市	2005年排放量 (10^4 ton)	2010年目标 (10^4 ton)	2010年预测量 (10^4 ton)	单位边际成本申报量		2010年分配量 (10^4 ton)
					a_i (Yuan/ton^2)	b_i (Yuan/ton)	
1	武汉市	16.85	14.97	20.99	0.065	1120	18.24
2	黄石市	3.28	3.22	4.08	0.127	582	2.24
3	鄂州市	1.40	1.33	1.74	0.165	728	0.42
4	孝感市	3.30	3.20	4.11	0.102	1493	2.72
5	黄冈市	3.95	3.73	4.92	0.121	956	3.31
6	咸宁市	3.68	3.58	4.59	0.172	985	3.47
7	仙桃市	0.97	1.40	1.21	0.169	862	0
8	天门市	1.68	1.54	2.09	0.153	1599	1.24
9	潜江市	0.80	0.80	0.99	0.182	1504	0.22
总计		35.91	33.77	44.72	均衡价格 $p^* = 2906.9$ Yuan/ton		31.86

$Q^* < Q_0$，必然会调整自己的报价策略而促使政府将余额分配完，即 $Q^* = Q_0$，同时这些报价会进一步接近真实水平。因此，政府可采用 M_3 给出的方法来分配COD及其他污染物允许排放量，其基础信息将会进一步得到改善，政府的排污收费收益也会进一步提高或改善。但是，在实际应用 M_3 进行分配时，还要考虑重点区域保护要求、地区及行业发展扶持、局部环境承受能力、经济承受能力等因素，来兼顾分配的可行性和公平性，这样的分配结果才会更合理有效。

7. 结论

本文从COD允许排放量免费分配方案的有效性评价问题出发，提出了一种实用的免费分配的有效性评价模型。借助可分离物品统一价格拍卖的思想，从理论上证明了该评价模型具有信息激励性、分配有效性和"报价一致性"等性质，由此得出，该评价模型可直接用于污染物允许排放量免费分配的有效性量化评价。本文提出的免费分配有效性评价模型除了用于评价COD允许排放量免费分配的有效性之外，还可作为一种新的具有激励性的COD允许排放量有偿分配的方法。本文的研究结果对于完善拍卖的机制设计和双边策略的优化具有重要的理论意义，对于污染物总量控制的有效实施与排污申报制度的改进也具有一定的应用和参考价值。

（作者电子邮箱：cjrao@163.com）

◎ **参考文献**

[1]陈德湖. 基于一级密封拍卖的排污权交易博弈模型[J]. 工业工程，2006，9(3).

[2]邝山. 排污权拍卖的最优机制设计[J]. 上海管理科学，2006，28(3).

[3]李寿德，陈德湖. 排污拍卖方式比较研究[J]. 上海管理科学，2005，27(2).

[4]马中，D. Dudek. 总量控制与排污权交易[M]. 北京：中国环境科学出版社，1999.

[5]唐邵玲，施棉军. 我国初始排污权拍卖机制经济学实验研究[J]. 湖南师范大学自然科学学报，2010，33(1).

[6]王先甲，黄彬彬，胡振鹏，徐开钦. 排污权交易市场中具有激励相容性的双边拍卖机制[J]. 中国环境科学，2010，30(6).

[7]曾鸣，何深，杨玲玲，马向春. 碳排放交易市场排放权的拍卖方案设计[J]. 水电能源科学，2010，28(9).

[8]Back, K., and Zender, J. F.. Auctions of divisible goods with endogenous supply[J]. *Economics Letters*, 2001, 73.

[9]Boemare, C., and Quirion, P.. Implementing greenhouse gas trading in Europe: Lessons from economic literature and international experiences[J]. *Ecological Economics*, 2002, 43.

[10]Cason, T. N., and Plott, C. R.. EPA's new emissions trading mechanism: A laboratory evaluation [J]. *Journal of Environmental Economics and Management*, 1996, 30(2).

[11]Cramton, P., and Kerr, S.. Tradable carbon permit auctions: How and why to auction[J]. *Energy Policy*, 2002, 30.

[12]Damianov, D. S.. The uniform price auction with endogenous supply[J]. *Economics Letters*, 2005, 77.

[13]Kremer, I., and Nyborg, K.. Divisible-good auctions: The role of allocation rules[J]. *The Rand Journal of Economics*, 2004, 35.

[14]McAdams, D.. Adjustable supply in uniform price auctions: Non-commitment as a strategic tool [J]. *Economics Letters*, 2007, 95.

[15]Svendsen, G. T., and Christensen, J. L.. The US SO_2 auction: Analysis and generalization [J]. *Energy Economics*, 1999, 21.

[16]Wang, J. J. D., and Zender, J. F.. Auctioning divisible goods[J]. *Economic Theory*, 2002, 19.

Validity Evaluation of Free Allocation for COD Allowable Emission

Rao Congjun[1,2]

(1. Management School of Huazhong University of Science and Technology, Wuhan, 430074;

2. Mathematics and Computer Science College of Huanggang Normal University, Huanggang, 438000)

Abstract: In this paper, the validity evaluation problem of free allocation for COD allowable emission is studied. Concretely, the free allocation's localization is analyzed, and a model to evaluate the validity for the free allocation of COD allowable emission is proposed based on an incentive uniform price auction of divisible goods. Moreover, the feasibility and reasonableness of this evaluation model are proved, and the evaluation criterion and process are given. Meanwhile, a validity evaluation example about allocating the COD allowable emission is given to show how to implement the evaluation process. Therefore, the research results will provide valuable theoretical basis and guidance for implementing the pollution emission control and improving the discharge declaration institution.

Key words: COD allowable emission; Free allocation; Uniform price auction; Validity evaluation

基于演化博弈的异质发电商竞价策略均衡及仿真[*]

● 武英利[1,2]　李诚志[3]　丁　川[4]

（1 武汉大学经济与管理学院　武汉　430072；2 中国电力科学研究院　北京　100055；
3 中国民生银行厦门分行　厦门　361004；4 西南财经大学运筹与决策研究所　成都　610074）

【摘　要】本文基于演化博弈理论与方法研究了电力竞价市场上异质发电商竞价策略问题。对 PAB 和 MCP 竞价机制的比较分析表明，PAB 机制更易达成电力市场的高价均衡，这与两种竞价机制下支付和报价的关联程度密切相关。竞价策略的最终均衡与电力系统的发电成本、竞价区间、市场需求及异质发电商数目等初始情况相关。算例研究表明，合理竞价区间的设置能有效促进电力系统低价均衡的达成。本文的相关结论能为政府及相关部门提供决策参考。

【关键词】演化博弈　竞价机制　演化稳定策略　电力市场

1. 引言

伴随着我国电力行业市场化改革，发电侧引入了市场竞争机制，发电企业作为独立的经济主体在"厂网分开，竞价上网"的新模式下，需要制定最优的竞价策略以谋取经济利润最大化。目前我国发电侧电力市场采用的竞价结算机制主要有两种：市场出清价格统一结算机制（Market Clearing Price，MCP）和按发电商报价结算机制（Pay As Bid，PAB）。对发电商竞价策略进行研究是非常必要的，这不仅体现在帮助发电商预测竞争对手的报价从而调整自己的竞价策略，以期获得效益最优，同时还能为电网公司及相关部门的竞价机制设计提供决策参考。事实上，2003 年的美国加州电力市场危机在一定程度上给我们敲响了警钟，此后越来越多的国内外学者展开了对发电商竞价策略的研究。既有文献对发电商竞价策略的研究主要分为三类：基于电价预测、基于发电成本预测和基于博弈论预测。研究发现，基于电价预测的方法的使用条件比较苛刻，不仅需要清楚系统负荷需求、可用容量，还需要掌握输电网的拥塞情况以及竞争对手的竞价行为，此外由于电力市场通常的参与者较少，竞价的随机性和投机性致使电价规律不易掌握。基于发电成本预测的方法虽然原理简单，但由于只考虑发电商自身发电成本高低而未考虑其他竞争对手的竞价策略，发电商在电力市场竞价的互动机制中难以占据有利地位。基于博弈论预测的方法通过分析竞争对手的竞价行为来寻求市场均衡点并指导自己的最优竞价策略，这种思路更加贴近现实，因此逐渐得到越来越多国内外学者的关注。Exelby 和 Lucas 采用矩阵博弈方法研究了电力市场中发电商的最优竞价

＊ 本文是国家自然科学基金"基于演化博弈与多主体仿真的风险投资股权拍卖机制研究"（项目批准号：71071120）的阶段性成果。

策略①；Ferrero 等运用 Stacklberg 模型和供给函数模型寻求了发电商的最优竞价策略②；Yu 等从微观的角度探讨了博弈论在具有容量限制的电力市场的应用，并着重分析了容量限制对发电商竞价行为的影响③；Bompard 等采用古诺模型研究了具有输电网络约束的电力市场中发电商的竞价策略④；袁志强等运用 N 人博弈模型分别研究了联盟竞价和独自竞价情况下发电商的最优竞价策略，并讨论了竞价联盟的稳定性⑤。随着经济学的发展，传统的博弈理论由于对局中人"完全理性"的假设而在应用中遭受质疑，学者们逐渐将演化博弈理论引入发电商的竞价策略研究中。石岿然等运用演化博弈研究了发电商竞价策略的自发演化过程，并推导出竞价系统的最终均衡结果，为政府调整并完善电力市场竞价规则提供了一定的政策参考⑥；张新华等运用演化博弈的方法研究了电力市场竞价过程中发电商个体对群体行为的影响，刻画了发电商在竞价过程中不断调整报价并最终达成均衡的演化过程⑦。

　　总之，既有文献关于发电商竞价策略的研究成果比较丰富，但通常是在某一种竞价机制下所展开的研究，鲜有关于两类竞价机制下发电商竞价策略的比较。然而，分析不同竞价机制下发电商竞价策略的自发演化过程是非常必要的，不仅可以帮助发电商了解在不同的竞价机制下竞争对手的策略演化路径，从而更好地调整竞价行为，而且能够为政府及有关部门在两类竞价机制之间进行优选提供决策参考，在保证市场公平的同时追求更高的交易效率。因此，本文将采用演化博弈的方法来研究异质发电商在两类竞价机制下竞价策略的演化路径，以期丰富该领域的研究内容，为发电商及相关决策主体提供理论参考。

2. 研究背景与基本假设

　　我国电力竞价市场上目前主要存在两种竞价结算机制：PAB 和 MCP。无论采用的是 MCP 机制还是 PAB 机制，发电商电量的录用均按照价格优先的原则，区别在于前者所有被录用的电量按照边际电量进行统一结算，而后者则按照各自的报价进行结算。市场上存在 N 个异质发电商，用集合 E 表示，$E=\{E_1, E_2, \cdots, E_N\}$。所谓异质，不仅体现在不同发电商的发电机组容量不同，还体现在各自的发电成本不同。令 Q 表示参与电力市场竞价的发电商容量集合，记 $Q=\{Q_1, Q_2, \cdots, Q_N\}$，其中 $Q_i(i=1, 2, \cdots, N)$ 表示第 i 个发电商的发电机组容量。C 表示参与电力市场竞价的发电商发电成本集合，记 $C=\{C_1, C_2, \cdots, C_N\}$，其中 $C_i(i=1, 2, \cdots, N)$ 表示第 i 个发电商的发电成本。通常认为发电成本函数 $C_i(p_i)=\alpha+\beta p_i+\gamma p_i^2$，$i \in \{1, 2, \cdots, N\}$，其中 p_i 为发电商的实际出力，α、β、γ 均为成本函数系数，可根据发电商历史数据通过回归分析得到。每个发电商 E_i 可以表示为发电容量和发电成本的集合，即 $E_i(Q_i, C_i)$。电力市场的竞价空间为 $[S_L, S_H](S_L < S_H)$，发电商的竞价策略集合为 $B=\{b_1, b_2, \cdots, b_N\}$，发电商在竞价过

　　① Exelby, M. J., and Lucas, N. J. D.. Competition in the UK market for electricity generating capacity: A game theory analysis[J]. *Energy Policy*, 1993, 21: 348-354.

　　② Ferrero, R. W., Shahidehpour, S. M., and Ramesh, V. C.. Transactions analysis in deregulated power systems using game theory[J]. *IEEE Transactions on Power Systems*, 1997, 12: 1340-1347.

　　③ Yu, Z., Sprrow, F. T., and Morin, T. L., et al.. A Stacklberg price leadership model with application to deregulated electricity markets[J]. *IEEE Power Engineering Society Winter Meeting*, 2000, 1814-1819.

　　④ Bompard, E., Ma, Y. C., and Ragazzi, E.. Micro-economic analysis of the physical constrained markets: Game theory application to competitive electrcity markets[J]. *The European Physical Journal B—Condensed Matter and Complex Systems*, 2006, 50: 153-160.

　　⑤ 袁志强，侯志俭，宋依群，等. 考虑输电约束古诺模型的均衡分析[J]. 中国电机工程学报，2004, 24(6): 73-79.

　　⑥ 石岿然，王成，李肯立. 基于演化博弈的发电侧电力市场长期均衡模型[J]. 数学的实践与认识，2004, 34(9): 1-6.

　　⑦ 张新华，赖明勇. 基于演化博弈的电力竞价市场均衡分析[J]. 管理工程学报，2008, 22(2): 144-147.

程中面临这样一种矛盾，即：当报价高时，每单位电量的收益增加但电量被录用的概率降低；当报价低时，提高了电量被录用的概率但单位电量的收益较小。在成本既定的前提下，发电商寻求达成自身期望收益最大化的问题实际上转化为如何选取最优竞价策略的问题。

演化博弈起源于生物学，是生物学中"适者生存"理念与经济学中博弈论相结合的产物，该理论成功地解释了生物学中的物种进化问题，因而受到理论界的重视。与传统博弈不同，演化博弈认为完全理性的局中人是不存在的，参与者只具备"有限理性"，在决策过程中通过不断的学习、经验积累以及试错，最终达成最优决策。毫无疑问，演化博弈的"有限理性"假设比传统博弈的"完全理性"假设更加符合现实。因其对客观事实具有较强的解释作用，近年来，演化博弈逐渐被推广运用到经济、金融、物流等诸多领域中。

为了便于后文的分析，在以上背景的基础上作如下假设：

假设1：市场上只有两类发电商，一类发电商共有 k_1 个，发电机组容量为 Q_b 且发电成本为 C_b；另一类发电商共有 k_2 个，发电机组容量为 Q_s，且发电成本为 C_s，满足 $Q_b > Q_s$。

假设2：电力市场总需求为 Q 且满足 $0 \leq Q \leq k_1 Q_b + k_2 Q_s$，不失一般性，令 $k_1 Q_b > k_2 Q_s$，且 $u = \dfrac{Q}{k_1 Q_b + k_2 Q_s}$。

假设3：发电商仅有两类竞价策略可供选择，分别为 $b_i = S_H$ 和 $b = S_L$。

在初始电力竞价市场中，两类发电商的博弈支付矩阵可以用图1表示：

Ⅱ类发电商

	策略 S_H	策略 S_L
策略 S_H	a_{11}，b_{11}	a_{12}，b_{12}
策略 S_L	a_{21}，b_{21}	a_{22}，b_{22}

Ⅰ类发电商

图1　二人非对称博弈支付矩阵

其中，$a_{ij}(i, j=1, 2)$ 表示Ⅰ类发电商个体的支付。$b_{ij}(i, j=1, 2)$ 表示Ⅱ类发电商个体的支付。Ⅰ类发电商中选择策略 S_H 的比例为 x，$x \in [0, 1]$，则选择策略 S_L 的比例为 $1-x$；Ⅱ类发电商中选择策略 S_H 的比例为 y，$y \in [0, 1]$，则选择策略 S_L 的比例为 $1-y$。

两类发电商竞价过程中策略调整的复制动态方程如下：

$$\frac{\mathrm{d}x}{\mathrm{d}t} = x(1 - x)[a_{12} - a_{22} - (a_{12} + a_{21} - a_{11} - a_{22})y] \tag{1}$$

$$\frac{\mathrm{d}y}{\mathrm{d}t} = y(1 - y)[b_{21} - b_{22} - (b_{12} + b_{21} - b_{11} - b_{22})x] \tag{2}$$

上述式(1)、式(2)所组成的微分方程组描述了异质发电商在电力市场中竞价策略的演化情况，上述动态复制系统的局部均衡点为：$E_1(0, 0)$、$E_2(0, 1)$、$E_3(1, 0)$、$E_4(1, 1)$、$E_5\left(\dfrac{b_{21} - b_{22}}{b_{12} + b_{21} - b_{11} - b_{22}}, \dfrac{a_{12} - a_{22}}{a_{12} + a_{21} - a_{11} - a_{22}}\right)$。为了判断局部均衡点的稳定性，需要采用雅克比矩阵判别法。该动态系统的雅克比矩阵 J 为：

$$J = \begin{vmatrix} (1 - 2x)[a_{12} - a_{22} - (a_{12} + a_{21} - a_{11} - a_{22})y] & -x(1 - x)(a_{12} + a_{21} - a_{11} - a_{22}) \\ -y(1 - y)(b_{12} + b_{21} - b_{11} - b_{22}) & (1 - 2y)[b_{21} - b_{22} - (b_{12} + b_{21} - b_{11} - b_{22})x] \end{vmatrix}$$

该雅克比矩阵的迹和行列式见表1：

表1 雅克比矩阵的迹和行列式

局部均衡点	J 的行列式	J 的迹
E_1	$(a_{12} - a_{22})(b_{21} - b_{22})$	$(a_{12} - a_{22}) + (b_{21} - b_{22})$
E_2	$(a_{11} - a_{21})(b_{22} - b_{21})$	$(a_{11} - a_{21}) + (b_{22} - b_{21})$
E_3	$(a_{22} - a_{12})(b_{11} - b_{12})$	$(a_{22} - a_{12}) + (b_{11} - b_{12})$
E_4	$(a_{21} - a_{11})(b_{12} - b_{11})$	$(a_{21} - a_{11}) + (b_{12} - b_{11})$
E_5	$-\dfrac{(a_{12} - a_{22})(a_{21} - a_{11})(b_{21} - b_{22})(b_{12} - b_{11})}{(a_{12} + a_{21} - a_{11} - a_{22})(b_{12} + b_{21} - b_{11} - b_{22})}$	0

雅克比矩阵判别法的标准为：如果局部均衡点所对应的雅可比矩阵行列式大于零同时迹小于零，则该点为系统的稳定均衡点；如果迹等于零，则该点为系统的鞍点。

下面分别在 PAB 和 MCP 两种清算机制下探讨异质发电商竞价策略的均衡问题。

3. 异质发电商竞价策略的演化博弈分析

3.1 PAB 机制下竞价策略的演化均衡

在我国电力市场"输配分开"的模式背景下，电力市场的需求是不确定的，下面针对不同的市场供求情况进行分类讨论。

（1）当 $k_1 Q_b < Q \leqslant k_1 Q_b + k_2 Q_s$ 时：

I 类发电商个体的支付矩阵 $A = (a_{ij}) = \begin{bmatrix} u \cdot Q_b \cdot (S_H - C_b) & \dfrac{Q - k_2 Q_s}{k_1}(S_H - C_b) \\ Q_b \cdot (S_L - C_b) & u \cdot Q_b \cdot (S_L - C_b) \end{bmatrix}$

II 类发电商个体的支付矩阵 $B = (b_{ij}) = \begin{bmatrix} u \cdot Q_s \cdot (S_H - C_s) & Q_s \cdot (S_L - C_s) \\ \dfrac{Q - k_1 Q_b}{k_2}(S_H - C_s) & u \cdot Q_s \cdot (S_L - C_s) \end{bmatrix}$

此时根据表1结合均衡点判定标准可知：当 $\dfrac{Q - k_2 Q_s}{k_1 \cdot u \cdot Q_b} < \dfrac{S_L - C_b}{S_H - C_b}$ 且 $\dfrac{Q - k_1 Q_b}{k_2 \cdot u \cdot Q_s} < \dfrac{S_L - C_s}{S_H - C_s}$ 时，点 E_1 是 ESS，其均衡演化路径如图2所示；当 $u < \dfrac{S_L - C_b}{S_H - C_b}$ 且 $\dfrac{Q - k_1 Q_b}{k_2 \cdot u \cdot Q_s} > \dfrac{S_L - C_s}{S_H - C_s}$ 时，点 E_2 是 ESS，其均衡演化路径如图3所示；当 $\dfrac{Q - k_2 Q_s}{k_1 \cdot u \cdot Q_b} > \dfrac{S_L - C_b}{S_H - C_b}$ 且 $u < \dfrac{S_L - C_s}{S_H - C_s}$ 时，点 E_3 是 ESS，其均衡演化路径如图4所示；当 $u > \dfrac{S_L - C_b}{S_H - C_b}$ 且 $u > \dfrac{S_L - C_s}{S_H - C_s}$ 时，点 E_4 是 ESS，其均衡演化路径如图5所示；点 E_5 是系统的鞍点。

（2）当 $k_2 Q_s < Q \leqslant k_1 Q_b$ 时：

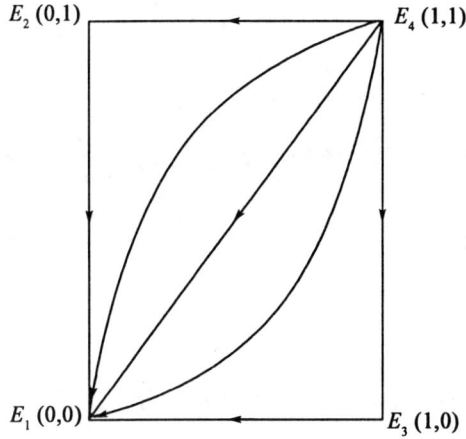

图2　竞价策略的演化路径(a)

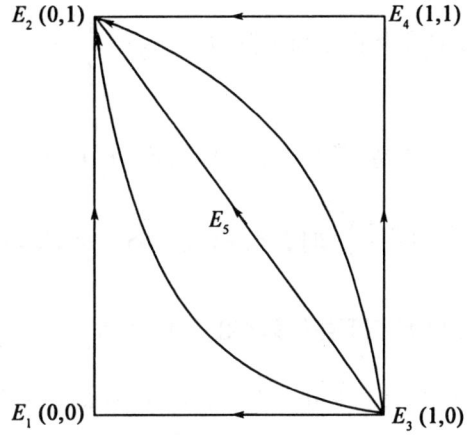

图3　竞价策略的演化路径(b)

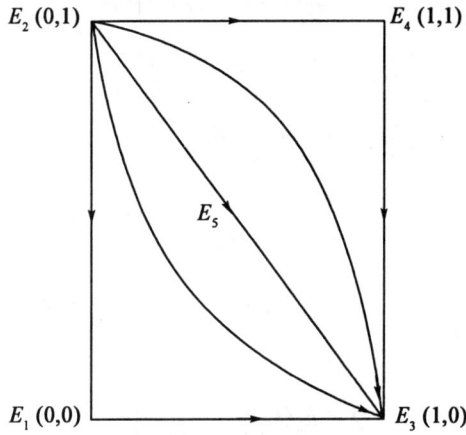

图4　竞价策略的演化路径(c)

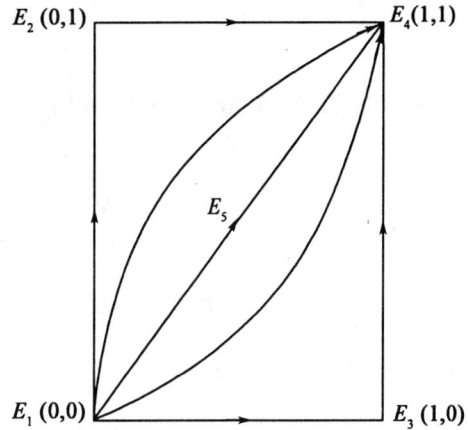

图5　竞价策略的演化路径(d)

Ⅰ类发电商个体的支付矩阵 $A = (a_{ij}) = \begin{bmatrix} u \cdot Q_b \cdot (S_H - C_b) & \dfrac{Q - k_2 Q_s}{k_1}(S_H - C_b) \\[2mm] \dfrac{Q}{k_1} \cdot (S_L - C_b) & u \cdot Q_b \cdot (S_L - C_b) \end{bmatrix}$

Ⅱ类发电商个体的支付矩阵 $B = (b_{ij}) = \begin{bmatrix} u \cdot Q_s \cdot (S_H - C_s) & Q_s \cdot (S_L - C_s) \\[2mm] 0 & u \cdot Q_s \cdot (S_L - C_s) \end{bmatrix}$

通过类似的方法可知：点 E_2 不是系统的均衡点；当 $\dfrac{Q - k_2 Q_s}{k_1 \cdot u \cdot Q_b} < \dfrac{S_L - C_b}{S_H - C_b}$ 时，点 E_1 是 ESS；当 $\dfrac{Q - k_2 Q_s}{k_1 \cdot u \cdot Q_b} > \dfrac{S_L - C_b}{S_H - C_b}$ 且 $u < \dfrac{S_L - C_s}{S_H - C_s}$ 时，点 E_3 是 ESS；当 $\dfrac{Q}{k_1 \cdot u \cdot Q_b} < \dfrac{S_H - C_b}{S_L - C_b}$ 且 $u > \dfrac{S_L - C_s}{S_H - C_s}$ 时，点 E_4 是 ESS；点 E_5 是系统的鞍点。

（3）当 $0 < Q \leqslant k_2 Q_s$ 时：

Ⅰ类发电商个体的支付矩阵 $A = (a_{ij}) = \begin{bmatrix} u \cdot Q_b \cdot (S_H - C_b) & 0 \\[2mm] \dfrac{Q}{k_1} \cdot (S_L - C_b) & u \cdot Q_b \cdot (S_L - C_b) \end{bmatrix}$

Ⅱ类发电商个体的支付矩阵 $B = (b_{ij}) = \begin{bmatrix} u \cdot Q_s \cdot (S_H - C_s) & \dfrac{Q}{k_2} \cdot (S_L - C_s) \\ 0 & u \cdot Q_s \cdot (S_L - C_s) \end{bmatrix}$

通过类似的方法可知：点 E_1 总是 ESS；点 E_2、点 E_3 确定不是系统的均衡点；当 $\dfrac{Q}{k_1 \cdot u \cdot Q_b} < \dfrac{S_H - C_b}{S_L - C_b}$ 且 $\dfrac{Q}{k_2 \cdot u \cdot Q_s} < \dfrac{S_H - C_s}{S_L - C_s}$ 时，点 E_4 是 ESS；点 E_5 是系统的鞍点。

3.2 MCP 机制下竞价策略的演化均衡

在 MCP 清算机制下分以下三类供需情况对异质发电商竞价的演化均衡策略进行分析。

（1）当 $k_1 Q_b < Q \leqslant k_1 Q_b + k_2 Q_s$ 时：

Ⅰ类发电商个体的支付矩阵 $A = (a_{ij}) = \begin{bmatrix} u \cdot Q_b \cdot (S_H - C_b) & \dfrac{Q - k_2 Q_s}{k_1} (S_H - C_b) \\ Q_b \cdot (S_H - C_b) & u \cdot Q_b \cdot (S_L - C_b) \end{bmatrix}$

Ⅱ类发电商个体的支付矩阵 $B = (b_{ij}) = \begin{bmatrix} u \cdot Q_s \cdot (S_H - C_s) & Q_s \cdot (S_H - C_s) \\ \dfrac{Q - k_1 Q_b}{k_2} \cdot (S_H - C_s) & u \cdot Q_s \cdot (S_L - C_s) \end{bmatrix}$

此时可知：点 E_4 确定不是 ESS；当 $\dfrac{Q - k_2 Q_s}{k_1 \cdot u \cdot Q_b} < \dfrac{S_L - C_b}{S_H - C_b}$ 且 $\dfrac{Q - k_1 Q_b}{k_2 \cdot u \cdot Q_s} < \dfrac{S_L - C_s}{S_H - C_s}$ 时，点 E_1 是 ESS；当 $\dfrac{Q - k_1 Q_b}{k_2 \cdot u \cdot Q_s} > \dfrac{S_L - C_s}{S_H - C_s}$ 时，点 E_2 是 ESS；当 $\dfrac{Q - k_2 Q_s}{k_1 \cdot u \cdot Q_b} > \dfrac{S_L - C_b}{S_H - C_b}$ 时，点 E_3 是 ESS；点 E_5 是系统的鞍点。

（2）当 $k_2 Q_s < Q \leqslant k_1 Q_b$ 时：

Ⅰ类发电商个体的支付矩阵 $A = (a_{ij}) = \begin{bmatrix} u \cdot Q_b \cdot (S_H - C_b) & \dfrac{Q - k_2 Q_s}{k_1} (S_H - C_b) \\ \dfrac{Q}{k_1} \cdot (S_L - C_b) & u \cdot Q_b \cdot (S_L - C_b) \end{bmatrix}$

Ⅱ类发电商个体的支付矩阵 $B = (b_{ij}) = \begin{bmatrix} u \cdot Q_s \cdot (S_H - C_s) & Q_s \cdot (S_H - C_s) \\ 0 & u \cdot Q_s \cdot (S_L - C_s) \end{bmatrix}$

此时可知：点 E_2、点 E_4 确定不是 ESS；当 $\dfrac{Q - k_2 Q_s}{k_1 \cdot u \cdot Q_b} < \dfrac{S_L - C_b}{S_H - C_b}$ 时，点 E_1 是 ESS；当 $\dfrac{Q - k_2 Q_s}{k_1 \cdot u \cdot Q_b} > \dfrac{S_L - C_b}{S_H - C_b}$ 时，点 E_3 是 ESS；点 E_5 是系统的鞍点。

（3）当 $0 < Q \leqslant k_2 Q_s$ 时：

此时的均衡情况与 3.1 中情况（3）完全一致，这里不再赘述。

通过前面的研究可以得出两个结论：第一，与 MCP 机制相比，PAB 机制下点 E_4 更容易收敛成为 ESS，即异质发电商更易采取同时报高价的竞价策略，这与人们的经验认识也是吻合的。在按照边际价格统一结算的情况下，报价与支付是分开的，发电商更倾向于采取低价策略以确保其报价具有竞争性，能够获得一定的录用电量；而在按照报价支付的情况下，发电商更倾向于采取激进的报价以提高单位录用电量的净利润。第二，局部均衡点的稳定性与竞价水平、发电成本以及被录用电量的高低、电力需求、异质发电商的数量等参数密切相关。以 E_1 为例，E_1 若要成为均衡点，即两类发电商均收敛于报低价策略，需满足如下约束：对两类发电商而言，选择报低价策略所引发的单位电量净利润（等于结算价格−发电成本)降低这一负效应小于选择报低价策略带来的被录用电量增加这一正效应。这给我们带来的启发是：对政府以及相关决策部门而言，通过调整竞价上下限可以有效地控制发电商的漫天报价行为并促使发电商的竞价策略向低水平收敛；对发电商自身而言，致力于降低发电成本始终是追求发电效益最大化的一条可靠途径。

下面将通过算例说明异质发电商在 PAB 和 MCP 两种结算机制下竞价策略的演化均衡路径，以及竞价上下限的调整对发电商竞价均衡策略的影响。

4. 算例仿真

某区域电力市场中有 5 位发电商参与竞价，且 $k_1 = 2$，$k_2 = 3$，市场总需求 $Q = 1200 MKW \cdot h$，$Q_b = 500 MKW \cdot h$，$Q_s = 220 MKW \cdot h$，$C_b = 0.08$ 元/h，$C_s = 0.12$ 元/h，竞价区间为 $[0.15, 0.3]$（单位：元/MWh）。

（1）在 PAB 机制下，异质发电商的博弈支付矩阵如图 6 所示：

79.52，28.63	59.4，6.6
35，12	25.30，4.77

图 6　PAB 机制下的发电商博弈支付矩阵

此时 $E_4(1, 1)$ 是演化稳定策略 ESS，即两类发电商最终均选择高价策略，竞价策略的演化路径如图 8 所示。

（2）在 MCP 机制下，异质发电商的博弈支付矩阵如图 7 所示：

79.52，28.63	59.4，39.6
110，12	25.30，4.77

图 7　MCP 机制下发电商博弈支付矩阵

此时 $E_2(1, 0)$、$E_3(0, 1)$ 是演化稳定策略 ESS，即两类发电商最终稳定的竞价策略是Ⅰ类发电商报高价（或报低价），Ⅱ类发电商报低价（或报高价）。竞价策略的演化路径如图 8 所示。

由上可见，在相同的初始模式下异质发电商在不同的结算机制下竞价策略的演化均衡各不相同。究其原因在于，PAB 机制下按照报价进行支付这一性质激励发电商采用更为激进的报价，而 MCP 机制下支付与报价分离，发电商为了获得一定的录用电量通常会选取低价策略，从而使其报价更具竞争性。前面提到竞价区间的调整会影响发电商竞价策略的最终均衡，下面就来说明此问题。设调整后的竞价区间为 $[0.15, 0.17]$（单位：元/MWh），分别计算两种结算机制下的博弈支付矩阵，最终发现此时两种结算机制下的演化稳定策略均为 $E_1(0, 0)$（如图 9 所示），即无论在 MCP 还是 PAB 机制下，最终异质发电商的竞价均衡策略为同时选择报低价策略，这说明合理的竞价区间设置能够促使发电商的竞价策略向低价收敛。

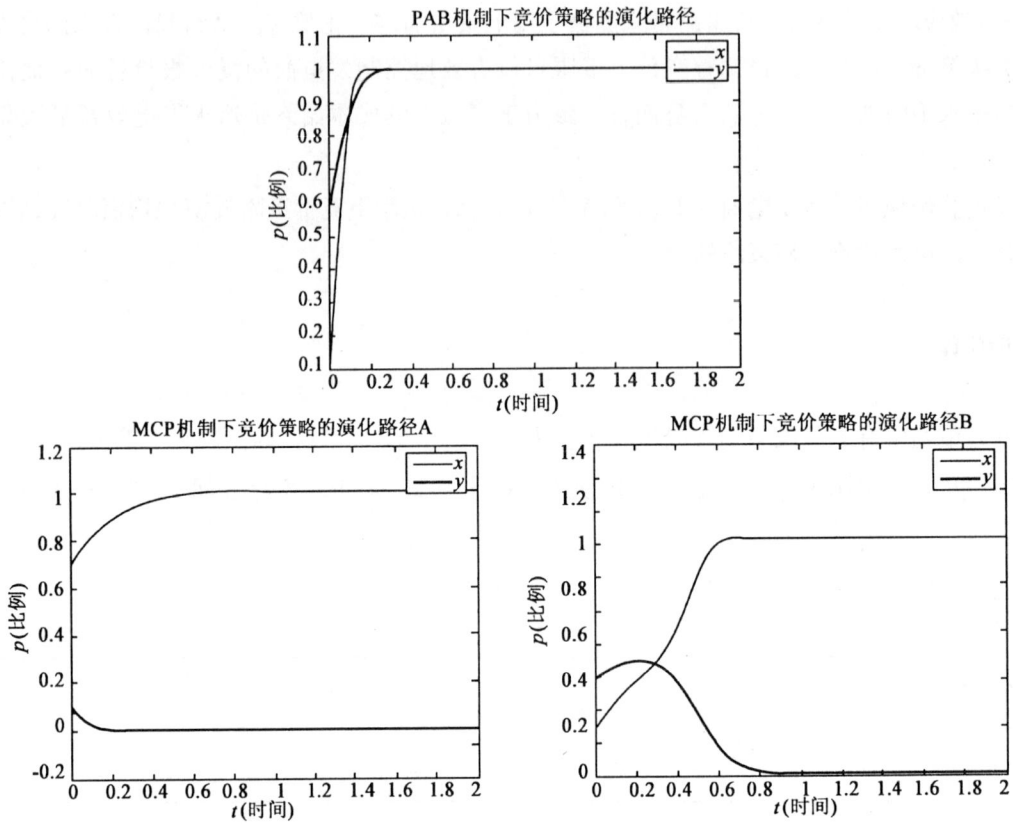

图 8 两类清算机制下竞价策略的演化路径

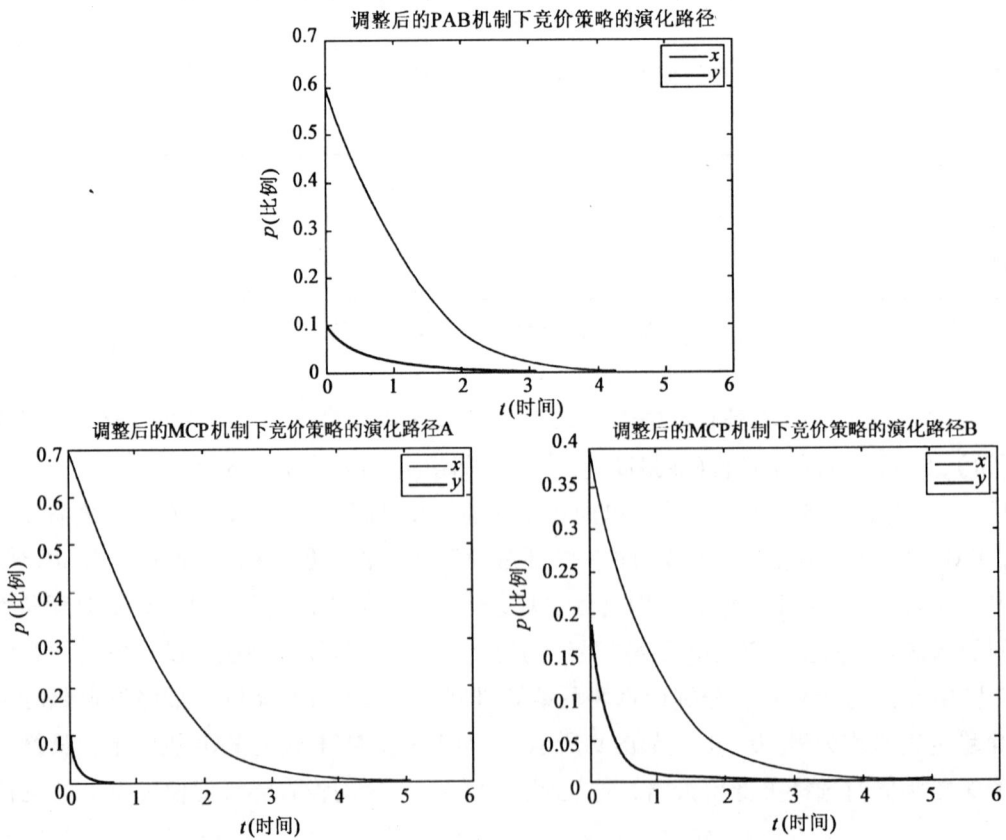

图 9 调整竞价区间后两类清算机制下竞价策略的演化路径

5. 结论

本文主要运用演化博弈的理论与方法研究了我国电力市场中异质发电商分别在 MCP 机制和 PAB 机制下竞价策略的演化均衡情况，针对不同的市场供需情况分析并探讨了发电商竞价策略欲达成演化稳定所需满足的约束条件。通过比较发现，竞价策略的最终演化均衡结果与竞价区间、发电成本、市场需求以及异质发电商数目和发电容量等因素相关。与 MCP 机制相比，发电商在 PAB 机制下更可能达成高价均衡。这与两种结算机制的支付和报价关联程度密切相关。MCP 机制下支付与报价分离的性质促使发电商为了确保一定的录用电量而选取低价策略，从而使其报价具有竞争力；而 PAB 机制的按照报价进行支付的性质诱导发电商更倾向于选择高价策略，以提高其单位录用电量的净利润。

此外，对于发电商而言，降低发电成本始终是其提升发电效益的有效途径之一；对于政府而言，合理地设置竞价区间能够促使发电商的竞价策略向低价收敛，规避发电商漫天要价的竞价行为，进而保证我国电力市场正常健康地发展。本文的研究能够为政府及相关部门提供决策参考。

（作者电子邮箱：wuyingli2008@126.com）

◎ 参考文献

[1]韩少春，刘云，张彦超，等．基于动态演化博弈论的舆论传播羊群效应[J]．系统工程学报，2011，2.

[2]韩勇，田闻旭，谭忠富．基于长期边际成本的不同电压等级输配电定价模型及其应用[J]．电网技术，2011，35(7).

[3]李清清，周建中，莫莉，等．基于通用博弈模型的电力市场均衡对比分析[J]．电网技术，2010，34(7).

[4]石肖然，王成，李肯立．基于演化博弈的发电侧电力市场长期均衡模型[J]．数学的实践与认识，2004，34(9).

[5]王世磊，严广乐，李贞．逆向物流的演化博弈分析[J]．系统工程学报，2010，4.

[6]王先甲，全吉，刘伟兵．有限理性下的演化博弈与合作机制研究[J]．系统工程理论与实践，2011，31(增刊).

[7]袁志强，侯志俭，宋依群，等．考虑输电约束古诺模型的均衡分析[J]．中国电机工程学报，2004，24(6).

[8]张新华，赖明勇．基于演化博弈的电力竞价市场均衡分析[J]．管理工程学报，2008，22(2).

[9]周建平，周浩．电力市场竞价策略探讨[J]．中国电力，2001，34(3).

[10]Bompard, E., Ma YC, and Ragazzi, E.. Micro-economic analysis of the physical constrained markets: Game theory application to competitive electrcity markets[J]. *The European Physical Journal B—Condensed Matter and Complex Systems*, 2006, 50.

[11]Exelby, M. J., and Lucas, N. J. D.. Competition in the UK market for electricity generating capacity: A game theory analysis[J]. *Energy Policy*, 1993, 21.

[12]Ferrero, R. W., Shahidehpour, S. M., and Ramesh, V. C.. Transactions analysis in deregulated power systems using game theory[J]. *IEEE Transactions on Power Systems*, 1997, 12.

[13]Yu, Z., Sprrow, F. T., and Morin, T. L. et al.. A Stacklberg price leadership model with application to deregulated electricity markets[J]. *IEEE Power Engineering Society Winter Meeting*, *Singapore*, 2000.

Analysis on Equilibrium Strategies of Heterogeneous Power Generators Based on Evolutionary Game Including Simulations

Wu Yingli[1,2] Li Chengzhi[3] Ding Chuan[4]

(1 Economics and Management School of Wuhan University, Wuhan, 430072;

2 China Electric Power Research Institute, Beijing, 100055;

3 China Minsheng Bank Xiamen Branch, Xiamen, 361004;

4 Operations and Decision Institute of Southwestern University of Finance and Economics , Chengdu, 610074)

Abstract: In this paper, the bidding strategies of heterogeneous power generation companies are studied based on evolutionary game theory. It is found that, compared with MCP, PAB is more likely to reach high price equilibrium in the electricity market. This phenomenon can be explained from the perspective of the correlation between bidding price and payoff. In addition, the final equilibrium of bidding strategies is influenced by the initial conditions of the power system, such as power generation cost, bidding range, market demand and quantity of heterogeneous power generation companies, etc. At last, acoording to the calculation example, a reasonable set of bidding range is proved to be effective for promoting power system to reach low-cost equilibrium. So the conclusion of this paper can be referred by the government and relevant departments for decsion-making.

Key words: Evolutionary game; Bidding mechanism; Evolutionary stable strategy; Electricity market

基于 DEA 模型的住宅供需效率分析[*]

● 赖一飞[1]　黄芮[2]　唐松[3]

（1，2，3　武汉大学经济与管理学院　武汉　430072）

【摘　要】本文针对我国住宅市场普遍存在的商品房市场非理性繁荣而经济适用房建设相对不足的现象，结合实际构建 DEA 模型中的 C^2R 模型，从投入产出角度比较高档住宅、普通商品住宅和经济适用房的供需效率。对武汉市住宅资源供需效率的实证分析，表明该市高档住宅建设投入过大，供大于需，而普通商品住宅和经济适用房建设投入相对不足，供不应求。最后根据计算结果给出相关合理建议，以促进住宅市场均衡发展。

【关键词】DEA 模型　住宅资源　供需分析

1. 引言

住宅产业主要生产和经营住宅，是与人民生活和国民经济发展密切相关的综合性产业。其发展是否健康、提供给居民的生活环境是否良好，不仅与我国国民经济休戚相关，更关乎我国对于安定有序的和谐社会的构建。

近年来，随着我国城镇化进程的不断推进，全国大中小城市各类住宅建设大规模展开，而最为民生所关注的非经济适用房的建设与分配莫属。事实上，经济适用房制度自实施起，其在发展中所产生的问题就层出不穷：违规操作申请房源、购房资格审查存在缺陷、不能切实解决"夹心层人群"住房困难等。这些问题归根结底都是商品住宅价格虚高而经济适用房供给量不能满足市场需求所造成的。2010 年 4 月，我国住房和城乡建设部颁发的《关于加强经济适用住房管理有关问题的通知》中明确指出"加强住房保障来稳定房价"，并强调规范了对经济适用房建设及分配的管理监督。因此，充分利用有限国土资源、按合理配比进行各类住宅建设以尽量满足不同人群的住宅需求，是保证住宅市场协调发展的前提，也是构建安定有序的和谐社会的基础。

自我国 1998 年实行住房制度改革并于同期建立住房保障制度以来，我国不少学者都对此进行了相关研究，以期使我国房地产市场与经济适用房建设协调发展。焦怡雪、尹强通过供需分析，认为在经济欠发达的中、西部地区应着力加强廉租房建设，而在经济较为发达的东部地区，应大力增加经济适用房供

---

* 本文是教育部人文社会科学研究规划项目"房地产投机泡沫的数量测度研究"（项目批准号：10YJA630077）的阶段性成果。

给以应对商品住房价格上涨过快的现象，否则就会导致住宅市场不均衡发展①；洪开荣通过构建以中央政府和地方政府作为代理人的双重任务委托代理模型，认为要合理设置利益分配机制来引导地方政府行为，使地方政府在支持房地产市场发展的同时提高经济适用房建设的积极性②；毛鹏指出经济适用房实施中存在资金不足、公职人员违规购买、分配对象审查不严格等问题，并从社会效率和公平问题的角度给出政策性建议③；谢雅萍、周芳运用 Granger 因果关系检验了不同种类住宅间价格指数的关系，并运用住宅需求联立方程模型进行实证分析，表明经济适用房的供需处于非均衡状态④；潘爱民、韩正龙采用面板数据，认为经济适用房的供给在短期内会平抑商品房价格的上涨，但随着时间的推移，其收入效应会大于替代效应，对抑制房价起反作用⑤。

通过以上综述可以发现，目前我国学者研究经济适用房对房地产市场价格及其均衡影响的文献大致可分为两类：（1）叙述性的定性研究，指出我国房地产市场不均衡发展的状况或经济适用房制度所产生的问题，并依此给出政策性建议；（2）粗略的定量研究，通过构建回归模型或进行 Granger 因果检验等方法得出我国房地产市场中各类住宅价格的关系，或通过带有定性性质的数据分析我国房地产市场的均衡状况。

那么现在急需解决的问题为：在已知我国住宅市场存在不平衡发展状况的情况下，应如何具体确定各类住宅划拨土地量、投资额度等资源投入量以确保供给符合市场需求？因此，结合本研究目的，本文选择构建 DEA 中的 C^2R 模型，以高档住宅、普通商品住宅和经济适用房三类不同住宅资源的建设投入作为供给指标，建设产出作为需求指标，进而对不同住宅资源的供需效率进行计算比较。

另外，在 DEA 模型的应用方面，国内外学者在房地产领域中大多将其集中于对房地产企业生产经营效率的测评，或是对某一地区的房地产市场经营效率进行评估。也有学者将该模型运用到其他方面，例如 Cordero Ferrera 等曾经构建 DEA 模型对西班牙 2000—2005 年的房地产土地使用进行效率评定⑥。本次研究则通过 DEA 模型的构建将住宅市场的建设均衡情况进行了定量化处理，将供需指标量化到精准的数字层面，通过具体数据的形式使结果直观明了，为后续研究和相关政策的制定提供了借鉴。

2. 指标体系的确定和模型的建立

2.1 指标体系的确定

针对本研究目的，确定以高档住宅、普通商品住宅、经济适用房三者为 DEA 模型中的决策单元（DMU），以各类房源的建设投入代表供给，居民购买各类住宅的相关数据指标代表需求。文中的"投入指标"是指决策单元在经济管理活动中需要耗费的经济量；"产出指标"是指决策单元在某种投入要素组合下表明经济活动产生成效的经济量；"供需比"是指在给定投入的情况下对三类住宅需求的满足程度，比值

① 焦怡雪，尹强. 关于保障性住房建设比例问题的思考[J]. 城市规划，2008，32(9)：38-44.

② 洪开荣，沈洪亮. 房地产市场与住房保障协调发展问题的研究——基于多委托代理模型的分析[J]. 湖南财经高等专科学校学报，2010，12：23-29.

③ 毛鹏，陈小瑞. 保障性住房的社会效率和公平问题及改进建议[J]. 建筑经济，2012，1：37-40.

④ 谢雅萍，周芳. 经济适用房供需非均衡分析[J]. 太原理工大学学报，2009，27(3)：42-47.

⑤ 潘爱民，韩正龙. 经济适用房、土地价格与住宅价格——基于我国 29 个省级面板数据的实证研究[J]. 财贸经济，2012，2：106-113.

⑥ Cordero Ferrera, et al.. Efficiency assessment of real estate cadastral offices using DEA [J]. *International Review of Administrative Sciences*, 2011, 4：273-281.

可以用来衡量三者投入资源的利用效果，同时反映住宅资源供给对需求的满足情况。

因此，在指标的选取上，投入指标要能反映在某一时段里投入各类住宅建设中的总体资源规模，即供给规模；产出指标应能反映它们的"被需求"情况。另外，易于收集、最为广泛的数据应优先考虑作为投入产出指标。根据投入产出指标的选取原则，选用总投资额、施工面积和竣工面积作为"投入指标"，将现房销售面积和期房销售面积作为"产出指标"。

此次研究所构建的模型中，我们对投入、产出的理解是：投入越小越好，而产出越大越好，这样得到的资源利用效率才会相对较高。

2.2 模型的建立

数据包络分析（Data Envelopment Analysis，DEA）方法于 1978 年以相对效率概念为基础提出，该方法的原理主要是通过保持决策单元（Decision Making Unit，DMU）的输入或者输入不变，借助于数学规划和统计数据将各个决策单元投影到 DEA 的生产前沿面上，并通过比较决策单元偏离 DEA 前沿面的程度来评价它们的相对有效性。由于 DEA 具有天然的经济管理背景，依据 DEA 方法、模型和理论可以直接利用输入输出数据建立非参数的 DEA 模型，进行经济或管理方面的分析。同时它具有工程方面背景，可将科学—工程效率的定义推广到多输入、多输出系统的场合①。

本文利用 DEA 的基本模型——C^2R 模型，即不变规模模型来构建模型。决策单元 DUM，即高档住宅、普通商品房、经济适用房，通过求解方程(1)得到相应评价单元 k 的有效性水平 h_k。

$$\max \frac{\mu^T Y_k}{v^T X_k} = h_k \tag{1}$$

$$\text{s. t.} \begin{cases} \dfrac{\mu^T Y_k}{v^T X_k} \leqslant 1 \\ k = 1, 2, 3 \\ v \geqslant 0, \mu \geqslant 0 \end{cases}$$

根据指标选取原则选取相关指标，所选取指标与方程向量对应表见表 1：

表 1

指标	投入指标 X			产出指标 Y	
DUM_k ($k=1, 2, 3$)	总投资额 x_{1k}	施工面积 x_{2k}	竣工面积 x_{3k}	现房销售面积 y_{1k}	期房销售面积 y_{2k}

因此在式(1)中，$X_k = (x_{1k}, x_{2k}, x_{3k})^T$ 为决策单元的投入向量，表示该决策单元对某种"资源"的耗费，类似于微观经济学中的生产要素项，具体来说它代表了该类住宅建设的总投资额、施工面积和竣工面积；$Y_k = (y_{1k}, y_{2k})^T$ 为产出向量，是决策单元在消耗了资源之后表明成效的指标，即现房销售面积和期房销售面积；效率评价指数 h_k 的含义是：在权重系数 $\mu = (\mu_1, \mu_2)^T$ 和 $v = (v_1, v_2, v_3)^T$ 下，投入为 $v^T X_k$、产出为 $\mu^T Y_k$ 时的产出与投入之比，按照上文中的设定，以投入代表供给，以产出代表需求，那么 h_k 也为该住宅资源的供需效率的反映。

在明确各指标向量的对应情况后，记 $X_0 = X_{k0}$，$Y_0 = Y_{k0}$，并对式(1)引入松弛变量 S^- 和剩余变量 S^+。

① 魏权龄. 数据包络分析[M]. 北京：科学出版社，2004.

应用线性规划中对偶理论的相关原理,将此分式规划转化为其对偶形式,即得到式(2)。

$$\min\theta \qquad\qquad (2)$$

$$s.t. \begin{cases} \sum_{k=1}^{3}\lambda_k X_k + S^- = \theta X_0 \\ \sum_{k=1}^{3}\lambda_k Y_k - S^+ = Y_0 \\ \lambda_k \geqslant 0, \ k=1,2,3 \\ \theta \text{无约束}, S^- \geqslant 0, S^+ \geqslant 0 \end{cases}$$

式(2)的实际含义是:保持某一DUM的产出指标水平不变,即令该类型住宅的现房销售面积和期房销售面积一定,在以另外两项住宅资源的实际投入产出水平为参照的条件下对方程进行求解。求解得到的最优值 θ 即为需求与供给之比,表示该类被评价的住宅资源的投入水平可以同比例减少达到的最低值,根据这一数值即可求得投入冗余和产出缺乏,从而达到将该住宅资源的供需状况量化表达的目的。当所求的 $\theta=1$ 时,则表明该DMU的投入水平已经是最低限度,反映出这一类型住宅资源的供给已不能满足居民对该类住宅资源的需求,需加大其建设投入以增加供给量。

需要注意的是,本研究所用的评价方法与其他评价方法的最大区别在于它不是旨在针对各项DUM进行评价和排名,而是重在通过使用多输入、多输出的数据样本来建立各类住宅资源供需效率评价模型,再通过计算求解获得大量的管理信息,从而给出进行供需效率分析的可靠依据。另一方面,由于该模型不需要预先估计参数,在避免主观因素和简化算法、减少误差等方面有着巨大的优越性。

3. 武汉市住宅资源供需效率实证分析

本次研究选取武汉市住宅市场为研究对象,对该市 2009—2011 年的各类住宅资源供需效率进行实证分析。由于住宅资源一般可分为高档住宅、普通商品住宅和经济适用房三类,本研究有 3 个 DUM。每个 DUM 依表 1 有 3 种投入要素,分别是总投资额、施工面积、竣工面积;产出要素有 2 种,为现房销售面积和期房销售面积。

考虑到数据的时效性和住宅市场的滞后性,并忽略利率、通货膨胀等因素的影响,本文投入、产出指标选取武汉市 2009—2011 年 3 年各项数据的算术平均数。处理后的数据如表 2 所示,表 2 中投入指标列即为 X_k 向量,产出指标列即为 Y_k 向量,$k=1,2,3$。通过观察可以发现,表 2 中各指标的单位并不一致,但由于 DEA 方法是纯技术性的,确定投入与产出指标即可,而不需要对指标进行无量纲化处理。

表2　　　　　　　　　　**2009—2011 年武汉市住宅投入产出相关数据**

DUM 指标		投入指标			产出指标	
		总投资额(万元)	施工面积(m^2)	竣工面积(m^2)	现房销售面积(m^2)	期房销售面积(m^2)
1	高档住宅	391798.67	1733178	407159	110939.25	313239
2	普通商品住宅	5240706.33	34093683	4931942.67	2697597.25	6867094.25
3	经济适用房	310104.67	3817924	2943054	498562.75	371403.53

注:数据来源于 2010—2012 年《武汉市统计年鉴》。

利用式（2），可得到住房资源供需效率方程（3）：

$$\min\theta \tag{3}$$

$$s.t.\begin{cases} 391798.67\lambda_1 + 5240706.33\lambda_2 + 310104.67\lambda_3 + s_1^- = 391798.67\theta \\ 1733178\lambda_1 + 34093683\lambda_2 + 3817924\lambda_3 + s_2^- = 1733178\theta \\ 407159\lambda_1 + 4931942.67\lambda_2 + 2943054\lambda_3 + s_3^- = 407159\theta \\ 110939.25\lambda_1 + 2697597.25\lambda_2 + 498562.75\lambda_3 - s_2^+ = 407159 \\ 313239\lambda_1 + 6867094.25\lambda_2 + 371403.53\lambda_3 - s_1^+ = 313239 \\ \lambda_k \geq 0, j = 1, 2, 3 \\ s_i^- \geq 0, i = 1, 2, 3 \\ s_j^+ \geq 0, i = 1, 2 \end{cases}$$

将上述数据代入 DEAP 2.1 软件进行计算，最终结果见表3。

表3 各类住宅建设效率 DEA 评价表

	决策单元（DUM）	技术效率（θ）	纯技术效率（σ）	规模效率
1	高档住宅	0.897	1.0	0.897
2	普通商品住宅	1.0	1.0	1.0
3	经济适用房	1.0	1.0	1.0
	Mean	0.966	1.0	0.966

从表3我们可以看出普通商品住宅和经济适用房的 θ、σ 均为1，即二者均为技术有效和规模有效，反映出二者的建设投入均得到了充分的利用，但从住宅供需角度分析，却发现二者的建设投入仅达到最低限水平，存在供给紧缺的状况。在这里，DEA 方法虽不能给出城镇居民对普通商品住宅和经济适用房供需比的具体数值，但通过现实市场需求状况可知城镇居民对普通商品住宅和经济适用房的需求量较大，其供需比必然小于1，故理应加大对二者的建设投入，增加供给以满足居民的购买需求。

与此同时，高档住宅的技术效率仅为0.897，明显低于普通商品住宅和经济适用房。此处高档住宅的技术效率为供需比的倒数，即"需求供给比"，其数值充分反映了高档住宅市场供需失衡、建设投入过大的状况。对照高档住宅供需效率的计算结果（见表4）进行详细分析，发现其三项投入均存在冗余，第一投入指标存在冗余共 182190.952，第二投入指标存在冗余共 152764.795，第三项投入指标存在冗余 178012.048；在产出指标上，第一项指标偏小，应增加 12110.272。

数据表明，对武汉市 2009—2011 年高档住宅建设来说，投资额应减少 182190.952 万元并缩小施工面积 152764.795 平方米，竣工面积减少 178012.048 平方米；同时，销售面积应增加 12110.272 平方米，这样才能达到 DEA 有效。经计算，高档住宅三项输入指标的冗余率分别为 46.5%、8.8%、43.7%，说明该市对高档住宅建设投入过大而购买力相对不足，以致造成此类住宅资源"供大于求"的状况。事实上，该市高档住宅确实存在空置严重的现象，与本研究结论基本相符。

表4 高档住宅供需效率计算结果

Results for firm: 1

Technical efficiency = 0.897

	variable	original value	radial movement	slack movement	projected value
output	1	110939.250	0.000	12110.272	123049.522
	2	313239.000	0.000	0.000	313239.000
input	1	391798.670	−182190.952	−140372.277	224968.048
	2	1733178.000	−152764.795	−112505.486	239052.145
	3	407159.000	−178012.048	0.000	155165.952

结合武汉市的城市现状及城市背景进行分析，导致上述现象出现的原因主要有两点：

第一，相当一部分高档住宅区基础设施配套滞后，客户严重流失及超高空置率造成其供需效率相对低下。如位于武汉市三环线以北的盘龙城经济开发区，已建成国际化高档景观住宅小区群，但就实际而言，基础设施配备不全造成了潜在客户源流失或户主不入住的现象。据湖北大楚房产研究院的网络统计和现场考证，该地区的高档住宅空置率近70%，严重超过了国际上通用的20%空置警戒线。

第二，经济适用房建设供地面积不足。目前，该市经济适用房建设制度主要包括行政划拨供应土地、免交土地出让金和减半征收税费。在这样的制度下，地方政府划拨经济适用房建设用地会使土地出让金所带来的收益大量流失，对当地政绩造成严重负面影响，从而降低了地方政府对经适房的供地热情。与此相对的是，商品房市场非理性繁荣的情况却愈演愈烈，房价虚高不降。如此"一冷一热"的区别对待势必不利于地方住宅市场的健康发展，若不及时进行相应调整将会带来严重的经济、社会问题。

综上所述，在2009—2011年武汉市的住宅建设中，确实存在着住宅资源建设投入分配不合理的现象：高档住宅建设投入过大而普通商品住宅和经济适用房投入缺乏、供应量相对不足。武汉市市政府应根据各类人群的不同需求量来合理有效地进行住宅资源规划，如此才能以相对较小的投入获得较大的经济效益、生态效益及社会效益。

4. 结语

本文利用DEA模型中的 C^2R 模型，对高档住宅、普通商品住宅和经济适用房的住宅供需效率进行了定量研究。文章从投入产出角度出发，将总投资额、施工面积和竣工面积投入作为供给量，各住宅资源现房销售面积和期房销售面积产出作为需求量，结合实际构建了 C^2R 模型，并以供需效率作为最终评判角度来进行数据分析。通过对武汉市2009—2011年住宅资源建设投入进行实证分析，发现该市存在住宅资源建设投入不合理的现象，具体来说表现在：武汉市近三年住宅市场对高档住宅建设投入过大，总投资额、施工面积和竣工面积三项的投入冗余分别达到46.5%、8.8%、43.7%，其需求供给比仅为0.897，相较其他两类住宅而言明显供大于需，应减少对其建设投入；另一方面，普通商品房与经济适用房却供给紧缺，由模型计算得出的其投入水平已为边界最低限度值，即表明此两类住宅资源投入不足而市场需求量较大，理应增加投入以获得良好的社会效益。

针对文中所指出的问题，为促进我国房地产市场与经济适用房建设的协调发展，现提出以下政策性建议：

第一，改进地方政府政绩考核标准，将包括经济适用房在内的保障性住房建设情况纳入其中作为考核标准之一；

第二，按城市规模规定各地商品房建设用地与经适房建设用地划拨比例红线，保证经适房的土地供给；

第三，制定经济适用房建设详细安排，明确经济适用房建设的资金来源、责任方和参与者等信息；

第四，加强经济适用房建设相关法律、条例，完善其管理制度以确保经适房制度实施的顺利进行。

本文对不同住宅资源的供需效率进行了判别和分析，为城市各类住宅资源建设投入量的确定提供了研究方法和量化方法，对按合理比例进行不同类住宅建设具有一定借鉴意义；同时，根据所反映的问题提出了相关政策性建议，为我国对房地产市场宏观调控政策的制定提供了参考。

（作者电子邮箱：lyf37319@163.com）

◎ 参考文献

[1] 洪开荣，沈洪亮. 房地产市场与住房保障协调发展问题的研究——基于多委托代理模型的分析[J]. 湖南财经高等专科学校学报，2010，12.

[2] 焦怡雪，尹强. 关于保障性住房建设比例问题的思考[J]. 城市规划，2008，9.

[3] 毛鹏，陈小瑞. 保障性住房的社会效率和公平问题及改进建议[J]. 建筑经济，2012，1.

[4] 潘爱民，韩正龙. 经济适用房、土地价格与住宅价格——基于我国29个省级面板数据的实证研究[J]. 财贸经济，2012，2.

[5] 魏权龄. 数据包络分析[M]. 北京：科学出版社，2004.

[6] 魏娟. 武汉市经济适用房政策运行状况、问题及对策研究[D]. 四川农业大学，2011.

[7] 谢雅萍，周芳. 经济适用房供需非均衡分析[J]. 太原理工大学学报，2009，12(3).

[8] Cordero Ferrera et al. Efficiency assessment of real estate cadastral offices using DEA[J]. *International Review of Administrative Sciences*，2011，4.

Analysis on the Supply and Demand of Housing Resources Based on DEA Model

Lai yifei[1]   Huang rui[2]   Tang song[3]

(1, 2, 3 Economics and Management School of Wuhan university, Wuhan, 430072)

Abstract：Through the phenomenon of the irrational exuberance of commercial housing market and the supply shortage of affordable housing, this paper analyzes the supply and demand efficiency of different housing resources, from the perspective of input and output of high grade residence, ordinary commodity house and economic functional house by using the DEA model. Through the empirical analysis of Wuhan, we get the conclusion that the housing resources construction is out of balance in this city, and the paper provides reasonable suggestions according to the calculated results to promote the coordinated development of the real estate market.

Key words：DEA model；Housing resources；Supply-demand analysis

企业内部工资差距与企业绩效

● 王军辉

(厦门大学王亚南经济研究院　厦门　361005)

【摘　要】本文分别采用面板数据的固定效应和 SGMM 估计方法研究了上市公司内部工资差距对企业绩效的影响。本文采用多种方式衡量企业绩效和工资差距，考虑内生性问题后，发现工资差距会削弱企业绩效，但高管薪酬会提高企业绩效，本文由此得出以下结论：我国收入分配改革的应重点放在提高普通工人的工资水平方面。。

【关键词】工资差距　企业绩效　高管薪酬

1. 引言

近年来收入差距日益成为社会关注的焦点，同时也成为学界研究的热点。但目前对收入差距主要从企业外部角度来研究，比如城市、户籍、行业、单位性质、教育程度、性别等，这些研究都忽视了企业内的收入差距问题。从图 1 我们可以看到，2005—2011 年间，我国上市公司内部高管与普通工人的工资差距也一直在拉大，高管前三名的工资与普通工人的工资之比从 2005 年的不到 60 倍上升到 2011 年的近80 倍。

企业是最基础最重要的生产单位，其生产效率直接决定了经济体的生产效率。如果目前日益恶化的收入差距也发生在每个企业内部，那么这种收入差距很可能会直接影响企业的生产效率，从而对经济发展造成巨大影响。因此，这一研究具有非常强的现实意义和政策意义。但目前对于企业内部收入差距对企业绩效的影响的实证研究结果却差异非常大。Mahy 等 (2011) 对 2011 年以前的研究做一个简要综述，我们从其综述中发现在其整理的 23 项研究中，有 7 项研究发现收入差距对企业绩效没有显著影响，7 项研究发现企业内部收入差距会削弱企业绩效，另有 9 项研究发现企业内部收入差距有助于企业绩效提升。他们利用比利时的数据则发现企业内部收入差距会提高企业绩效。但受制于数据的局限性，这些研究并不完全具有可比性。在数据方面，Cowherd 等 (1992) 使用的是横截面数据，Winter-Ebmer 等 (1999) 使用的则是面板数据。在工资差距的测度指标方面也是不同的，有的使用了工资的标准差或者方差 (如 Leonard (1990)、Richard 等 (1998))，有的使用了不同人群之间的工资比率 (如 Beaumont 等 (2003))。企业绩效指标的使用也不同，如 Braakmann (2008) 和 Martins (2008) 使用了人均销售额，Lallemand 等 (2007) 使用了人均增加值，Main 等 (1993) 则使用了资产报酬率。估计方法方面，Hibbs 等 (2000) 只使用了 OLS，Leonard (1990) 使用的是 OLS 和面板数据的固定效应，Braakman (2008) 则使用了 SGMM。这些研究大多没有考虑

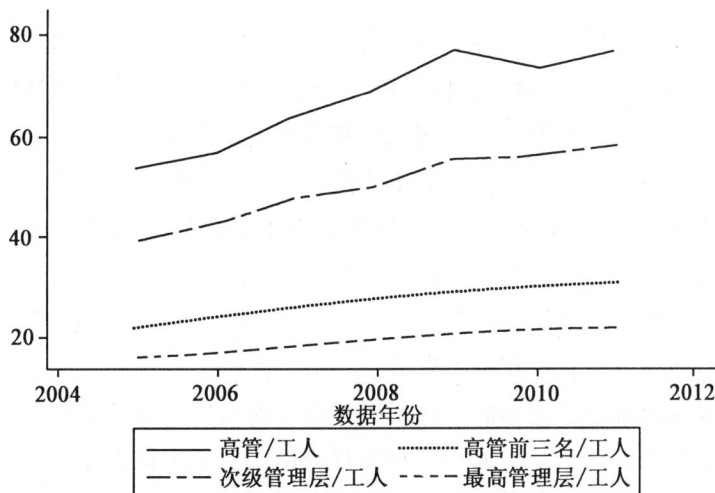

图1 我国上市公司内部收入差距演变图

收入差距与企业绩效之间可能的内生性问题。

国内也逐渐出现了一些对收入差距的经济效应的研究。如王少平、欧阳志刚(2007，2008)发现我国城乡收入差距与经济增长存在协整关系，并且其长期效应与城乡收入差距水平和经济发展阶段相关。鲁元平、王韬(2011)发现收入不平等对人们的幸福感有显著的负面影响。陈春良、易君健(2009)用省级面板数据发现城乡收入差距上升1%会导致刑事犯罪率上升0.37%。国内的研究都是从宏观方面来看收入差距的影响，而缺乏从企业的微观层面来研究收入差距的生产率效应，这导致对收入差距的微观机理的理解严重不足。

本文利用中国上市公司数据，研究了企业内部高管与普通员工工资差距对于企业绩效的影响。我们分别采用固定效应和SGMM进行估计，发现高管与普通员工工资差距会削弱企业绩效，但高管工资会提升企业绩效，因此，目前收入差距拉大削弱企业绩效的原因主要在于普通员工工资太低，并非高管的工资太高。本文的主要贡献在于：首次讨论了我国企业内部收入差距对于企业绩效的影响，从而为理解我国目前日益扩大的收入差距的经济效应提供了帮助；利用SGMM的优点解决了收入差距的内生性问题，从而避免了目前国外这方面研究的普遍不足，使结果更为可靠；把企业内部收入差距与高管薪酬同时考虑，发现高管薪酬能提高企业绩效，进而发现收入差距的负面效应主要来源于普通工人的过低工资，为收入差距的经济效应提供了进一步的解释。

2. 收入差距与企业绩效

关于收入差距对于企业绩效影响的研究一直存在争论，目前主要存在正反两种观点。Akerlof、Yellen和Milgrom等人认为收入差距会削弱企业绩效。Akerlof 和 Yellen(1988)综合心理学和经济学的研究成果，认为工人的努力是企业内部工资差异的函数，即 $e = e(\sigma^2(w))$，e 为工人的努力，$\sigma^2(w)$ 为企业内部工资的方差。企业内部工资差异越大，工人的努力程度会越低。因此，企业的生产率不仅依赖于它支付给每个工人的工资，还与企业制定的工资结构有关。如果企业内部的收入差距太大，人们的努力程度就会降低，从而降低劳动生产率。他们还进一步提出"公平工资—努力"假说。根据"公平工资—努力"假说，如果生产依赖于劳动效率，企业会发现支付公平工资是非常有利的。Akerlof 和 Yellen(1990)进一步澄清并发展了"公平工资—努力"假说。他们给出了更加清晰的努力函数：$e = \min(w/w^*, 1)$，w^* 为公平工资，w

为实际工资。"公平工资—努力"假说认为，如果实际工资低于公平工资，人们会相应比例地减少自己的努力。如果公平工资超过了市场出清工资，那么就会出现失业。Milgrom（1988）、Milgrom 和 Roberts（1990）的研究结论与 Akerlof 等人非常接近，但视角不一样。Milgrom 等人主要从信息不对称的角度研究工资差距对工人努力的影响。工人的努力是不能完全观测的，因此工人有激励采取行动，影响经理对自身的评价，以提高自己的工资，而这种行动是非生产性的，并且工资差距越大，工人采取非生产性行动的激励就越大，进而削弱企业整体的绩效①。一般来说，高技能工人的工作努力更不容易观测，因此高技能工人在这方面的问题可能更严重，更需要谨慎设计其工资方案。

Lazear 等人则认为收入差距会提高企业绩效。Lazear 等（1981）提出了根据个人绩效排名来支付薪酬的锦标赛制工资方案的分析模型，在锦标赛制工资方案中，个人的工资不再只与其个人的产出相关，而主要与其产出排名相关，排名越靠前工资越高，排名越靠后工资越低，并且排名越靠前的工人的工资会远远大于排名靠后的工人的工资。因此，工人为了获得更高的工资就会彼此竞争，从而提高生产效率。更为重要的是，锦标赛制工资方案可以有效解决在工人努力不可观测时工人的激励问题，因为这时不再需要管理人员花大力气去监督工人工作，而工人彼此间的竞争会让工人自发付出相应的努力。

收入差距对企业绩效存在正反两方面的影响机制，因此收入差距对企业绩效影响的实证研究就显得十分重要。如果负面效应大于正面效应，那么 Akerlof 和 Yallen 的"公平工资—努力"假说或者 Milgrom 等人的影响假说解释力更强，我们应当努力缩小收入差距。如果收入差距的影响主要表现为正面效应，那么 Lazear 的锦标赛制工资方案解释力更强，我们应当保持或者适当拉大企业内部收入差距。因此，这一研究具有非常强的政策意义。

3. 模型

3.1 静态面板模型

参考 Martins（2008）等的研究，我们建立了以下计量模型来分析收入差距对企业绩效的影响：

$$
\ln pf_{it} = \alpha + \beta_1 \ln gap_{it} + \beta_2 \ln employ_{it} + \beta_3 \ln employ2_{it} + \beta_4 \ln gap6_{it} + \beta_5 \ln dwage3c_{it} + \beta_6 shrcr2_{it}
$$
$$
+ \beta_7 \ln zbmjd_{it} + \beta_8 corage_{it} + contr_{it} + y + ind + y^* ind + \nu_{it} \tag{1}
$$

模型中，i 表示企业，t 表示时间。

lnpf 为企业绩效的对数。从上节我们可以看到，目前对企业绩效的测度并没有统一的指标，我们同时采用了资产报酬率（roa2）和人均经济增加值。人均经济增加值为经济增加值除以职工总人数。经济增加值根据国资委提出的计算公式得到②，其计算公式为：

经济增加值＝税后净营业利润－资本成本＝税后净营业利润－调整后资本×平均资本成本率

税后净营业利润＝净利润＋（利息支出＋研究开发费用调整项－非经常性收益调整项×50%）×（1-25%）

调整后资本＝平均所有者权益＋平均负债合计－平均无息流动负债－平均在建工程

资产报酬率虽然能体现资本所有者的获益能力，但其主要关注短期结果，容易忽视长期的价值创造。1982 年美国思特思腾公司提出的经济增加值的优点正在于可以衡量企业长期的价值创造。

lngap 为企业内部工资差距。我们无法获得企业中每名员工的工资数据，我们使用了两个指标来衡量

---

① 我们暂且称其为影响假说。
② 国资委于 2009 年颁布并于 2010 年执行的《中央企业负责人经营业绩考核暂行办法》中提出增加经济增加值作为中央企业业绩指标（http://www.gov.cn/flfg/2010-01/22/content_1517096.htm）。

企业内部工资差距：高管平均工资/普通员工平均工资（lngap2），高管前三名平均工资/普通员工平均工资（lngap3）。我们使用的是 CSMAR 提供的上市公司数据，从 CSMAR 的数据库中可以看到每个高管的薪酬，但无法获知普通工人的工资情况，我们便用公司总薪酬减去高管薪酬得到普通员工的薪酬总额，再用公司总职工人数减去高管人数得到普通员工数量，进而得到普通工的平均工资，最终我们便可以得到高管平均工资与普通员工平均工资的比率。高管前三名平均工资是公司最高管理层工资排前三位的高管的平均工资。

lnemploy 是企业职工人数的对数，用来衡量企业规模。我们还同时控制了企业规模的二次项（lnemploy2），以观察其规模报酬情况。如果二次项系数为负，说明企业存在规模报酬递减；如果二次项系数为正，则说明企业存在规模报酬递增。

lngap6 是高管内部的工资差距，我们用高管核心层平均工资/高管次级层平均工资。我们将高管核心层限定为高管董事监事前三名。一般来说，这部分人群是公司最高管理层，掌控着公司各方面的重大决策，而其他高管则主要负责执行和监督。鲁海帆（2007）和林浚清等（2003）发现高管内部的薪酬差距会提高企业绩效，但他们的研究都没有考虑高管薪酬本身和高管与普通员工的收入差距，因此这一变量的系数预期不确定。

lndwage3c 是董事高管前三名工资总额。激励理论认为薪酬能激励员工付出更多努力，高管的努力往往会对公司业绩产生极大影响，大量研究也证实了这一点。但以往的研究都忽视了控制高管核心层的薪酬，这导致他们的估计结果可能出现偏差。此变量的系数预期为正。

shrcr2 是公司前三大股东控股占总股本比例。一般认为，股权越集中，大股东越有激励监督高管，从而提高企业绩效。但同时股权越集中，也越可能给大股东操纵公司决策的机会，从而对中小股东产生不利影响。因此，此变量的系数预期非常模糊。

lnzbmjd 是公司资本密集度的对数。一般来说，资本密集度越高表明技术水平越高，因此绩效会越高，但中国是个劳动力资源丰富的国家，林毅夫等（2006）认为资本密集型的生产方式并不利于利用中国这一最重要的比较优势，因此资本密集型企业反而可能绩效更差，如张杰等（2011）就发现资本密集度对企业利润的作用显著为负。此变量的系数预期不确定。

corage 是公司年龄。公司成立时间越长，积累的各方面经营和管理经验越多，这越有利于提高企业绩效，因此我们预期 corage 的系数为正。

contr 是企业控制人性质控制变量，包含 5 个虚拟变量：ctrsta（国有）、ctrgo（政府）、ctrpr（民营）、ctrfo（外资）、ctrind（个人）。参考组为没有实际控制人的企业。由于中国不同所有制在经营管理制度、政策优惠、与政府的联系等方面差异很大，contr 主要控制因所有制不同带来的影响。

y、ind 和 y^*ind 分别为年份、行业和年份与行业的交叉项，主要控制因时间、产业特征及波动带来的影响。

3.2 动态面板模型

虽然固定效应能解决个体效应带来的问题，但企业的绩效往往是个动态过程，某一期的企业绩效往往与上期的企业绩效密切相关，这迫使我们不得不建立动态面板模型来解决这一问题。因此，我们建立了以下动态面板模型：

$$\ln pf_{it} = \alpha + \beta_0 \ln pf_{it-1} + \beta_1 \ln gap_{it} + \beta_2 \ln employ_{it} + \beta_3 \ln employ2_{it} + \beta_4 \ln gap6_{it} + \beta_5 \ln dwage3c_{it}$$
$$+ \beta_6 shrcr2_{it} + \beta_7 \ln zbmjd_{it} + \beta_8 corage_{it} + contr_{it} + y + ind + y^* ind + \nu_{it} \qquad (2)$$

$\ln pf_{it-1}$ 表示企业绩效的滞后一期。其他变量与式（1）相同。

动态面板会带来将滞后因变量作为自变量所引发的内生性问题，从而导致固定效应估计方法有偏差。

因此，我们根据 Arellano 和 Bond(1995，1998)提出的广义矩法来对模型(2)进行估计，从而克服因滞后因变量带来的内生性问题。Arellano 和 Bond(1995，1998)提出同时利用差分方程和水平方程来构造工具变量的 SGMM 方法，通过同时引入差分方程和水平方程来构造两方程系统，不仅增加了差分方程的工具变量，还可以让差分方程本身的滞后项做水平方程的工具变量，从而解决了弱工具变量问题，提高了估计效率。

4. 数据

本文的数据来源于 CSMAR 提供的中国上市公司数据库。该数据库包括中国上市公司的各种财务报表及附注、各种分析指标、资本市场数据及高管薪酬和其他特征。由于公司实际控制人性质的数据从 2005年才开始提供，我们将数据的时间范围设在 2005—2011 年。在数据整理过程中，我们发现有些公司的高管薪酬大于公司职工总薪酬，便删除了这部分观测值。另外，我们删除了职工人数小于 100 人的观测值。还有相当部分变量出现缺失，我们也删除了其对应的观测值。最终我们得到 8024 个样本，表1 给出了关于这些样本的统计性描述。

表1　　　　　　　　　　　　　　　　统计性描述

变量	Variable	Obs.	Mean	Std. Dev.	Min	Max
人均经济增加值	meva	8024	2.56	28.57	−234.77	787.71
资产报酬率	roa2	8024	0.08	0.08	0.00	2.94
高管平均/普通职工平均	wagegap2	8024	27.40	62.65	0.06	4199.11
核心平均/普通职工平均	wagegap3	8024	68	205	0	16093
核心平均/其他高管平均	wagegap6	8024	4	4	1	208
核心薪酬总额	dwage3c	8024	1307424	1490927	45000	30600000
职工人数	employ	8024	5708	22276	100	552810
前三大股东持股比例	shrcr2	8024	51.02	16.04	4.03	100
资本密集度	zbmjd	8024	2.73	22.48	0.10	1909.56
国有	ctrsta	8024	0.20	0.40	0	1
私营	ctrpr	8024	0.04	0.20	0	1
外资	ctrfo	8024	0.00	0.07	0	1
政府	ctrgo	8024	0.39	0.49	0	1
个人	ctrind	8024	0.36	0.48	0	1

从表1 中我们可以看到，人均经济增加值平均为 2.56 万元，但最大值和最小值相差近 1000 万元，并且从经济增加值和资产报酬率的比较来看，虽然资产报酬率都大于 0，但仍有 3667 个观测值的人均经济增加值小于 0，这说明采用经济增加值能够大大弥补资产报酬率作为绩效指标的不足。在 3 个工资差距指标中，我们看到就均值来说高管平均工资是普通职工的 27.4 倍，核心层的平均工资则是普通职工的 68 倍，高管内部的工资差距则较小，核心层是其他高管的 4 倍。另外，核心层的薪酬总额平均为 130.7 万元，最高的则达到3060 万元。职工人数平均为 5708 人，规模最大的企业拥有 55.28 万员工。前三大股东持股比例平均刚好超过 50%。资本密集度的差异很大，标准差达到了 22.48，而均值仅为 2.73。从实际控制人性质方面看，国有和政府总共占 59%，私营和个人共占 40%，这与我们的经验非常相符，上市公司大部分为国有企业。

5. 结果分析

5.1 静态模型估计结果

表2报告了面板数据的固定效应估计结果。第1、2列给出了以资产报酬率作为企业绩效指标的估计结果，第3、4列给出了以人均增加值为因变量的估计结果。我们看到，无论以资产报酬率还是人均经济增加值为因变量，工资差距的两个变量的系数一直显著为负，这说明企业内部收入差距会削弱企业绩效，另外我们还可以看到高管前三名的薪酬(lndwage3c)的系数一直显著为正，这说明高管薪酬增加能增加他们的努力，从而提高企业绩效。

表2 固定效应估计结果

Variable	lnroa2	lnroa2	meva	meva
	(1)	(2)	(3)	(4)
lngap2	−0.104 ***		−2.281 ***	
	(0.013)		(0.520)	
lngap3		−0.118 ***		−2.612 ***
		(0.013)		(0.533)
lnemploy	0.078	0.078	−24.997 ***	−24.959 ***
	(0.122)	(0.122)	(4.966)	(4.958)
lnemploy2	−0.005	−0.005	1.296 ***	1.302 ***
	(0.008)	(0.008)	(0.323)	(0.323)
lngap6	0.001	0.010	1.267 *	1.478 **
	(0.018)	(0.018)	(0.741)	(0.739)
lndwage3c	0.324 ***	0.348 ***	5.783 ***	6.351 ***
	(0.022)	(0.023)	(0.907)	(0.938)
shrcr2	0.007 ***	0.007 ***	0.138 ***	0.135 ***
	(0.001)	(0.001)	(0.046)	(0.046)
lzbmjd	−0.413 ***	−0.413 ***	−8.009 ***	−7.996 ***
	(0.023)	(0.023)	(0.944)	(0.944)
corage	0.048	0.045	1.337	1.271
	(0.039)	(0.038)	(1.565)	(1.565)
ctrsta	0.381 **	0.402 **	9.922	10.421
	(0.192)	(0.192)	(7.796)	(7.796)
ctrpr	0.365 *	0.387 **	5.879	6.394
	(0.194)	(0.194)	(7.880)	(7.880)
ctrfo	0.436 *	0.469 **	4.945	5.715
	(0.232)	(0.232)	(9.423)	(9.426)

Variable	lnroa2	lnroa2	meva	meva
	（1）	（2）	（3）	（4）
ctrgo	0.424**	0.444**	10.816	11.284
	(0.191)	(0.191)	(7.749)	(7.749)
ctrind	0.390**	0.410**	6.016	6.493
	(0.194)	(0.194)	(7.875)	(7.875)
Constant	−8.152***	−8.362***	17.579	12.533
	(0.645)	(0.646)	(26.192)	(26.278)
year	Y	Y	Y	Y
industry	Y	Y	Y	Y
year×industry	Y	Y	Y	Y
Obs.	8009	8009	8009	8009
R^2	0.151	0.153	0.086	0.087

注：括号内为标准差，＊＊＊代表 $p<0.01$，＊＊代表 $p<0.05$，＊代表 $p<0.1$。

虽然工资差距的结果非常一致，但使用不同指标做因变量时，其他控制变量的结果有较大差异。当资产报酬率为因变量时，规模变量并不显著，但实际控制人性质变量都非常显著；当人均经济增加值做因变量时，规模变量非常显著，并且出现非常强的规模报酬递减趋势，而实际控制人性质变量都不显著。这一结果也说明以单一指标测度公司绩效会存在许多不足，我们应当同时采用多种指标。

从表2的结果来看，企业内部收入差距不利于企业绩效提升，同时我们还发现高管的薪酬能提高企业绩效，因此可以根据此结果进一步推断，收入差距削弱企业绩效的原因并非是高管工资太高，而是普通员工的工资过低，这导致普通员工失去工作积极性，从而削弱了企业绩效。固定效应估计虽然能控制企业不可观测的时间不变的固定特征，但不能控制一些随时间变化的不可观测的因素。因此，固定效应的结果仍然无法避免内生性问题，从而导致估计结果有所偏差，而这一点也是目前大多数研究所忽视的。另外，公司绩效本身具有的序列自相关性也是静态模型所不能解决的。在下一节中我们将采用 SGMM 估计方法来解决这一问题。

5.2 动态模型估计结果

表3报告了 SGMM 的估计结果。在用模型（2）进行估计时，我们将企业绩效滞后项、工资差距和高管前三名工资均视为内生变量，通过差分滞后和水平变量来构造其工具变量。我们看到 AR(2) 和 Hansen 检验均接受原假设，表明不存在显著的残差序列自相关性，并且工具变量是有效的。与静态面板结果非常相似，无论采用资产报酬率还是人均经济增加值作为企业绩效的测度指标，两个工资差距变量的系数总是显著为负，而高管前三名的工资则总是显著为正。其他变量方面，则会因为因变量的变化而出现差异。比如资产报酬率的结果中企业规模变量显著，呈现非常典型的边际规模报酬递减效应，而人均经济增加值的结果则并不显著。资产报酬率的结果中资产报酬率滞后项和资本密集度均非常显著，而人均经济增加值的结果中这两个变量并不显著。这同样证明了企业绩效测度指标多样化的必要性。尽管如此，工资差距的显著性和影响方向并没有受到影响。

表 3

Variable	lnroa2	lnroa2	meva	meva
	(1)	(2)	(3)	(4)
L. lnroa2	0.312***	0.305***		
	(0.112)	(0.111)		
L. meva			0.026	0.031
			(0.089)	(0.087)
lngap2	−0.332***		−22.259**	
	(0.089)		(9.208)	
lngap3		−0.340***		−20.705**
		(0.089)		(8.660)
lngap6	−0.154	−0.106	−9.872	−5.858
	(0.153)	(0.149)	(8.211)	(7.342)
lndwage3c	0.565*	0.595*	54.776**	54.238**
	(0.338)	(0.341)	(26.289)	(25.577)
lnemploy	0.699***	0.704***	15.630	12.822
	(0.174)	(0.172)	(13.070)	(12.771)
lnemploy2	−0.040***	−0.040***	−1.062	−0.930
	(0.010)	(0.010)	(0.723)	(0.696)
shrcr2	0.001	0.001	−0.112	−0.078
	(0.001)	(0.001)	(0.142)	(0.127)
lnzbmjd	−0.163***	−0.167***	0.044	−0.378
	(0.034)	(0.034)	(2.782)	(2.600)
corage	−0.001	0.001	0.019	0.144
	(0.004)	(0.004)	(0.271)	(0.252)
ctrsta	0.570*	0.568*	72.750**	69.367**
	(0.346)	(0.341)	(32.802)	(30.708)
ctrpr	0.803**	0.788**	74.173**	69.556**
	(0.363)	(0.356)	(33.280)	(30.817)
ctrfo	0.729**	0.739**	51.452*	49.076*
	(0.305)	(0.293)	(28.108)	(25.740)

Variable	lnroa2	lnroa2	meva	meva
	(1)	(2)	(3)	(4)
ctrgo	0.649*	0.637*	76.937**	72.853**
	(0.363)	(0.356)	(34.469)	(32.173)
ctrind	0.898**	0.879**	83.429**	77.978**
	(0.391)	(0.383)	(35.846)	(33.062)
Constant	-11.999**	-12.195**	-813.443**	-781.272**
	(5.180)	(5.182)	(374.384)	(356.234)
year	Y	Y	Y	Y
industry	Y	Y	Y	Y
year×industry	Y	Y	Y	Y
AR(1)	0.00	0.00	0.025	0.029
AR(2)	0.379	0.344	0.29	0.289
Hansen test	0.713	0.665	0.485	0.468
Obs.	5406	5406	5406	5406
Numb. of stkcd	1643	1643	1643	1643

注：括号内为标准差，＊＊＊代表 $p<0.01$，＊＊代表 $p<0.05$，＊代表 $p<0.1$。

同时考虑了工资差距和高管工资的内生性后，我们发现工资差距的系数仍然显著为负，而高管工资的系数显著为正，因此静态模型结果的结论进一步得到巩固。我们这里的工资差距是高管与普通员工的工资差距，Milgrom 的影响假说并不是很适用。Milgrom 主要讨论高技能工人的问题，因为高技能工人的信息不对称性更强，并且个人对于管理层会有显著的影响，而一般来说，因为工作岗位的特性，普通工人的信息不对称性较弱，作为个体不大可能对管理层的决策造成多大影响。因此，我们更愿意将这里的负面效应用 Akerlof 和 Yellen 的"公平工资—效率"假说来解释。近几年来由于劳动力的短缺，普通工人的工资也呈现较快上涨的趋势，但工资的上涨幅度一直没有跑赢物价上涨，并且根据上市公司数据显示，工资对利润的比率一直在下降，工资对税费的比率则下降得更快，施炳展等（2012）利用中国工业企业数据库发现，1999—2007 年间，中国劳动力市场的要素价格扭曲呈稳定上升趋势，即边际劳动生产率与劳动力得到的工资的差距一直在拉大。因此在初次分配中，劳动者所得份额是一直在下降的，这点与国民经济核算的结果非常一致。在劳动者所得中，公司高管的薪酬又不断在上升，这使得普通工人的所得在整个初次分配中的比重进一步缩小，这严重抑制了普通工人的积极性，后果便是工人不愿意积极参与企业在生产经营等各方面的改进，并以消极态度对待企业的生产。据全球管理咨询公司合益集团最近公布的调研结果显示①，2011 年全球员工敬业度为 66%，其中南美洲员工敬业度最高，为 74%，亚洲员工敬业度仅为 63%。而中国员工敬业度又比全球平均水平低 15 个百分点，仅为 51%，与巴西等"金砖国家"相比，我国是最低的。另据网易财经 2011 年度中国员工敬业度调查数据显示，高敬业度员工会更努力②。这样的低敬业度导致的低努力，无疑会大大降低企业绩效。

---

① 张贵峰."中国员工敬业度最低"说明了什么[N].中国商报，2012-09-17.
② 本刊编辑部.2011 年度中国员工敬业度调查报告[J].中国新时代，2012，5：3.

6. 结论

本文利用 CSMAR 提供的中国上市公司数据,采用静态和动态面板模型研究了企业内部收入差距对于企业绩效的影响。我们采用多种方式衡量企业绩效和工资差距,并且考虑了内生性问题,发现企业内部工资差距会削弱企业绩效,这一负面效应主要是由普通员工工资过低造成的,并不是因为目前社会上普遍认为的高管工资太高。因此,我国在进行收入分配改革(尤其是初次收入分配方面)时,应当把重点放在提高普通工人的工资水平方面,而不是对高管实行工资管制。

本文的结论具有非常重要的政策意义。我们认为,在目前日益严峻的收入分配格局下,我们应当进一步健全工资增长机制,使普通工人的工资与企业绩效保持较一致的增长步伐,使普通工人也能享受到经济增长带来的好处。同时,我们还应当允许工人自行建立工会,提高工人在劳资谈判中的地位,使企业发展的成果在劳资双方间得到更公平的分配。

(作者电子邮箱:mymoom@163.com)

◎ 参考文献

[1]陈春良,易君健. 收入差距与刑事犯罪——基于中国省级面板数据的经验研究[J]. 世界经济,2009,1.

[2]林浚清,黄祖辉,孙永祥. 高管团队内薪酬差距、公司业绩和治理结构[J]. 经济研究,2003,4.

[3]林毅夫,张鹏飞. 适宜技术、技术选择和发展中国家的经济增长[J]. 经济学(季刊),2006,5(4).

[4]鲁海帆. 高管团队内薪酬差距、合作需求与多元化战略[J]. 管理科学,2007,20(4).

[5]鲁元平,王韬. 收入不平等、社会犯罪与国民幸福感——来自中国的经验证据[J]. 经济学(季刊),2011,10(4).

[6]施炳展,冼国明. 要素价格扭曲与中国工业企业出口行为[J]. 中国工业经济,2012,2.

[7]王少平,欧阳志刚. 我国城乡收入差距的度量及其对经济增长的效应[J]. 经济研究,2007,10.

[8]王少平,欧阳志刚. 中国城乡收入差距对实际经济增长的阈值效应[J]. 中国社会科学,2008,2.

[9]张杰,黄泰岩,芦哲. 中国企业利润来源与差异的决定机制研究[J]. 中国工业经济,2011,274.

[10]Akerlof, G. , and Yellen, J. . Fairness and unemployment[J]. *American Economic Review* (*Papers and Proceedings*),1988,78.

[11]Akerlof, G. , and Yellen, J. . The fair wage-effort hypothesis and unemployment[J]. *Quarterly Journal of Economics*,1990,105(2).

[12]Arellano, Manuel, and Bond Stephen. Some tests of specification for panel data:Monte Carlo evidence and an application to employment equations[J]. *Review of Economic Studies*,1991,58(2).

[13]Arellano, Manuel, and Bover Olympia. Another look at the instrumental variable estimation of error-components models[J]. *Journal of Econometrics*,1995,68(1).

[14]Beaumont, P. , and Harris, R. . Internal wage structure and organizational performance[J]. *British Journal of Industrial Relations*,2003,41.

[15]Braakmann, N. . Intra-firm wage inequality and firm performance—First evidence from German linked employer-employee data[D]. *Working Paper*,2008.

[16]Cowherd, D. , and Levine, D. . Product quality and pay equity between lowe-level employees and top

management: An investigation of distributive justive theory[J]. *Administrative Science Quarterly*, 1992, 37.

[17] Hibbs, D. , and Locking, H. . Wage dispersion and productive efficiency: Evidence for Sweden [J]. *Journal of Labor Economics*, 2000, 18.

[18] Lallemand, T. , Plasman, R. , and Rycx, F. . Wage structure and firm productivity in Belgium[D]. *NBER Working Paper*, 2007, 12978.

[19] Lazear, E. P. , and Rosen, S. . Rank-order tournaments as optimum labor contracts[J]. *Journal of Political Economy*, 1981, 89(5).

[20] Leonard, J. . Executive pay and firm performance[J]. *Industrial and Labor Relations Review*, 1990, 43.

[21] Mahy, B. , Rycx, F. , and Volral, M. . Does wage dispersion make all firms productive? [D] . *CEB Working Paper*, 2011.

[22] Main, B. , O'Reilly, C. , and Wade, J. . Top executive pay: Tournament or team work? [J]. *Journal of Labor Economics*, 1993, 11.

[23] Martins, P. . Dispersion in wage premiums and firm performance[J]. *Economics Letters*, 2008, 101.

[24] Richards, D. , and Guell, R. . Baseball success and the structure of salaries[J]. *Applied Economics Letters*, 1998, 5.

[25] Winter-Ebmer, R. , and Zweimuller, J. . Intra-firm wage dispersion and firm performance [J] . *Kyklos*, 1999, 52.

Intra-firm Wage Inequality and Firm Performance

Wang Junhui

(Wang Yanan Institute for Studies in Economics of Xiamen University, Ximen, 361005)

Abstract: We adopt the fixed effect and SGMM method to estimate the effect of intra-firm wage inequality on the firm performance. After controlling the endogeneity, we find that intra-firm wage inequality would harm the firm performance, while the directors' compensation would improve the firm performance. So the wage of ordinary employee is too low. We suggest the income distribution reform should be performed to raise the wage of ordinary employee.

Key words: Wage inequality; Firm performance; Director compensation

制度与企业家活动配置文献综述

● 李晓敏

（河南大学经济学院 开封 475004）

【摘 要】目前学界一致认同制度对于企业家活动配置有着重要的影响，但相应的理论发展却经历了一个漫长的过程。鲍莫尔（1990）开创性地提出，一国的制度设置或"游戏规则"形成的相对报酬率，决定了该国企业家才能在生产性活动、非生产性活动或者破坏性活动上的配置。基于这一基本论断，鲍莫尔之后的理论研究大致沿着三个方向展开：一是阐述某一或某些具体的正式制度安排对企业家活动配置的影响；二是论述社会信任和社会价值规范等非正式制度对企业家活动配置的影响；三是建立微观模型，从报酬结构方面来解释制度对企业家活动配置的影响。

【关键词】企业家活动配置 企业家才能 相对报酬结构 游戏规则

1. 引言

企业家既可以把时间、精力、努力和才能等用于生产性的创新活动，也可以将其用于非生产性的（如寻租）、甚至是破坏性的（如犯罪）活动。一般来说，企业家活动配置是指企业家才能在生产性活动和非生产性活动中的配置。虽然当前国内外学术界一致认同制度对于企业家活动配置有着重要的影响，但对二者关系的认识和相应的理论发展却经历了一个漫长的过程。

关于企业家活动（或企业家才能）配置问题的论述最早可以追溯到凡勃伦。凡勃伦（Veblen，1904）认为，企业家是一些以机敏的和创造性的方法增加自己财富、权力和声望的人，然而却不能期望他们都会关心实现这些目标的某项活动在多大程度上对社会是有利的，甚至这项活动对生产有害他们也不在乎。Hobsbawm（1969）指出，在习惯上人们通常假设经济中的私人企业（企业家）有进行创新的自发倾向，实际上并非如此，企业家的唯一目标是利润。Veblen（1904）和 Hobsbawm（1969）的研究已经注意到企业家活动的类型和企业家才能的配置问题，但并没有意识到制度在企业家活动中的作用。诺贝尔经济学奖得主 V. 奥斯特罗姆（1988）指出，新古典经济学的市场机制并不能保证人们把资源都用于生产性活动和科技发展，从寻租中获得的经济效益将足以诱使经济企业家变为政治企业家。经济企业家就是寻求利润的经济人，而政治企业家则是寻求租金的经纪人，V. 奥斯特罗姆已经指出企业家在寻利和寻租活动上的配置问题，在她看来，企业家面对的诱惑只是利润，没有考虑到制度因素。诺思（North，1990）提供了一个组织和企业家活动发展的制度演化分析框架，认为制度环境决定了一个社会的博弈规则，这些正式的或非正式的规则规范和约束了包括企业家在内的人类交往行为，减少了交易和生产成本，相应地提高了经济绩效。诺思等（1999）在《西方世界的兴起》这本著作中表明，"发达国家的经济增长历程说明，经济增长的关键在于制度因素，一种提供适当的个人刺激的有效的制度是促使经济增长的决定性因素"。诺思的分析框架已经认识到制度决定人类行为的作用，但并没有深入研究制度与企业家活动的关系。

2. 鲍莫尔（1990）的开创性研究

鲍莫尔（Baumol，1990）对古罗马、古代中国、中世纪欧洲时期的企业家行为进行了考证，发现企业家完全可以将其才能用于非生产性用途，比如，"别出心裁地运用法律制度来实现寻租目的"、"向君主请求赐予土地和垄断特许权"，等等。因此，他认为国家间贫穷和富裕的原因不在于企业家才能的短缺和丰裕，企业家才能在供给上从不短缺（基本为一常数），企业家才能的配置和企业家活动的类型是理解企业家对经济繁荣贡献的关键。他把企业家才能区分为生产性企业家才能、非生产性企业家才能和破坏性企业家才能，并明确指出并非所有的企业家才能都是对社会有利的，他声称一个国家或地区在不同年份中从事生产性活动的企业家总量的变化，在很大程度上是由制度结构引起的，而不是由潜在的具有企业家才能的人口数量变化引起的。特别地，他在分析中国近代以来的衰落和增长停滞时认为，尽管中国古代有着领先世界的各种发明（如四大发明），但这些众多的发明没有哪一项带来了工商业繁荣和一定程度的社会繁荣。其原因在于，古代中国的游戏规则（制度设置）不利于生产性企业家活动的开展①。

通过案例的说明，鲍莫尔认为：企业家资源，即具有开拓精神、富有创造力的精英人才及其才能，在各个社会中都是存在的；同时，这种资源又是有限的，问题是社会经济制度为企业家资源的发挥提供了不同的机会，如果社会制度为企业家资源的非生产性的应用甚至破坏性的应用提供比其生产性的应用更高的报酬，企业家资源就会被引离生产性的用途，社会生产力就会停滞甚至倒退。因此，一个社会中科技进步和生产力发展的快慢，主要不是取决于该社会企业家资源的多少和优劣，而是取决于该社会的制度安排对企业家资源的引导和发挥。为此，他提出了三条重要规则：第一，各个时代、国家决定企业家才能各种用途酬劳的游戏规则不一样；第二，各个国家中企业家才能应用的方向因游戏规则的不同而改变；第三，企业家才能在生产性领域和非生产性领域的应用配置，对于一个社会技术创新及其商业化有着深刻的影响。鲍莫尔还进一步指出在现代社会中，影响企业家才能在生产性领域起作用的因素往往与政治和法律方面的寻租机会相关联。鲍莫尔扩展了熊彼特关于企业家才能与经济增长的分析框架。

鲍莫尔开创性的研究说明制度不仅决定企业家活动的总水平，而且决定了企业家活动的类型（或配置）。一国的制度设置或"游戏规则"形成的相对报酬率，决定了该国企业家才能在生产性活动、非生产性活动或者破坏性活动上的配置。对于这一基本判断，随后大量的国内外学者进行了理论上的补充和模型上的完善。总的来说，鲍莫尔（1990）之后的理论研究大致沿着三个方向展开：一是阐述某一或某些具体的正式制度安排（如产权制度、法律体系）对企业家活动配置的影响，主要强调物质激励对企业家活动配置的作用；二是论述社会信任和社会价值规范等非正式制度对企业家活动配置的影响，主要强调精神激励对企业家活动配置的作用；三是建立微观模型，从报酬结构方面来解释制度对企业家活动配置的影响，这些模型经历了报酬结构外生到内生这一发展过程。

---

① 无独有偶，林毅夫（2003）在解释"李约瑟之谜"时也提出了类似的解释。他认为，中国古代的政治制度鼓励优秀人才选择做官而不是进入工商业，阻碍了经济的发展。另有证据表明，日本第二次世界大战后经济的迅速发展与其经济制度不鼓励经济诉讼有关。

3. 鲍莫尔以后的研究

3.1　正式制度与企业家活动配置

正式制度对物质激励结构的影响是通过企业家才能在不同用途上获取租金的相对机会和实现程度来起作用的。由于企业家才能存在报酬递增的性质，且适用于生产性和非生产性两种用途，则相对报酬的高低等价于报酬递增的实现机会和程度。Murphy 等(1991)认为报酬递增与某种用途(部门)的市场规模、组建组织的规模、占有租金的比例成正相关关系，表1概括了 Murphy 等认为影响人才配置的各种因素。吴义爽(2010)认为，如果一个社会具有限制特权、垄断和管制，高效率的法庭裁决和执行机构，竞争性的融资市场，透明的融资规则，低廉的融资成本，以及保护私人产权等制度安排，则企业家才能配置到生产性用途将面临更大的市场规模，更容易创立企业和做强做大，也更有可能避免其才能租金受到侵害。生产性用途上报酬递增实现机会和程度的增加一方面提升了企业家才能生产性配置的报酬，另一方面通过替代关系降低了企业家寻租等非生产性用途的报酬。

表1　　　　　　　　有利于寻租活动和有利于企业家活动①的因素②

	提高寻租活动吸引力的因素	提高企业家活动吸引力的因素
市场规模	大量资源被"官方"寻租部门占有，比如政府、军队等；产权界定不力，使得财富容易受"非官方"寻租者的掠夺；大量财富被掠夺，特别是相对于较小的产品市场而言	产品市场大；良好的通信和交通有利于贸易的发展
企业规模	寻租者(政府官员、军队等)拥有相当的权威和机动权，可以不受法律和习惯的约束收取大量的租金	容易进入和扩张，规模报酬递减不明显；容易利用资本市场
合同	保留大部分已收取的租金的能力；在组织中，可以清晰地观察到能产生适当报酬的产量	清晰的产权、专利保护；没有寻租者来掠夺租金；可以开办企业，以收取才能的准租

在速水佑次郎(2003)、Burgess 和 Venables(2004)看来，激励企业家从事生产性活动的制度变量有：加强产权和合约执行、放松管制、贸易自由化，以及最大限度地促进制度、教育、研究等无形资本的投资，等等。

Sobel(2008)强调了产权保护、司法体系、合同执行和政府规制等正式制度对企业家才能配置的作用。他们声称，富有企业家才能的个人可以选择把他们的努力投入私人部门以创造财富，也可以把努力投入财富的再分配(通过政治和法律舞台)。做出的选择受到这两种活动的回报率的影响。当制度能够提供安全的产权、公平和正义的司法体系，确保合同执行，以及能够对国家转移财富(通过税收和管制)的能力进行有效的约束时，非生产性的企业家活动的回报率就较低。在这种激励结构下，富有创造性的个人更可能通过生产性的市场创新从事新财富的创造。在没有好制度的领域，非生产性企业家活动的回报率非

---

① 这里的企业家活动专指生产性的企业家活动，本文的企业家活动既包括生产性的企业家活动，又包括非生产性的企业家活动。

② 安德烈·施莱弗，罗伯特·维什尼. 掠夺之手——政府病及其治疗[M]. 北京：中信出版社，2004：63.

常高，富于创造性的个人试图通过非生产性的政治企业家活动（如游说和诉讼）转移已经存在的财富。他还指出，公正且有效的制度可以约束政府通过规制来转移财富的能力，减少非生产性的企业家活动，推动企业家寻求生产性企业家活动来创造社会财富并实现个人目标。

Minniti（2008）在一个微观企业家模型中也强调了产权保护的作用：当制度质量高时，产权受到完全保护，寻租部门的报酬将比生产部门的报酬低，因而不存在寻租者，企业家活动全部分配至生产性部门；如果制度质量低，寻租者获得的报酬比生产者还多，企业家活动全部分配至非生产性部门。

国内不少学者研究了产权安排与企业家行为之间的关系。如张维迎（2000）研究了国有企业内部的权力斗争问题，发现国有企业的高层经理人员没有将大量的时间和精力用于改进管理和提高企业效益，而用于争权夺利。他认为，国有企业内部的权力斗争是产权安排的结果，国有企业产权安排带来的一个主要弊端就是将企业由一个经济组织转换为一个政治组织，从而诱使企业内部人员不是将时间和精力用于生产性活动，而是用于权力斗争。他提出的基本政策含义是，解决国有企业的"内耗"问题，必须从改革产权制度着手。卢现祥（2003）比较了中国和西方国家的企业产权安排，他发现中国家族企业的产权安排的主要特点是遗产均分制，而日本和西方国家则是长子继承制。从产权的角度看，西方及日本的长子继承制度具有家族产权明晰化、个性化以及财产增长的递增性三个优点，这种产权安排有利于减少家族财产的界定成本及家族内因财产分割引起的利益矛盾，有利于引导家庭成员（未来企业家）的生产性努力。

许多经济学家还着重探讨了一国的经济自由（减少政府干预）与企业家才能配置的影响。Kirzner（1973）认为，自由开放的制度框架对鼓励企业家的发现和创新是极端重要的；Harper（2003）检验了企业家的制度环境，认为经济自由度越高，企业家对获利机会越敏感，从而引发了更多的创业行为，并且在自由的市场经济中，创业精神具有自我繁殖的趋势，即新企业诞生后，它们会创造出更多的创业机会；Lee（1991）分析了政治经济环境尤其是国家政治格局、经济体制和各种制度安排对企业家才能的影响，认为只有在一个自由的市场经济国家中生产性的企业家才能才能得到发挥。Carree 和 Thurik（2002）比较了三种经济模式，即市场经济、半市场经济以及计划经济与创业精神之间的关系，证明了经济自由与创业之间存在着正相关关系。既然经济自由与企业家创业正相关，这就暗示了政府干预对激发创业也许是不利的。Kreft 和 Sobel（2003）进一步比较了政府的各项政策对创业的影响，指出减少政府干预是吸引私人资本的必要条件之一。Powell（2003）则从经济史的角度考察了爱尔兰从20世纪50年代至今不同的经济发展阶段，发现政府干预会造成创业活动的丧失，而经济自由则鼓励企业家的创业活动。

还有人强调了有效的正式制度安排对于解决"资源诅咒"问题的重要性。汪戎和朱翠萍（2008）认为，资源充裕的国家（或地区）可以成为经济增长的赢家，也可以成为经济增长的输者，这主要取决于一国激励企业家的正式制度安排。如果一个国家或地区能够通过有效的正式制度安排，鼓励企业家将主要精力和充裕的资源投入于生产性努力，则会增加经济产出，促进经济增长；否则，如果正式制度供给滞后或缺失，即便一个国家或地区拥有充裕的资源，也会诱使企业家将主要精力投入于攫取性努力即非生产性努力，造成资源的浪费而抑制经济增长。当正式制度安排有利于攫取者时，充裕的资源将被用于非生产性活动而减少产出；当正式制度安排有利于生产者时，充裕的资源将被用于生产性活动而增加产出，"资源的诅咒"仅仅会出现在正式制度缺失或正式制度弱化的国家或地区。无论是从历史还是现实的角度来看，以寻租为目的的攫取资源行为的产生都与正式制度质量密切相关。因此，他们认为提高制度质量是保证自然资源对经济增长贡献的有效途径。类似地，Acemoglu 等（2003）认为，盛产钻石的博茨瓦纳过去30年的经济高速发展得益于良好的正式制度支撑，如良好的私有产权制度、对政治精英的约束、有效的政府以及利用资源租金在基础设施、教育和健康方面的精明投资。

Torvik（2001）和 Auty（2001）的观点与上面类似，他们认为，正式制度对企业家行为的激励与约束是理解资源诅咒的关键，特别是对于市场经济制度不完善的发展中国家。在一些资源丰富的发展中国家，由于比较容易获得资源租金，地方精英如企业家为了争抢资源来获取资源租金，导致派系林立，纷争不断，导致行贿和公共政策扭曲，缺少动力来改善将其资源收益成功转化为投资所必需的投资环境以提高本国的经济多样化程度。这样，更多资源投入到寻租部门进行寻租，而生产性投入减少，导致社会生产效率下降，形成恶性循环。

威廉·鲍莫尔、罗伯特·利坦等(2008)在《好的资本主义，坏的资本主义》一书中把资本主义分为四种类型：国家主导型资本主义、寡头型资本主义、大企业型资本主义和企业家型资本主义。现实生活中很难把哪一个国家的体制归于上述某种纯粹的形态。在他们看来，最能够实现经济长期增长的是一种企业家型经济体制和大企业型经济体制的混合体，因为这种经济体制最有利于技术进步，最有利于新技术的商业化。在这本书中，他们关注的重点是如何使那些政府部门或有势力的寡头所主宰的经济，过渡到一种新的主要由市场力量和生产性企业家活动所主宰的经济模式。吴敬琏认为鲍莫尔等人所指出的国家主导型、寡头型和大企业型经济体制的各种缺陷与问题在当前的中国也得到了相当充分的体现。如腐败和寻租极度猖獗、收入分配严重不公及本土企业家创新活动的动力受到限制等，企业家型资本主义更有利于(经济)企业家的产生。

3.2 非正式制度与企业家活动配置

不仅正式制度会影响企业家才能的配置，社会信任和社会价值规范等非正式制度也会影响企业家在生产性活动和寻租活动的选择。许多国内外学者都强调过非货币报酬对于人才配置的重要性。

Acemoglu(1995)指出，一个社会的主流商业文化和信仰会通过"社会合法性"或"社会一致性"(social consensus)来影响企业家感知到的精神报酬，进而影响企业家在寻租和寻利上的选择。比如，中国古代"君子爱才，取之有道"的哲学主张就暗含了对财富社会合法性的评价。平乔维奇(1999)基于历史观察发现，在欧洲中世纪时代，贵族阶级追求财富的"主流方式"是政治和战争，而不是从事工商业生产，他认为其原因就在于前者得到普遍认可，后者则被普遍歧视。我国学者吴义爽和庄子银也表达了类似观点。吴义爽(2010)认为，在现代，如果一个社会的主流文化和信仰偏好于"诚实劳动、合法经营"，则企业家才能用于技术创新等生产性用途将获得更多的社会认可、地位和荣誉。反之，如果一个社会主流文化和信仰倾向于"唯利是图"和投机，则企业家非生产性的寻租会被认为是追求财富的捷径，寻租的成功会被认为是"真正有才能"的表现，通过技术创新等生产性活动来追求财富反而被认为是一种"笨方法"。庄子银(2007)认为，从社会心理学的角度看，社会环境对人们的价值判断、态度和观念有重要的影响，人们通常会根据某一个特定的参照群体来调整自己的行为，在一个寻租比较盛行的社会，人们对寻租的指责更少，因而企业家更可能偏向寻租，因此，他指出提高全社会的道德水准、形成一个厌恶寻租的社会风气有利于减少企业家的寻租行为。

Dallago(2000)强调了社会资本对于构建社会信任、声誉和合同基础的重要性，并且认为虽然这些对于个人(包括企业家)选择从事生产性活动的解释还不够充分，但显然非常重要。Welter 和 Smallbone (2004)也认为，不稳定的社会价值规范可能增加非生产性企业家活动。

另外，许多研究表明，许多发展中国家和中央计划经济国家的价值和规范不利于创业。如 Sztompka (1996)指出集体主义价值观牺牲了个人的独立性和创造性，而独立性和创造性对于企业家的创业非常重要，而且他指出这些价值观是经过几代人的积累形成的，改变起来非常缓慢，他的研究暗示拥有集体主义价值观的国家创业活动较少。Schwartz 和 Bardi(1997)进一步指出，中央计划经济时代的价值观往往不是由教导而产生的，而是强制适应当时社会和经济条件的结果。然而，这些价值观可能有时与官方的意识形态相矛盾。这样一来，尽管中央计划体制在官方上促进信任和合作，但对公民严格监督和控制的现实条件却导致了人们之间的不信任，这种不信任深深扎根于当时社会的认知。他们的经验研究表明，对于创业非常重要的价值观——自主和自立在 20 世纪 90 年代的后共产主义社会非常缺乏(与当时的西方国家相比),这是后共产主义国家创业活动不活跃的一个重要原因。在 Schwartz 和 Bardi(1997)的基础上,Applebaum(2003)进一步研究了文化在不同的后社会主义国家的差异。他发现经历共产主义时期长的转轨国家(如俄罗斯)在创业文化得分方面低于那些共产主义时期较短的国家。

这些发现被世界价值观察(World Values Survey, 2000)证实,转轨经济体中普遍缺乏基本的信任,取而代之的是私人关系网络。然而在转轨后期,当处理更加复杂、规模更大的市场经济活动时,私人关系网络不再有效。创业活动的许多方面依赖于社会合作,这一点不仅对于企业的起步阶段非常重要,而且在企业扩张阶段也是如此,因为大规模的合作依赖于密集的合同关系。

3.3 模型上的发展——从报酬结构外生模型到报酬结构内生模型

鲍莫尔(1990)在表达主要观点时只是历史事实的举例和文字性叙述,缺乏数理推导和模型化分析,后来的许多研究从构建理论模型方面对鲍莫尔的理论进行说明和补充。大多数学者认同鲍莫尔(1990)关于报酬(激励)结构决定企业家才能的配置方向以及一国的报酬结构内生于制度的观点,但理论模型对报酬结构的认识经历了一个从外生到内生的过程。

Murphy(1991)等人从一般性人力资本配置的视角提出了可供分析的人力资本配置框架,该框架强调了天赋的配置对资源配置的显著影响。他们的分析模型表明,当有天赋的人成为企业家时,他们会设法提高技术,结果生产率和收入得到增长;相反,当他们成为寻租者时,他们的大部分私人收益来自对他人财富的再分配,而不是财富的创造,结果经济就会停滞不前。他们的分析为企业家活动的配置提供了一个可供借鉴的理论框架,但局限在于他们仍然关注的是一般性的人力资本(天赋)在不同活动中的配置对经济的影响。接下来,我国学者庄子银(2003,2005)先后考察了企业家活动的配置对创新的影响。令人遗憾的是,在这两次分析中报酬结构仍然是外生的。

Acemoglu(1995)指出报酬结构外生假设无法解释不同社会中报酬结构的差异,因此他创新性地提出了天赋在生产性企业家活动和非生产性寻租活动上配置的一个简单模型。在这个模型中,报酬结构决定了每一经济个体在这些活动中的相对报酬,而且非生产性经济个体的比例通过外部性影响这些活动的相对报酬。企业家预期支付的租金和企业家投资的边际盈利性依赖于寻租者的数量,更多的寻租减少了投资的边际生产率和生产性企业家活动的相对报酬。因此报酬结构就不再是外生的,而是内生决定的。在动态经济中,过去的报酬和配置以及对未来配置的预期决定现在的报酬结构,由此诱致了历史的依赖性(history-dependence)。与报酬结构外生性模型不一样的是,这个模型内生化了经济的报酬结构,但这个模型关注的仍然是一般性的人力资本的配置问题,并且其分析仍然停留在微观层次。

庄子银(2007)把企业家活动的配置引入内生技术创新模式,认为企业家活动的配置(生产性与非生产性企业家的比例)取决于不同经济活动的报酬结构,而且报酬结构是内生的,并且存在历史依赖性。沿着这种思路,他认为要想提高经济中研发投入水平、技术创新水平和经济增长率,就必须加大政治、经济和文化制度创新力度,营造激励创新的报酬结构,促使企业家更多地从事生产性的创新活动,只有这样,经济才能打破低水平均衡陷阱,趋向较发达的均衡。

Douhan 和 Henrekson(2008)也强调过报酬结构的历史依赖性问题。他们认为,企业家才能是一种稀缺性的资源,当企业家放弃生产性活动的报酬转而从事非生产性活动时,存在着机会成本;当企业家放弃非生产性活动的报酬而从事生产性活动时同样存在着机会成本。所以,理性企业家的未来期望报酬肯定大于机会成本,这也说明目前报酬与未来报酬之间存在关联性。他们认为,从动态来看,企业家选择寻租将影响当前社会中寻租活动的相对报酬;同时企业家未来将继续从事寻租活动,因此也将影响未来的寻租报酬和生产性活动的当前和未来报酬,这意味着企业家才能的过去配置状况和未来的期望配置均会影响到当前的报酬结构，这种路径依赖性表明报酬结构是内生的，因此不合理的企业家活动报酬结构会导致企业家才能当前的不当配置并进一步扭曲未来的配置。

4. 总结及未来研究方向

综上所述，企业家作为理性的经济人，其目标是利润的最大化。一个社会的激励结构或称"游戏规则"决定了企业家活动的配置方向，而激励结构或"游戏规则"又内生于一个社会占支配地位的制度环境和制度安排。如果一个社会的制度安排对生产和创新等生产性活动有利，那么企业家活动会在很大程度上配置到生产性部门和领域；反之，如果一个社会的制度安排对寻租和犯罪等非生产性活动有利，那么企业家活动则会大量地流入非生产性部门和领域。

按照鲍莫尔的研究框架，许多学者对制度和企业家活动配置的关系进行了理论上的补充和模型上的完善。目前的研究不足在于缺乏对中国问题的实证研究。进一步的研究应该首先基于中国上市公司的微观数据来充实企业家活动配置的研究。有数据显示，不同地域、不同行业的上市公司在创新投入①和非生产性支出②存在差异。是否上市所处的制度环境越好，该上市公司在创新投入上的资金越多？当上市公司高管不得不把大量时间用于与当地政府官员打交道时，上市公司的非生产性支出越多？在一系列影响企业家活动的制度环境中（如产权保护、法治水平、政府干预等），哪一种对企业家行为的影响最为显著？与制造业相比，日常消费品行业与执法人员和百姓直接打交道的机会更多，那么制度环境对企业家行为的影响是否在不同行业间存在差异呢？研究这些问题都将是非常有意义的。

另一个可能的方向是对改革开放以来中国企业家行为的纵向对比研究。找到翔实、连续的时间序列数据来衡量中国企业家在生产性活动和非生产性活动上的投入比例，就可以从经验上而不是从总体感觉上来判断中国制度环境是在变好还是在变坏。在这方面的研究上，最重要的是设计一个科学全面的企业家活动的指标体系，单一指标（如企业家与官员打交道的时间）是缺乏说服力的，因为企业家与官员打交道的时间在下降的同时，企业家在创新投入上的比重可能也在下降，因此一个有用的指标可能是某一生产性活动与某一非生产性活动指标的相对值。

（作者电子邮箱：jimmynewstart. 2008@ yahoo. com. cn）

◎ 参考文献

[1]道格拉斯·C. 诺思. 经济史中的结构与变迁[M]. 上海：上海人民出版社，1994.

[2]道格拉斯·C. 诺思，罗伯斯·托马斯. 西方世界的兴起[M]. 北京：华夏出版社，1999.

[3]卢现祥. 中国的家族产权安排、家族式管理与资本积累[J]. 世界经济，2003，1.

[4]斯韦托扎尔·平乔维奇. 产权经济学：一种比较体制的理论[M]. 北京：经济科学出版社，1999.

[5]速水佑次朗. 发展经济学：从贫困到富裕[M]. 北京：社会科学文献出版社，2003.

[6]汪戎，朱翠萍. 资源与增长间关系的制度质量思考[J]. 清华大学学报(哲学社会科学版)，2008，1.

[7]威廉·鲍莫尔. 企业家精神[M]. 武汉：武汉大学出版社，2010.

---

① 通常以研发密度和科研人员占本公司员工的比例来表示，研发密度一般指当年研究和开发投入占销售收入的比重。

② 公司非生产性支出通常以高管在职消费、娱乐差旅费、接待费和营业管理费用来衡量，有研究表明：公司的非生产性支出最有可能包含在这些费用之中。

[8]吴义爽. 制度安排、企业家才能配置与中国持续经济增长[J]. 理论探讨, 2010, 1.

[9]张维迎. 产权安排与企业内部的权力斗争[J]. 经济研究, 2000, 6.

[10]庄子银. 南方模仿、企业家才能和长期经济增长[J]. 经济研究, 2003, 2.

[11]庄子银. 企业家精神、持续技术创新和长期经济增长的微观机制[J]. 世界经济, 2005, 12.

[12]庄子银. 创新、企业家活动配置与长期经济增长[J]. 经济研究, 2007, 8.

[13]Acemoglu, D.. Reward structures and the allocation of talent[J]. *European Economic Review*, 1995, 39.

[14]Acemoglu, D., Simon Johnson, James Robinson, and Yunyong Thaicharoen. Institutional cause, macroeconomic symptoms: Volatility, crises and growth[J]. *Journal of Monetary Economics*, 2003, 1.

[15]Applebaum, A.. *Gulag: A history*[M]. New York: Doubleday, 2003.

[16]Auty, Richard M.. *Resource abundance and economic development*[M]. Oxford: Oxford University Press, 2001.

[17]Baumol, W.. Entrepreneurship: Productive, unproductive and destructive [J]. *Journal of Political Economy*, 1990, 5.

[18]Burgess, R., and Venables, A.. Toward a microeconomics of growth[R]. *World Bank Policy Research Working Paper Series*, 2004, 3257.

[19]Carree, M., van Stel, A., Thurik, R., and Wennekers, S.. Economic development and business ownership: An analysis using data of 23 OECD countries in the period 1976-1996[J]. *Small Business Economics*, 2002, 19.

[20]Douhan, Henrekson. Entrepreneurship and second-best institutions: Going beyond Baumol's typology [R]. *IFN Working Paper*, 2008, No. 766.

[21]Lee, B.. Solvent reorganization contribution to the transfer the modynamics of small nonpolar molecules [J]. *Biopolymers*, 1991, 31.

[22]Dallago, B.. The organisational and productive impact on the economic system [J]. *Small Business Economics*, 2000, 15.

[23]Harper, David A.. *Foundations of entrepreneurship and economic development*[M]. London: Routledge, 2003.

[24]Hobsbawm, J.. *Industry and empire from 1750 to the present day*[M]. London: Penguin, 1969.

[25]Kirzner, Israel M.. *Competition and entrepreneurship*[M]. Chicago: University of Chicago Press, 1973.

[26]Kreft, Steven F., and Russell S. Sobel. Public policy, entrepreneurship, and economic growth[R]. *West Virginia University Economics Working Papers*, 2003, 2.

[27]Murphy, K., Shleifer, A., and Vishny, R.. The allocation of talent: Implications for growth [J]. *Quarterly Journal of Economics*, 1991, 11.

[28]Minniti, M.. The role of government policy on entrepreneurial activity: Productive, unproductive, or destructive? [J]. *Entrepreneurship Theory and Practice*, 2008, 4.

[29]North, Douglass. *Institution change and economic performance* [M]. Cambridge: Cambridge University Press, 1990.

[30]Powell, T. C.. Strategy without ontology[J]. *Strategic Management Journal*, 2003, 3.

[31]Russell S. Sobel, and Testing Baumol. Institutional quality and the productivity of entrepreneurship [J]. *Journal of Business Venturing*, 2008, 6.

[32]Schwartz, S., and Bardi, A.. Influences of adaptation to communist rule on value priorities in Eastern Europe[J]. *Political Psychology*, 1997, 2.

[33] Sztompka, P.. Looking back: The year 1989 as a cultural and civilizational break[J]. *Communist and Post-Communist Studies*, 1996, 2.

[34] Torvik, R.. Learning by doing and the Dutch disease[J]. *European Economic Review*, 2001, 45.

[35] Veblen, T.. *The theory of business enterprise*[M]. New York: Scribner, 1904.

[36] Welter, F., and Smallbone, D.. Comments on entrepreneurship and value creation from an individual and environmental perspective[R]. *Paper presented at the Rencontre-de-St. Gall*, Appenzell, Switzerland, 2004.

A Literature Review on Institutions and the Allocation of Entrepreneurial Activities

Li Xiaomin

(Economics College of Henan University, Kaifeng, 475004)

Abstract: The current academia consistently agrees that institutions have an important influence on the allocation of entrepreneurial activities, but the corresponding theoretical development has experienced a long process. Baumol in 1990 put forward an innovative view that the allocation of entrepreneurship during productive activities, non-productive activities, or destructive activities depends on this country's institutional settings or relative rate of return. Based on the basic thesis, the theoretical studies following Baumol can be divided into three categories: first, to elaborate the specific formal institution's influence; second, to state informal institution's influence, such as social trust and social value; third, to establish microscopic model and explain institutional influence from the relative reward structure.

Key words: The allocation of entrepreneurial activities; Entrepreneurial talent; Relative reward structure; Game rules

情感承诺的概念及主要研究关系:一个理论框架[*]

● 刘　祯[1,2]

（1 华南理工大学工商管理学院　广州　510640；2 科罗拉多大学商学院　丹佛　80217）

【摘　要】本文对情感承诺的概念、产生情感承诺的主要影响因素、情感承诺所产生的主要影响进行了综述。情感承诺是员工对于组织的一种积极的态度，是组织承诺的一种，在前因变量与其的研究关系当中，个人因素、组织因素、工作因素等因素会对情感承诺产生各种影响，在其与后果变量的研究关系中，情感承诺会对组织有效性、员工敬业度、员工绩效等产生积极的影响。

【关键词】承诺　情感承诺　前因后果

1. 情感承诺的概念

1.1　承诺的内涵

"承诺"一词在人们的生活和工作中出现频率颇高，《辞海》这样定义"承诺"："答应办理事情：一口承诺，毫不迟疑，承诺的事情都如期完成。"西汉司马迁《史记·季布栾布列传》记载"得黄金百，不如得季布诺"，从而有了"一诺千金"这一成语，其中"诺"指的正是"承诺"，"千金"则体现了承诺的重要性。从词性上来讲，"承诺"可以作为名词和动词使用。除了通常意义上《辞海》给出的定义，"承诺"在我国还是一个法律术语，依据《合同法》第二十一条的规定，承诺是受要约人同意要约的意思表示，即受约人同意接受要约的全部条件而与要约人成立合同，承诺的法律效力在于，承诺一经做出，并送达要约人，合同即告成立，要约人不得加以拒绝。由此可见，"承诺"一词应用在生活和法律中时，更多地有许诺、诺言的意思。

当"承诺"一词应用在管理学当中时，与其被应用在生活和法律当中相同的是，"承诺"都是非常重要的一个概念，并且承诺对于承诺的对象而言都是格外重要的，同时，承诺的主体都是人们自己。所不同的是，承诺的对象不再是他人，或者不仅仅是人与人之间的承诺关系。如巴纳德所言，组织管理的目的是让个人对于组织有所贡献（Barnard，1938；Barnard，1948），可见，"承诺"一词在管理学中所指对象通常是组织，做出承诺的主体是员工，由此，便有了"组织承诺"这一管理学术语，需要辨别的是，有学者

＊　本文是国家留学基金委"2011 年国家建设高水平大学公派研究生项目"（项目批准号：2011615047）、华南理工大学"优秀博士学位论文创新基金"（项目批准号：201001049）的阶段性成果。

曾认为组织承诺背离了生活的语言，因为"组织承诺"从字面上来讲是指组织做出的承诺，这样的理解放在生活中或许是可以的，但应用在管理学中，基于组织管理的目的而言，组织更多地应当成为受体，即承诺的对象，这种承诺则是由员工而非组织做出的。除此之外，从内涵上来讲，"承诺"一词应用于管理学时其内涵也发生了一定的变化，不仅仅指诺言的兑现，它的含义更加宽泛，更多地指员工对于组织所持有的一种态度，或积极或消极，而这种态度将影响或决定员工的行为表现以及对于组织的贡献。

如上所述，从管理学的角度认识承诺，首先需要避免两点误解：一种可能的误解是，认为管理学研究的承诺是指组织对于员工的承诺；另一种可能的误解是，认为管理学研究的承诺是指员工对于组织的诺言和兑现。前一种理解存有方向性的错误，而后一种理解则过于狭义，生搬硬套了生活中的语言内涵。由此，"承诺"一词在管理学中可以被界定为：员工将自己与组织联系在一起的心理状态（Allen 和 Meyer，1990）。

1.2　情感承诺的内涵及其隶属的学术概念体系

基于承诺在管理学中的内涵，情感承诺是指员工对于组织的情感依赖（Allen 和 Meyer，1990）。情感承诺可以被描述为员工对于组织的一种强烈和积极的态度，这种态度表现为对于组织目标和共同价值观的贡献（Brown，1996）。具体而言，情感承诺在测量时可以包含以下题项（Clugston 等，2000）：员工乐意在该组织中度过接下来的职业生涯；与他人谈起该员工所在的组织时，员工会很开心；当该组织遇到困难时，员工会感觉这种困难不仅是组织的困难，也是自己的困难；该组织对于员工来讲非常重要；员工对其所在的组织有着密不可分的情感。

除了情感承诺以外，管理学研究中还有诸多承诺概念，本文将情感承诺所隶属的概念体系总结如图1所示。如上述定义，一般认为，组织承诺指员工对于组织的一种态度。对应图1中狭义的组织承诺的概念——态度承诺（attitudinal commitment），这种承诺又可以细分为三种承诺（Allen 和 Meyer，1990；Clugston 等，2000）：情感组织承诺（affective organizational commitment），即一般研究所指的情感承诺（affective commitment），指员工从感情的角度考虑对于组织的承诺；持续组织承诺（continuance organizational commitment），即一般研究所指的持续承诺（continuance commitment），指员工从成本的角度考虑对于组织的承诺，例如，员工之所以对组织有所承诺在于员工没有太多其他的选择，或者离开组织意味着自己要付出极大的代价，因此不得不对组织做出承诺并继续留在组织中；规范组织承诺（normative organizational commitment），即一般研究所指的规范承诺（normative commitment），指员工从责任的角度来考虑对于组织的承诺，这一概念如同儒家哲学所阐述的"在其位，谋其政"的道理，指基于道义员工理应对自己所在的组织有所承诺，例如，不忠于职守、不爱岗敬业，这从道义上是讲不通的。

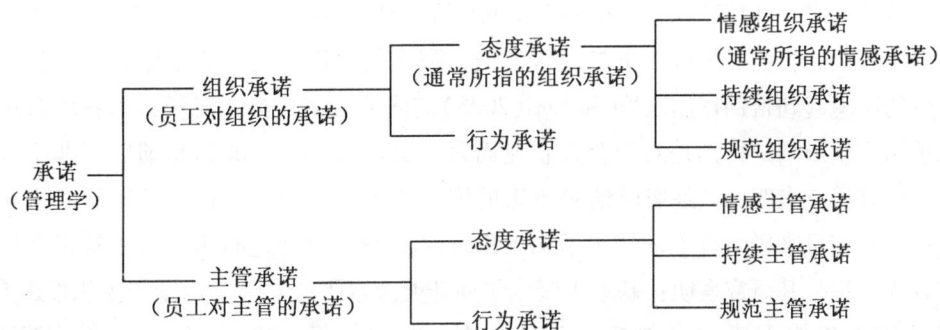

图1　情感承诺隶属的学术概念体系

以上是管理学研究中通常涉及的承诺概念，也有少部分研究从更广义的范围认识了组织承诺。首先，从承诺的对象来看，在 Clugston 等(2000)的研究中，承诺不仅仅是员工对于组织承诺，还有员工对于主管的承诺，即主管承诺(supervisor commitment)，尽管承诺的对象不同，但承诺的内涵是相同的，包含三种主管承诺：情感主管承诺(affective supervisor commitment)、持续主管承诺(continuance supervisor commitment)以及规范主管承诺(normative supervisor commitment)。其次，从承诺本身的属性来看，Brown(1996)将组织承诺区分为如图1所示的两大类承诺：态度承诺，行为承诺(behavioral commitment)，通常所研究的承诺为态度承诺。综上所述，情感承诺通常指员工对于组织的情感承诺，即情感组织承诺，是三种态度承诺当中的一种，除此之外，情感承诺从广义上也包含了情感主管承诺的概念，但从目前研究的惯例来看，当不做特别说明时，情感承诺通常指情感组织承诺，即态度承诺中的一种。

2. 情感承诺的主要研究关系

2.1 情感承诺的主要影响因素

Steers(1977)的研究表明，组织承诺会受到个人特征、工作特征以及工作体验三个方面的影响：个人特征如一个人的年龄、成就需要以及学历水平；工作特征如任务的一致性、工作的挑战、工作提供的社交机会以及各种反馈；工作体验则是一个人在工作中的切身体验，如所在群体对于组织的态度、个人对组织的依赖性，以及个人所感受到的组织对其的重视程度。其中，成就需要、群体态度、组织依赖性、个人存在感以及任务一致性与承诺正相关，而学历水平则与承诺负相关。Steers(1977)从互补性的角度给予了解释：一个人带着自己的需要和能力来到某一个组织，通过运用其能力为组织做出贡献的同时，满足其各种需要。当这个组织可以满足员工相应的需要时，那么承诺的水平就会提高；当组织对于个人而言的依赖程度不高时，组织无法给员工提供富有挑战和意义的工作时，承诺的水平就会下降。对于那些拥有更高学历的员工，向他们提供大量的回报对于组织而言可能会更加困难，因此，学历越高的人对组织的承诺程度可能会越低。这一点在 Glisson 和 Durick(1988)的研究中也同样得到了证实。

综合以往的研究来看，情感承诺通常会受个人因素、工作因素以及组织因素三个方面的影响。除了上述个人的学历特征、成就需要对于承诺的影响以外，个人因素还包括心理控制源(Coleman 等，1999；Chen 和 Wang，2007)、从失败中学习(Shepherd 等，2011)、员工满意度(Yu 和 Egri，2005)，以及个人的内在动机(Kuvaas，2006)。心理控制源作为员工的一种个性，包括外控型和内控型两种，前者更多地将自己的成败归因于外界，而后者更多地认为自己可以控制自己的命运。Coleman 等(1999)以及 Chen 和 Wang(2007)的研究表明，心理控制源会影响员工的组织承诺，但是这种影响存在承诺类别上的差异，内控型的员工更可能对组织产生情感承诺和规范承诺，内控性越强，这种影响就越强；而外控型的员工更可能对组织产生持续承诺，外控性越强，这种影响就越强。Shepherd(2011)的研究表明，善于从失败中学习与情感承诺是正相关的，面对失败，员工变得消极，那么其对组织的情感承诺就会越低，这种承诺又对员工走出失败的困境起到帮助作用。Yu 和 Egri(2005)的研究表明，员工对于人力资源管理实践的满意度会对其情感承诺产生影响，特别是对于合资企业而言。尽管 Kuvaas(2006)也研究了非个人因素对于情感承诺的影响，但其研究表明，最终影响情感承诺的因素是个人的内在动机，其所研究的非个人因素通过内在动机这一中介变量来影响员工的情感承诺。Kuvaas(2006)所研究的非个人因素正是另外一种工作特征——工作收入水平，其研究表明：基本工资水平而非奖金水平会对情感承诺产生积极影响。

影响情感承诺的组织因素主要包括：组织支持(Rhoades 等，2001；Breugel 等，2005)、社会化(Buchanan，1974)、个人—组织契合(Kristof-Brown 等，2005；Verquer 等，2004；Meyer 等，2010)、启导

（Payne 和 Huffman，2005）以及组织声望（Carmeli，2005）。Rhoades 等（2001）以及 Breugel 等（2005）的研究表明，组织对员工的支持程度越强，员工的情感承诺越高，这一结论遵循的仍然是互补性的视角，需要注意的是，由于组织对员工的支持是通过员工对组织给予的支持感知来测量的，因此，仅就这一角度而言，员工的组织支持感知与员工对于人力资源管理的满意度相似，员工自身对于支持和人力资源管理实践的评价越高，其情感承诺就会越高。社会化是员工进入组织之后自身逐渐发生转变而更加适应组织的过程，从角色的认知到自我的重新塑造最后到与组织的密不可分，Buchanan（1974）认为是这一社会化的过程产生了员工对于组织的承诺。Kristof-Brown 等（2005）、Verquer 等（2004）以及 Meyer 等（2010）的研究表明，个人—组织契合与员工情感承诺有着显著的正相关关系，个人与组织的契合程度越高，员工对于组织的情感程度就越高，与其他影响因素所采取的互补性视角不同，社会化和个人—组织契合对于情感承诺的影响更多通过一致性的视角来解释，员工对组织产生的情感承诺不仅仅是因为与组织的物质和能力交换，更在于个人与组织在价值观上的一致性，这也恰恰对应了 Brown（1996）从价值观的角度对情感承诺的定义。启导（monitoring）是组织对于员工学习、成长和发展提供的指导和帮助，也可以被认为是组织提供给员工的一种支持，Payne 和 Huffman（2005）的研究表明，启导会对员工的情感承诺产生积极的影响。除此之外，与组织的支持感知类似，Carmeli（2005）的研究表明，组织的外部声望同样会对员工的情感承诺产生积极影响，员工所感知的组织的声望越好，其对组织的情感承诺就越强。

2.2 情感承诺产生的主要影响

情感承诺所产生的主要影响，主要体现在组织的有效性（organizational effectiveness）、员工敬业度以及员工绩效方面，这些影响从根本上取决于情感承诺带给员工的从价值观、态度到行为的改变。就组织层面而言，Angle 和 Perry（1981）以及 Iverson 和 Buttigieg（1999）在研究组织承诺对于组织有效性的影响时，主要选择了离职率和缺勤率两个指标；Angle 和 Perry（1981）的研究表明，组织承诺对于离职率有着积极的影响，但是对于缺勤率的影响并不显著；作为早期的一项研究，Angle 和 Perry（1981）并没有将组织承诺进行细分；而 Iverson 和 Buttigieg（1999）则研究了情感承诺、持续承诺等组织承诺对于组织有效性的影响，其研究表明，并非所有的组织承诺都会对组织有效性产生积极影响，在几种组织承诺中，情感承诺对于组织有效性的影响是最好的，包括离职率、缺勤率以及员工对于变化的适应能力。Vandenberghe 和 Bentein（2009）的研究表明，员工对于主管的情感承诺会对离职率产生积极的影响。除此之外，Whitener 和 Walz（1993）的研究同样表明，对离职率产生积极影响的组织承诺是情感承诺而非持续承诺；Somers（2008）的研究也表明，情感承诺对于员工缺勤率有积极影响；在 Payne 和 Huffman（2005）的研究中，情感承诺在启导和离职率当中还起到了中介作用。

情感承诺对于员工层面的影响是许多研究关注的焦点。如何让员工更加敬业是理论与学术研究的重要问题，《世界经理人》曾将员工敬业度的管理评选为中国管理的十大实践之一，Shuck（2010）最新的实证研究表明，情感承诺会对员工敬业度产生积极影响，当员工对于组织的情感承诺越高时，员工就会表现得更加敬业。员工绩效通常分为两类：任务绩效和行为绩效，任务绩效考察的是员工完成任务的情况，侧重于对结果的考核。行为绩效考察的是员工的行为表现，主要有员工的组织公民行为以及反生产行为，前者是员工在工作中做出的对于组织有积极影响的一种行为，而后者则是员工在工作中做出的对于组织有不利影响的一种行为，两种行为都是侧重于过程的考核。目前对于情感承诺与员工绩效的研究，多集中在情感承诺对于行为绩效的影响上，并且有大量研究表明情感承诺会对组织公民行为产生积极影响。Williams（1991）的研究表明，组织承诺可以成为组织公民行为的预测变量；Shore 和 Wayne（1993）的研究进一步表明，并非所有的组织承诺的提升都会带来组织公民行为的提升，情感承诺与组织公民行为正相关，而持续承诺与组织公民行为负相关；Bergami（2000）的研究表明，情感承诺和自尊是驱动组织公民行为的两个最为重要的因素；Carmeli（2005）的研究表明，情感承诺在组织声望和组织公民行为之间起到了中介作用；Norris-Watts 和 Levy（2004）的研究表明，情感承诺在环境的反馈与组织公民行为之间起到了中介作用，这种中介作用在个人的组织公民行为上更加强烈。

2.3　情感承诺的其他研究关系

情感承诺作为组织管理研究中的重要概念，也被应用到其他研究领域当中，在保留了情感承诺本身的内涵，同时改变了情感承诺的主体和客体之后，情感承诺在营销学中也存在相应的前因后果的研究关系。迈克尔·波特在《竞争战略》和《竞争优势》中提出了价值系统的概念，包括从供应商、制造商、经销商到顾客的一系列供应链条，链条上的诸多伙伴成员彼此发生商业关系；在 Geyskens 等（1996）的研究当中，情感承诺被发展成为这些链上成员间的情感关系，作为链上的一员，能够得到其他成员的情感承诺至关重要；Geyskens 等（1996）的研究表明，这种情感承诺来源于成员间的相互依赖性以及信任。Evanschitzky 等（2006）以及 Mattila（2003）的研究将情感承诺延伸为顾客对于企业的承诺。菲利普·科特勒尊称彼得·德鲁克为营销学的鼻祖，其在《管理的实践》中指出，企业只有一个目的，就是创造顾客，这两项研究涉及了创造顾客需要关注的两个重要概念：顾客忠诚以及留住顾客。

Evanschitzky 等（2006）的研究表明，顾客对于企业的情感承诺能够带来顾客对于企业的忠诚。Mattila（2003）的研究将企业具体分为了两种情形，服务非常好的企业以及服务不好的企业，通常的理解是情感承诺对企业是大有帮助的，其研究表明，情感承诺其实是一把双刃剑，对服务非常好的企业而言，一旦他们的服务出现问题，那些对他们情感承诺非常高的顾客便不能容忍这种服务失败，即一旦那些通常被顾客认为服务非常好的企业无法提供非常好的服务时，他们很可能失去那些最信赖他们的顾客，相反，顾客对那些服务不好的企业不会寄予如此高的情感承诺，那么这类服务不好的企业带给自己的负面影响则相对较小。Mattila（2003）研究的情感承诺的影响，从另一个侧面反映了顾客对于企业的情感承诺的根源是企业对于自身服务品质承诺的持续兑现。如果将这一研究结论应用在组织管理中则会发现存在类似的现象，即尽管很多研究已经表明，对组织情感承诺高的员工可能留在组织中，但也不能排除这些情感承诺高的员工会离开组织的可能性。当组织无法兑现其对于员工的承诺时，高情感承诺的员工可能受伤害最大，从这个角度看，承诺从根本上讲是相互的，一个人或者成员，既是承诺的主体，也是承诺的客体，当然，组织管理更加强调承诺从自身开始，即员工自身对于组织的承诺如何。如同彼得·德鲁克在定义管理时所讲到的，成果只存在于外部。因此，员工的成果体现在对于组织的贡献，而组织的成果则体现在对于顾客的贡献。

3.　小结

情感承诺是员工从情感上对于组织的一种依赖，它也是员工从情感上表达的对于组织的态度。如图 2 所示，情感承诺与组织承诺的关系体现在，与其他组织承诺一样，情感承诺隶属于组织承诺；但从研究关系上来看，组织承诺又不能完全代表情感承诺，组织承诺所包含的各种承诺的内涵不同；同时，不同承诺的研究关系也存在差异。例如，对于提升组织的有效性而言，情感承诺是最为显著的一种影响因素，情感承诺与组织公民行为正相关，而持续承诺则与组织公民行为负相关。在组织管理研究中，产生情感承诺主要有三方面因素：个人因素、组织因素以及工作因素，其中，个人因素主要有学历特征、成就需要、善于从失败中学习以及员工对于人力资源管理实践的满意程度，除学历水平与情感承诺负向相关以外，其余因素均与情感承诺正相关；组织因素主要有组织支持、社会化、个人—组织契合、启导以及组织声望，这些因素均与情感承诺正相关，并且可以分别从互补性和一致性两个角度加以解释：从互补性的角度，员工会将自己的能力贡献给组织，同时，员工的各种需要又离不开组织给予的支持，这种有效的互补使员工对于组织的情感承诺得到提升，员工进而又会更多地将自己的能力贡献给组织，从而实现良性循环。从一致性的角度看，当员工的价值观与组织的价值观相一致时，员工同样会从情感上表现出对于组织的认同与依赖，这种一致程度越高，情感承诺的水平也越高；工作因素包含了工作特征和工作体验，工作任务的一致性以及员工在工作中感受到的其所在群体对于组织的态度均与情感承诺正相关。在组织管理研究中，总体上而言，情感承诺对于组织和员工均是一个积极的概念，情感承诺给组织和员工带来了积极的影响，表现在其提升对于离职率和缺勤率的改善以及对员工敬业度和组织公民行为的积极影响上。除上述主要的研究关系以外，情感承诺也被应用在营销学研究中，如图2所示，情感承诺在营

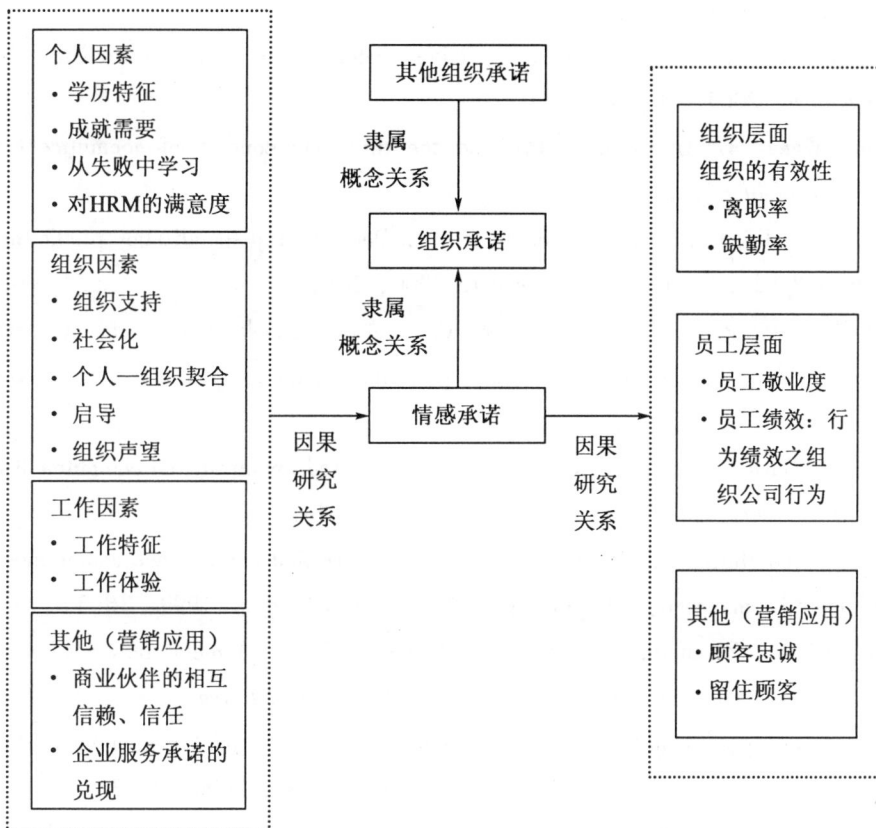

图2　情感承诺研究小结

销研究中的前因后果关系为企业如何创造顾客、合作伙伴给提供一定的启示。总之，如总结的模型所示，情感承诺作为员工对于组织的一种承诺，充当了个人和组织等各种因素与绩效的中介，发挥了重要的作用。

（作者电子邮箱：Zhen. Liu@ ucdenver. edu）

◎ **参考文献**

[1]Allen, N. J. , and Meyer, J. P. . The measurement and antecedents of affective, continuance and normative commitment to the organization[J]. *Journal of Occupational Psychology*, 1990, 63(1).

[2]Angle, H. L. , and Perry, J. L. . An empirical assessment of organizational commitment and organizational

effectiveness[J]. *Administrative Science Quarterly*, 1981, 26(1).

[3]Barnard, C. I.. *Organization and management: Selected papers* [M]. Cambridge, MA: Harvard University Press, 1948.

[4]Barnard, C. I.. *The functions of the executive*[M]. Cambridge, MA: Harvard University Press, 1938.

[5] Bergami, M., and Bagozzi, R. P.. Self-categorization, affective commitment and group self-esteem as distinct aspects of social identity in the organization[J]. *British Journal of Social Psychology*, 2000, 39(4).

[6] Brown, R. B.. Organizational commitment: Clarifying the concept and simplifying the existing construct typology[J]. *Journal of Vocational Behavior*, 1996, 49(2).

[7] Buchanan, B.. Building organizational commitment: The socialization of managers in work organizations [J]. *Administrative Science Quarterly*, 1974, 19(4).

[8]Carmeli, A.. Perceived external prestige, affective commitment, and citizenship behaviors [J]. *Organizational Studies*, 2005, 26(3).

[9]Chen, J., and Wang, L.. Locus of control and the three components of commitment to change [J]. *Personality and Individual Differences*, 2007, 42(3).

[10]Clugston, M., Howell, J. P., and Dorfman, P. W.. Does cultural socialization predict multiple bases and foci of commitment? [J]. *Journal of Management*, 2000, 26(1).

[11]Coleman, D. F., Irving, G. P., and Cooper, C. L.. Another look at the locus of control-organizational commitment relationship: It depends on the form of commitment[J]. *Journal of Organizational Behavior*, 1999, 20(6).

[12]Glisson, C., and Durick, M.. Predictors of job satisfaction and organizational commitment in human service organizations[J]. *Administrative Science Quarterly*, 1988, 33(1).

[13]Iverson, R. D., and Buttigieg, D. M.. Affective, normative and continuance commitment: Can the right kind of commitment be managed? [J]. *Journal of Management Studies*, 1999, 36(3).

[14]Kristof-Brown, A. L., Zimmerman, R. D., and Johnson, E. C.. A meta-analysis of person-job, person-organization, person-group, and person-supervisor fit[J]. *Personnel Psychology*, 2005, 58(2).

[15] Kuvaas, B.. Work performance, affective commitment, and work motivation: The roles of pay administration and pay level[J]. *Journal of Organizational Behavior*, 2006, 27(3).

[16] Meyer, J. P., Hecht, T. D., Gill, H., and Toplonytsky, L.. Person-organization (culture) fit and employee commitment under conditions of organizational change: A longitudinal study [J]. *Journal of Vocational Behavior*, 2010, 76(3).

[17]Norris-Watts, C., and Levy, P. E.. The mediating role of affective commitment in the relation of the feedback environment to work outcomes[J]. *Journal of Vocational Behavior*, 2004, 65(3).

[18]Payne, S. C., Huffman, A. H.. A longitudinal examination of the influence of mentoring on organizational commitment and turnover[J]. *Academy of Management Journal*, 2005, 48(1).

[19] Rhoades, L., Eisenberger, R., and Armeli, S.. Affective commitment to the organization: The contribution of perceived organizational support[J]. *Journal of Applied Psychology*, 2001, 86(5).

[20]Shepherd, D. A., Patzelt, H., and Wolfe, M.. Moving forward from project failure: Negative emotions, affective commitment, and learning from the experience[J]. *Academy of Management Journal*, 2011, 54(6).

[21] Shore, L. M., and Wayne, S. J.. Commitment and employee behavior: Comparison of affective

commitment and continuance commitment with perceived organizational support [J] . *Journal of Applied Psychology*, 1993, 78(5).

[22] Shuck, M . B. . *Employee engagement: An examination of antecedent and outcome variables* [D]. Florida International University, 2010.

[23] Somers, M . J. . Organizational commitment, Turnover and absenteeism: An examination of direct and interaction effects[J]. *Journal of Organizational Behavior*, 1995, 16(1).

[24] Somers, M . J. . The combined influence of affective, continuance and normative commitment on employee withdrawal[J]. *Journal of Vocational Behavior*, 2009, 74(1).

[25] Vandenberghe, and Bentein, A. . Closer look at the relationship between affective commitment to supervisors and organizations and turnover[J]. *Journal of Occupational and Organizational Psychology*, 2009, 82(2).

[26] Verquer, M. L. , Beehr, T . A. , and Wagner, S . H. . A meta-analysis of relations between person-organization fit and work attitudes[J]. *Journal of Vocational Behavior*, 2003, 63(3).

[27] Whitener, E. M. , and Walz, P. M. . Exchange theory determinants of affective and continuance commitment and turnover[J]. *Journal of Vocational Behavior*, 1993, 42(2).

[28] Williams, L. J. . Job satisfaction and organizational commitment as predictors of organizational citizenship and in-role behaviors[J]. *Journal of Management*, 1991, 17(3).

[29] Yu, B . B. , and Egri, C. P. . Human resource management practices and affective organizational commitment: A comparison of chinese employees in a state-owned enterprise and a joint venture[J]. *Asia Pacific Journal of Human Resources*, 2005, 43(3).

The Concept and Research Relationship of Affective Commitment: A Theory Model

Liu Zhen[1,2]

(1. Business Administration School of South China University of Technology, Guangzhou, 510640;

2. Business School of University of Colorado, Denver, 80217)

Abstract: This paper reviews the concept of affective commitment, the main factors that create affective commitment, and the main impact of affective commitment. Affective commitment is an employee's positive attitude to the organization; it is a kind of organizational commitment. As to the relationship between the predictors and affective commitment, affective commitment can be caused to some extent by personal factors, organizational factors, and job factors, etc. As to the relationship between affective commitment and the results, high affective commitment will lead to high organizational effectiveness, employee engagement, and employee performance, etc.

Key words: Commitment; Affective commitment; Cause and effect

基于自主创新与技术标准融合的管理体制构建[*]

● 舒　辉[1]　卫春丽[2]

（1，2 江西财经大学产业集群与企业发展研究中心　南昌　330013）

【摘　要】本文以基于自主创新与技术标准融合的管理理念为主导，依据协同学理论，从国家战略管理体制、区域战略管理体制和企业战略管理体制三个层次对自主创新与技术标准融合的管理体制进行分析，在对自主创新与技术标准融合的管理协同关系进行分析的基础上，提出了管理协同体系的框架，并对构建基于自主创新与技术标准融合的管理协同体系提出了一些建议。

【关键词】自主创新　技术标准　管理体制　协同

随着信息技术以及全球化的发展，全球范围内的竞争逐渐从传统的经济总量竞争上升为自主创新与技术标准的竞争。这就使技术标准在产业发展创新中处于重要的战略地位，进而使各国自主创新、争夺世界技术标准的竞争日益激烈。积极鼓励本国自主创新，并争夺世界技术标准显得越来越迫切。技术标准与自主创新协同发展，即自主创新所带来的技术发展新特点在一定程度上推动了技术标准的发展；而技术标准的出现既有利于自主创新，也在某些方面阻碍了自创创新，技术标准对于自主创新来说是把双刃剑①。对基于自主创新与技术标准融合的协同管理体制进行探究不仅是必要的，而且是十分关键的。

1. 基于自主创新与技术标准融合的管理体制的形式

所谓基于自主创新与技术标准融合的管理体制是指以自主创新与技术标准融合发展为目标的管理系统结构和组成方式，即采用怎样的组织形式以及如何将这些组织形式结合成为一个合理的有机系统（自主创新与技术标准的管理协同体制），并以一定的手段、方法来实现管理的任务和目的。

依据技术标准与自主创新战略相融合的管理体制所实施的范围，可以有三类组织形式，即：技术标准与国家自主创新战略相融合的管理体制、技术标准与区域自主创新战略相融合的管理体制和技术标准与企业自主创新战略相融合的管理体制等。

技术标准与国家自主创新战略相融合的管理体制主要包括：战略机制、补给机制以及整合机制。其

　＊ 本文是江西省高校人文社会科学研究 2012 年度项目"促进自主创新与技术标准融合的策略研究"（项目批准号：GL1213）；江西省科学技术厅软科学计划"技术创新成果的标准化问题与策略研究——以江西为例"（项目批准号：20121BBA10038）的阶段性成果。

　① 潘海波，金雪军. 技术标准与技术创新协调发展关系研究［J］. 中国软科学，2003，10：110-114.

中，战略机制主要研究国家自主创新以及技术标准的战略发展方向，从国家宏观层次上把握自主创新与技术标准发展方向；补给机制指国家相关的财政投入、教育投入、相关优惠等对自主创新与技术标准形成的投入机制；整合机制指从国家角度突破区域壁垒，在全国范围内进行合作创新的整合研发机制。

技术标准与区域自主创新战略相融合的管理体制同样由战略机制、补给机制以及整合机制三个机制构成。由于所处层次不同，它们在功能上存在着差异：战略机制主要研究区域基于本地区具体情况制定出的本区域自主创新和技术标准发展战略方向；补给机制是指区域对本地区自主创新与技术标准的财政投入、教育投入、相关优惠等；整合机制是指从区域角度突破企业间壁垒，在区域范围内进行合作创新的整合研发机制。

技术标准与企业自主创新战略相融合的管理体制也由战略机制、补给机制以及整合机制三个机制构成。鉴于这三个机制处于企业层面，战略机制主要研究基于企业具体情况确定的企业自主创新和技术标准发展战略方向；补给机制则是企业针对自主创新与技术标准的实际情况，在资金、人才、物资、创新设施等方面的投入；整合机制则从企业角度出发，既可以在企业范围内，也可以在国家范围内甚至在全球范围内整合所必需的各类创新资源，以实现其发展战略目标。

2. 构建基于自主创新与技术标准融合的管理协同体制

协同学是由德国斯图加特大学教授、著名物理学家 H. Haken 创立的，该理论主要用于研究复杂适应性系统（CAS）在内部子系统的相互作用下和外部参量的影响下，系统以自组织的方式形成在特定时空和功能上有序结构的条件和演化规律。协同机制的状态由一组状态参量来描述，随着事件的推移变化，这些状态的快慢程度是不同的。当系统逐渐接近于发生显著质变的临界点时，变化慢的状态参量数目就会越来越少，这些为数不多的慢变化参量完全决定了系统的宏观行为并表征系统的有序化程度，故称其为序参量。在协同系统中，所有系统的宏观有序性都由组成它的子系统间的协同作用所决定，即所有系统宏观性质的改变都是协同作用的结果[1]。千差万别的自然系统和社会系统中，都存在着协同作用。协同作用是任何复杂系统本身所固有的自组织能力，是形成系统有序结构的内部作用力，是系统有序结构形成的内驱力[2]。

2.1 自主创新与技术标准融合的管理协同关系分析

自主创新与技术标准融合的管理协同关系表现为通过调整相关的管理体制，形成自主创新与技术标准的有序发展结构。管理协同机制的持续优化，能够有效地促进各个部门间的协调运转，提高效率，减少损失，降低摩擦，避免冲突，自主创新与技术标准融合的功能得以依据战略的要求得到充分发展。当我们仅讨论管理体制协同（原因）与"自主创新与技术标准融合"发展效应之间的关系时，其数学描述如下。

假设：自主创新与技术标准融合的管理协同体制（原因）为 F，自主创新与技术标准融合的协同发展效应为 q，$\dot{q}$ 表示 q 在短时间 Δt 的变化正比于 Δt，即：

$$\vec{\dot{q}} = \frac{\Delta q}{\Delta t} \tag{1}$$

① 徐大伟，段姗姗，刘春燕."三化"同步发展的内在机制与互动关系研究——基于协同学和机制设计理论[J].农业经济问题，2012，2：8-13.

② Mar'yan, M., Szasz, A., and Szendro, P.. Synergetic model of the formation of non-crystalline structures[J]. *Journal of Non-Crystalline Solids*, 2005, 351(2)：189-193.

由于力可以出现在非齐次项中，这个项可以是 F 的一个线性函数。这样，仅考虑即时作用系统影响的方程为：

$$\dot{q} = F_0(q(t); \ t) \tag{2}$$

要求在没有管理协同外力时，不存在协同活动或者没有协同效应输出。换言之，在没有外力时，我们期望 $q = 0$。我们进一步要求，当系统失去协同外力时，自主创新与技术标准融合系统返回到 $q = 0$ 的状态。这就要求，当 $F = 0$ 时，系统是稳定和阻尼的。那么，这种类型的方程可由以下线性方程表示：

$$\dot{q} = -\gamma q \tag{3}$$

这里的 γ 是自主创新与技术标准融合发展的阻尼系数。当加上管理协同这个外部"力"时，我们可得到以下方程：

$$\dot{q} = -\gamma q + F(t) \tag{4}$$

该式的解在形式上可以被写成：

$$q(t) = \int_0^t e^{-\gamma(t-\tau)} F(\tau) \mathrm{d}\tau \tag{5}$$

其中，q 表示系统对于施加力 $F(\tau)$ 的响应。显然，q 在时刻 t 的值，不仅仅依赖管理协同系统给出"指令"的时刻 t，还依赖 q 的累积效应。因此，为了方便研究即时作用系统，也就是其中 $q(t)$ 仅依赖于 $F(\tau)$。令：

$$F(t) = a e^{-\delta t} \tag{6}$$

可以将式（6）代入式（5）并积分得出：

$$q(t) = \frac{a}{\gamma - \delta}(e^{-\delta t} - e^{-\gamma t}) \tag{7}$$

借助于式（2.7），能够定量地表示 q 即时作用的条件，即如果 $\gamma \gg \delta$，即：

$$q(t) \approx \frac{a}{\gamma} e^{-\delta t} \equiv \frac{1}{\gamma} F(t) \tag{8}$$

换句话说，自主创新与技术标准融合系统固有的时间常数 $t_0 = \dfrac{1}{\gamma}$ 必须远小于管理协同指令本身所固有的时间常数 $t' = \dfrac{1}{\delta}$。如果在公式（4）中令 $\dot{q} = 0$，即当 q 在短时间 Δt 的变化趋于零，系统处于绝对稳定时，会得出与式（8）同样的结果。即：

$$0 = -\gamma q + F(t) \Rightarrow q(t) = \frac{1}{\gamma} F(t) \tag{9}$$

由上分析可知，当自主创新与技术标准融合效应在增量时间里等于零（系统处于阻尼状态），或者自主创新与技术标准融合系统固有的时间常数远远小于管理协同系统发出的"指令"本身所固有的时间常数时，自主创新与技术标准融合的协同效应的强弱主要依赖管理协同作用以及自身固有的时间常数 $\dfrac{1}{\gamma}$，并且与管理协同作用以及自身固有的时间常数成正比例关系。

由于每个系统的阻尼系数，即系统本身固有的时间常数在瞬时条件下不变且为恒大于零的正常数，自主创新与技术标准融合的协同效应主要依赖外部管理协同效应的大小。根据式（8）和式（9）可以得出下列结论：

第一，t 时刻的管理协同效应 $F(t) < 0$ 时，该时刻的自主创新与技术标准协同效应 $q(t) < 0$。此时，管理协同效应朝着与既定目标相反的方向发展，这导致自主创新与技术标准融合的发展方向背离了管理目标，且管理协同偏离系数越大，自主创新与技术标准融合的发展就越偏离甚至与预定的管理目标背道而驰。

第二，t 时刻的管理协同效应 $F(t)=0$ 时，该时刻的自主创新与技术标准协同效应 $q(t)=0$。此时，在不存在外部管理协同效应时，自主创新与技术标准融合的协同发展也没有严格的实际意义。

第三，t 时刻的管理协同效应 $F(t)>0$ 时，该时刻的自主创新与技术标准协同效应 $q(t)>0$。此时，管理协同效应朝着与既定管理目标相同的方向发展，促使自主创新与技术标准融合的发展也遵循既定的目标，且管理协同系数越大，自主创新与技术标准融合的发展就越能朝着既定的目标高效地前进。

2.2 自主创新与技术标准融合的管理协同体系框架

自主创新与技术标准的建立需要协同效应，技术标准是一项系统化工程，协同效应随着自主创新成果的技术科学性而增强，随着其专业化而加深。

第一，国家的战略管理体制必须从本国区域管理体制和企业管理体制的实际情况出发，结合世界前沿的技术标准方向，制定适合本国的自主创新与技术标准战略，使本国的自主创新战略能够代表整个国家的技术标准方向，国家的自主创新战略还必须能够体现技术标准方向。同时要从战略高度补给资源并整合资源，鼓励自主创新，进而将创新成果标准化，通过推进技术标准的扩散化，实现自主创新成果的市场化与垄断化。

其次，区域的战略管理体制必须基于区域自身技术经济发展的基本情况，寻找本区域独特的创新优势，并遵循国家战略方向，补给和整合本地区的资源。鼓励本地区各类创新主体开展合作自主创新，形成本地区独特的技术标准，并努力将本地区技术标准扩散至整个产业、整个国家乃至世界范围内，但同时必须注意，要始终保持与国家战略管理系统的协同发展。

最后，企业战略管理系统处于最基础的位置，是自主创新和技术标准形成的生力军。企业战略管理体制必须遵循国家和区域的战略方向要求，充分发挥本企业的创新优势，补给和整合本企业的创新资源，积极将本企业的自主创新成果转化为技术标准，并借助政府力量与市场营销力量，进一步向市场推广技术标准成果，从而实现企业管理体制与国家管理体制、区域管理体制的协同发展，同时为国家和区域形成新的自主创新方向提供基础（如图 1 所示）。

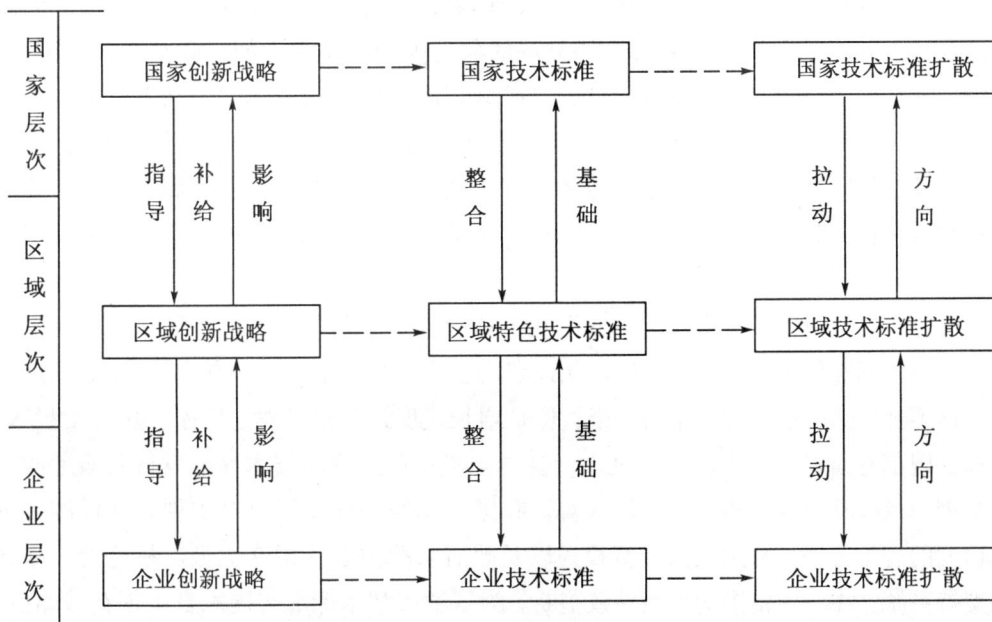

图 1　基于自主创新与技术标准融合的管理协同体制

3. 构建基于自主创新与技术标准融合的管理协同体制的建议

从上述分析可以发现，管理协同体制对于自主创新与技术标准融合的发展具有重要意义，决定了其发展方向及发展效率。同时自主创新与技术标准融合的管理协同体制的协同效应又取决于国家层次、区域层次以及企业层次三个战略层次的协同效应。因此，对于自主创新与技术标准的融合发展，不仅要注重其自身的发展路径，更要对影响其发展的管理协同体制有清醒的认识。为此，要有效地构建起基于自主创新与技术标准融合的管理协同体制，首先必须完善三层次管理体制的功能结构，其次是做好三层次管理体制的相互协同。

3.1 技术标准与国家自主创新战略相融合的管理体制

技术标准与国家自主创新战略相融合的管理体制的总体要求是：坚持自主创新原则，提高我国技术标准水平。加强标准化工作与自主创新活动的紧密结合，促进我国自主创新技术通过标准快速形成生产力，提高标准水平，增强标准竞争力。同时，遵循WTO的相关规定，积极参与国际技术标准化活动，努力实现从国际标准本地化到国家标准国际化的转变，全面提升我国的综合竞争力。具体措施如下：

第一，建立技术标准战略，明确自主创新方向。建立完善的技术标准与国家自主创新战略相融合的管理体制，首先要广泛了解世界各国的技术标准战略及世界先进的技术标准，进而积极参与世界级技术标准的制定；其次要建立国家级的技术标准战略，并做好国家范围内和区域范围内技术标准战略的计划，选择具有资质的行业协会或者企业，将技术标准战略进行详细的分配；最后在既定的技术标准战略的基础上，明确国家自主创新的大方向，减少因为方向偏差导致的创新低效和资源浪费。

第二，有效配置资源，鼓励国家范围内的合作自主创新。实现国家范围内的自主创新，促进资源的有效整合，人才是自主创新的基础。世界银行WDI数据库调查显示，我国每百万人中研究人员的数量与发达国家相距甚远，虽然近些年有较小幅度的增长，但是总量远不及日本、美国、新加坡等发达国家的五分之一，这在一定程度上成为制约我国自主创新的重要因素之一，因此技术标准与国家自主创新战略的融合要求国家必须重视教育，尤其是对研究人员的培养，为自主创新和世界级技术标准的形成奠定坚实的人才基础。另一方面必须消除不利于市场经济的各种限制和壁垒，如行政垄断、地区市场分割等，地方政府间应加强合作，消除区域间制度壁垒，打破区域间自主创新主体间的联系阻隔，加强彼此间的交流与合作，实现区域间创新资源的整合，为自主创新创造一个公正、公开、公平的竞争环境。而且，不是单个技术标准就能发挥作用的，必须充分考虑标准之间的协调性、配套性和完善性，并结合国家的未来发展规划和科技进步等因素，确定一个技术标准体系，促进技术标准的融合，为更高层次的自主创新奠定基础。

第三，加大对自主创新以及技术标准化的财政支持力度。必要的经费投入和经费的高效使用是鼓励企业自主创新和技术标准化工作的必要保证。从经费的投入力度来看，世界银行WDI数据库调查显示我国的经费投入远不及发达国家平均水平的一半，但是增长速度远超过了发达国家。从经费投入机制来看，美国、日本和欧盟都有固定的模式，政府投入、会员会费、自主费和技术标准发行及服务收入等，每年都有支持自主创新及标准形成的相关预算和决算。我国计划经济体制下对自主创新和标准化形成的投入都存在不同程度的有失公平，自主创新经费投入以及政府采购主要集中在大型支柱企业，缺乏自主创新经费的公平支持系统，在一定范围内可能导致垄断。为了适应技术标准与国家自主创新战略发展的需要，把自主创新和技术标准形成工作落到实处，一方面要加大专项经费投入，另一方面要努力促进经费的公平分配，提高其使用效率，使有限的经费发挥无限的作用。

3.2 技术标准与区域自主创新战略相融合的管理体制

如果将国家创新系统看做一个大的系统，是宏观层次的创新系统，那么区域创新系统则是子系统，是中观层次的创新体系。构建本区域技术标准与自主创新战略相融合的管理体制，一方面，要按照"政府引导、社会参与、企业为主、市场促进以及资源整合"的自主创新原则，加快自主创新步伐，构建适应本区域发展的自主创新相关机制，形成以政府为指导、企业为主体、全社会共同参与的自主创新型实体；另一方面，构建本区域标准，要引导企事业单位、相关行业协会及技术标准化组织机构积极开展自主创新的技术标准研究和制定，大力推进本区域的自主创新成果向区域技术标准转化。鼓励拥有区域技术标准的企事业单位积极参加国内国际技术标准制定，力争将本区域的优势技术标准上升为国家技术标准甚至世界技术标准。具体做法如下：

首先，因地制宜，积极鼓励具有本区域特色的自主创新并形成技术标准。只有从不同区域的实际情况出发，识别本区域自主创新的相关资源支持，才能找准本区域自主创新的有利方向，提高创新成果在区域范围乃至更广范围内转化为技术标准的概率。因此，结合各区域着力发展的产业，加快优势特色产业的自主创新步伐及技术标准的研究和制定，建立健全优势特色产业技术标准体系对于区域自主创新战略来说势在必行。

其次，建立完善的人才培养计划和人才储备制度。人才战略储备是自主创新和技术标准形成的关键，不完善的人才培养计划和人才储备制度无法支撑持续的自主创新以及技术标准的形成。在人才的培养方面，各区域应做到以政府为主导、企业为主体，全社会共同努力，为自主创新战略引进人才，留住人才，发展人才。

最后，加大对自主创新及技术标准形成的资金支持力度。要形成多元的自主创新战略和技术标准研究机制，各区域应加大对自主创新和技术标准发展战略的资金投入。把人才的培养、自主创新、标准化的研究与制定、标准化技术委员会的组建、区域自主创新和技术标准化体系的建立列入区域财政专项经费支出范畴。同时，设立必要的专项基金，奖励对区域自主创新做出突出贡献或为区域、国家甚至世界技术标准的制定发挥积极作用的企事业单位和个人团体。

3.3 技术标准与企业自主创新战略相融合的管理体制

企业是自主创新的主体，也是技术标准形成的支持体，更是技术标准应用的主体。技术标准与企业自主创新战略的融合从宏观上来看对于促进区域乃至国家的技术标准与自主创新战略都具有深远的意义；从微观上来看，企业的自主创新成果形成技术标准有利于市场的拓展、企业战略的实现，使企业在市场竞争中立于不败之地。

3.3.1 充分重视并发挥企业领导的作用

在企业自主创新战略中，全体员工创新热情的激发，离不开企业管理者的决策和领导。企业自主创新战略的发展，与企业领导的自主创新和技术标准意识密切相关；而企业应对自主创新风险的能力，往往也与企业领导者的应对能力水平相关。这就要求企业领导要勇于突破传统观念的束缚，顺应潮流，敢于、善于接受新思想、新观念，对自主创新和标准形成过程中的风险和失败保持正确的态度，努力创造"鼓励成功，宽容失败"、尊重创新愿望、激发创新才能、肯定创新成果的良好企业文化和氛围。

3.3.2 增强自主创新能力和技术标准意识

处于标准化过程之外的企业，受转换成本和有限的吸收能力影响，在技术标准的制定、使用上处于巨大的劣势地位①。因此，技术标准的产生从生产研发开始，经过生产过程的积累和编码最终形成，这是

---

① Antonelli, C. Localized technological change and evolution of standards as economic institutions [J]. *Research Policy*, 1994：195-216.

一个不可逆的过程，不可能通过技术标准的引进实现对下一代技术标准的突破。自主创新由此成为企业增强自身竞争能力的必经之路。我国的技术发展正处于从引进跟踪技术向引进技术和自主创新相结合转变的阶段，国家对外技术依存度超过50%，创新多是改进型创新，而非原始创新，大量的重复专利、翻新专利严重影响了我国企业的发展①。我国企业拥有较高的市场占有率，却缺少甚至没有自主创新成果，对外技术标准的过度依赖导致我国企业在外企发动的技术标准战略中处于非常尴尬的境地。事实表明，必须树立企业自主创新和技术标准意识，加大自主创新力度，顺应以改变技术标准为目标的自主创新战略，才能从根本上增强企业自身的竞争力。此外，优秀的企业文化是现代企业的精神支柱，也是企业自主创新的重要源泉，增强自主创新能力和技术标准的意识还要求企业必须营造良好积极的企业文化。

3.3.3 创新人才的培养和激励是企业实现自主创新的关键

人才是知识的主要载体，是自主创新的决定性因素。企业要形成"尊重知识、尊重人才、尊重劳动、尊重创新"的良好风尚，就必须"用文化凝聚人才、用实践造就人才、用机制激励人才、用法制保障人才"，形成激励创新、促进成果转化、专利申请、合理分配研发成果收益等创新机制。具体的措施有：完善用人机制，形成合理人才梯队结构；完善激励措施，理顺分配关系；完善约束机制，强化考核与评估体系；创建学习性组织，增强自主创新意识，改善创新思维，鼓励创新个性，提升创新能力。开展全方位的自主创新活动，提高企业自主创新成果转化为技术标准的能力。

3.3.4 提高企业对创新资源的市场整合能力

自主创新的过程，实质上就是技术、资源、资金和人才等要素的优化配置过程。可以说，市场经济条件下，企业自主创新能力的高低，与其说表现在技术研发能力上，还不如说表现在对市场资源的有效整合配置能力上。企业应增加对自主创新的投入，尤其是对创新初期的投入，较早地介入创新活动，从一开始就导入市场需求，形成一种新的真正面向市场的自主创新机制。

3.3.5 积极参与标准化制定

技术标准与企业自主创新战略的协同发展不仅要求企业将精力投入到自主创新中，更重要的是考虑如何将本企业的自主创新成果上升为技术标准，从而让本企业的自主创新成果最大限度地发挥作用，给企业带来利益。要实现这个目标，企业就必须在保护好自主创新成果的基础上，积极参与和影响各个层次相关领域技术标准的制定，努力将本企业的自主创新成果上升为新一代技术标准的一部分或者全部，使本企业能够引领新一代竞争的焦点。

3.4 三层次管理体制的相互协同

基于自主创新与技术标准融合的管理协同体制的有效构建主要取决于技术标准与国家自主创新战略相融合的管理体制、技术标准与区域自主创新战略相融合的管理体制、技术标准与企业自主创新战略相融合的管理体制三层次管理体制能否实现相互协同。为此，我们要构建这样的管理协同体制：三层次管理体制的协同系统中，国家层次起着总结自主创新与技术标准的研究成果、制定新的发展目标的重任，并对区域层次和企业层次进行资源补给和整合的作用。区域层次起着承上启下的作用，一方面，区域层次要从本区域的实情出发并遵守国家层次的发展目标，努力促使本区域的技术标准向国家层次拓展；另一方面，区域层次还要对本区域的企业进行资源补给和整合，促进本区域的自主创新与技术标准协同发展。企业层次属于管理系统中的最底层，同时也是最为重要的层次，它担负着国家层次和区域层次的管理要求，整合自身的创新资源，努力使企业的创新成果上升为区域乃至国家级技术标准。只有三个层次

---

① 吴汉东. 中国知识产权蓝皮书[M]. 北京：北京大学出版社，2007：230.

从自身的管理责任出发，围绕着统一的发展目标，本着协同发展的理念，才能真正保证自主创新与技术标准融合协同发展的方向、效率和质量。

此外，要促进自主创新与技术标准融合的发展，我们必须明确以下两点：

第一，必须要有明确、统一的战略管理协同目标，为国家、区域以及企业的管理协同提供方向。只有这样才能使三个子系统围绕统一的方向协同发展，才能保证自主创新与技术标准融合的发展方向。

第二，适当的管理分层并不意味着等级森严的管理制度。实践证明，纯粹计划分配式的管理体制不仅难以保证管理的方向，更难保证管理的效率和质量。协同管理突破了传统的"线性"管理，更加强调"环形"管理。适当的管理分层是为了明确每个子系统的管理责任的侧重，使其能够在管理系统中找到适合自己的责任功能分配，以更好地促进自主创新与技术标准融合的协同发展。

4. 结语

促进自主创新和技术标准的方式多种多样，而自主创新与技术标准融合的管理协同作为一种新型的管理模式，为解决自主创新与技术标准过程产生的各种问题提供了一种新的管理思路。它通过国家、区域和企业三方面的、多层次的协调与整合，充分发挥信息沟通和资源整合的作用，从而使自主创新与技术标准实现协调、可持续的发展。三个系统的协作得当，自主创新和技术标准就会有一个良性的发展轨迹；协作不得当或者三个系统本身内部协同性较差，自主创新和技术标准融合的效率、质量以及发展方向就很难保证。

（作者电子邮箱：shu1703@126.com）

◎ 参考文献

[1]管益忻.论企业核心竞争力[M].北京：中国经济出版社，2001.

[2]H.哈肯.协同学导论[M].张纪岳，郭治安，译，江仁寿，校.西安：西北大学科研处，1981.

[3]潘海波，金雪军.技术标准与技术创新协调发展关系研究[J].中国软科学，2003，10.

[4]吴汉东.中国知识产权蓝皮书[M].北京：北京大学出版社，2007.

[5]徐大伟，段姗姗，刘春燕."三化"同步发展的内在机制与互动关系研究——基于协同学和机制设计理论[J].农业经济问题，2012，2.

[6]Antonelli，C..Localized technological change and evolution of standards as economic institutions[J].*Research Policy*，1994，9.

[7]Freeman，C.，and Soete，L..*The economics of industrial innovation*[M].Cambridge，MA：MIT Press，1997.

[8]Mar'yan，M.，Szasz，A.，and Szendro，P..Synergetic model of the formation of non-crystalline structures[J].*Journal of Non-Crystalline Solids*，2005，351(2).

[9]Scott Kennedy，Richard，P.，Suttmeier，and Jun Su.*Standards，stakeholders，and innovation——China's evolving role in the global knowledge economy*[M].Washington，D.C.：National Bureau of Asian Research，2008.

The Construction of the Management System Based on the Fusion between Independent Innovation and Technology Standard

Shu Hui[1]   Wei Chunli[2]

(1, 2 Business Administration School of Jiangxi University of Finance and Economics, Nanchang, 330013)

Abstract: Based on the management concept of the fusion between independent innovation and technology standard and from the angle of the Synergetic Theory, this paper analyzed the management system of the fusion between independent innovation and technology standard from three levels of national strategic management system, regional strategic management system, and enterprise strategic management system. Then this paper analyzed the management system on the fusion between independent innovation and technology standard by using the synergetic theory. At last, we explored the system framework of the management synergy, and put forward the management suggestions for the fusion development between independent innovation and technology standard.

Key words: Independent innovation; Technology standard; Management system; Synergetic

企业家创新文献跟踪及创新选择博弈模型解释

● 吴瑞祥[1]　刘明宇[2]

（1 招商银行总行　深圳　518067；2 武汉大学经济与管理学院　武汉　430072）

【摘　要】企业家是创新的决策者和管理者，通过破坏经济循环惯性轨道使自己的企业不断摆脱旧的组合方式，以完成追求利润为目的的"新的组合"。创新是企业家核心的职能，是企业家最基本的活动。创新是企业家的工具，是他们借以利用变化作为开创一种新的实业和一项新服务的机会的手段。本文融合创新理论，使用创新选择博弈模型，从企业家效用角度分析创新博弈的影响，考虑固定工资收入、机会主义行为收入和企业剩余分享三种影响因素，以企业家长短期效应最大化来决定是否进行创新活动。

【关键词】企业家　创新　选择博弈模型

企业决策过程是主体人的行为过程。这个过程受众多内部和外部因素影响。主体是一个企业创新决策方案和创新决策实施的决断者和推动者。整体上讲，企业创新决策即创新决策主体对创新过程以及所包含的创新目标及创新活动方案所进行优化设计、选择并实施的行为过程。创新决策主体首先了解和掌握与创新方案和创新行动相关的信息，然后做出科学的创新决策，以实现企业创新的最佳效益。同时，创新决策权力与决策能力也是创新决策主体必须具备的。

1. 企业家和企业家创新

企业家（entrepreneur）一词最早出现于 16 世纪的法语中，在当时环境下指武装探险队的领导。萨伊（1803）开创性地第一次比较科学地将企业家作为一个重要的经济要素引入经济学中。他总结的企业家的特性包括判断力、毅力和商贸在内的有关这个世界的广博的知识以及非凡的管理艺术。马歇尔（1890）全面论述了企业家职能，研究企业家作为组织的领导协调者、中间商、创新者和不确定性承担者等职能，指出企业家的作用在于利用市场非均衡机会，在经济不均衡状态恢复到均衡状态的过程中获得报酬利润。他的观点是企业家获得的收益具有"准地租"的性质。

关于企业家创新精神的论断很多，熊彼特是企业家创新理论的先驱人物，他在《经济发展理论》和《资本主义、社会主义、民族主义》中第一次把企业家视为创新者，认为创新是企业家核心的职能，是企业家最基本的活动。熊彼特认为只有首创者才是企业家，他决定的是如何配置资源，以便进行发明，他是创新的决策者和管理者，通过破坏经济循环惯性轨道使自己的企业不断摆脱旧的组合方式，完成以追求利润为目的的"新的组合"。因此，熊彼特所指的创新就是一种突变创新，企业家通过"创造性"破坏市场均衡，推动经济发展。

鲍莫尔将熊彼特的创新范围进行了推广，认为在某一地域范围内，"引进"一种技术（这实际上是一种模仿）也是创新。鲍莫尔甚至把创新延伸到非生产领域，如寻租方法的创新，称寻租创新的企业家为非生产性企业家。通过这种对创新范围的扩展，鲍莫尔大大扩展了企业家的范围，深化了企业家与创新的关系。

托马斯·彼得斯与南希·奥斯汀（1985）指出，"领导"处于"不断创新"的关键地位，创新过程充满了不确定性因素，领导者必须明确地认识到"无理性是创新过程所固有的"这一事实，而且要通过"不断的实验"来应对这种混乱。企业必须营造具有"创新气息"的环境，使革新或具有独立精神的人组成的不拘常规的团体能够最有效地发挥作用。托马斯·彼得斯（1987）提出企业家在这个过程中受到的主要挑战是授权每个人去发挥首创精神。领导者必须热爱变革，鼓励每个人不断追求变革，企业家要促使成功机会很小的开端变为成功的创新。他还提出了四种战略：以小组为基础的产品开发；鼓励迅速和实际的实验；创造性地"偷取"（和改造）来自任何人和任何地方的（包括来自竞争对手）的思想；通过口传信息，系统地进行市场营销"运动"以出售新产品或新服务。

詹姆斯·阿特拜克（1994）将企业家、投资者、产业建设者作为创新的催化剂，通过一系列真实的有关产业创新和变化的案例形象地说明企业家的"催化"功能。他认为，创新不只是企业技术专家的事，也是企业所有主要职能领域的工作，企业各职能领域对根本创新的支持离不开来自企业上层的胆略和坚持不懈的管理，面对根本创新，企业经理的责任重大，绝对不亚于企业再生。

塔什曼与欧瑞勒（1996）强调了企业领导者对变革和创新的"管理"职能，包括对创新的领导、对高级管理队伍的创新激励、对组织变革的管理、对个体抵制的管理、对变革转折期的控制与对创新和变革实施情况的评价六个方面。

彼得·德鲁克在其著作《创新与企业家精神》中，从实践的角度论述创新和企业家精神，把创新和企业家精神看做管理者的工作与责任。他认为"创新是企业家的工具，是他们借以利用变化作为开创一种新的实业和一项新服务的机会的手段。企业家精神是行为，而不是个性特点，其基础在于观念和理论，而不在于直觉"。德鲁克首次把创新和企业家精神上升到经济和社会层面，他明确指出"创新和企业家精神必须成为我们的各种组织、我们的经济、我们的社会维持生机的活动所不可分割的组成部分"，并充分肯定了创新和企业家精神对于社会进步的杠杆作用。德鲁克首次从管理学角度研究了企业家创新。

伊莱恩·丹顿（2002）提出了创新思维不单包含创造性思维，而是创造性思维、战略性思维和变革性思维三者的结合。丹顿将创新模式分为三种类型：效率性创新、渐进性创新和突破性创新。企业家必须清楚地知道他们需要的是哪种类型的创新，其选择依据主要有可利用的资源、团队和企业的核心能力、企业文化等。

艾米顿（2003）提出了"创新高速公路"这一新构架，在传递与交流信息的基础上，更关注优于信息的知识以及知识创新、技术创新能力的共享。他超越传统的泰勒主义管理模式，提出了"未来资本化"理论，对于将未来视为一种资产还是负债，提供了一条建设性的前进道路。艾米顿强调知识时代的企业家的创新行为往往超过特定的企业和国家界限。

袁勇志在《创新行为与创新障碍——企业家创新论》中，以行为科学理论与方法为基础开展对企业家创新行为因素的跨学科研究，提出企业家创新行为障碍模型。他提出的企业家创新障碍主要包括行为障碍、观念障碍、制度障碍、人力资源环境、资金障碍、角色障碍、个性心理因素以及创新惰性。基于企业家创新的障碍因素，袁勇志提出企业家创新的激励机制，创新行为障碍的消除取决于对企业家创新行为的有效激励。

2. 企业家创新行为目标

创新动机促使创新行为发生，而企业家创新行为的方向则是由创新行为目标来引导的。企业家在实现创新行为目标的过程中会受到很多因素的影响，如创新刺激、创新动因、创新创意、创新价值观和创新看法等。这些因素对创新行为目标影响的具体过程如图1所示。可以看出，创新行动和创新目标是企业家创新行为的重要组成部分。

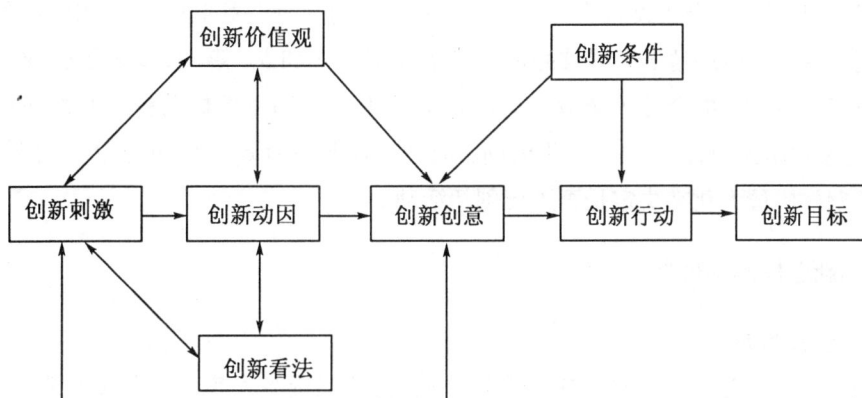

图1 技术创新行为目标流程

企业家在内部因素和外部因素的作用下进行的创新行为可以分为渐进式创新和根本性创新。企业家渐进式创新，是在一个广泛的时间段内渐进性改变的过程。构建企业家过程需要花费一定时间，其目的是促使机制从根本上发生变化。随着企业家行为遍布整个企业，才会出现突破性的进展。企业家根本性创新，是快速、根本性或改变结构的变化，这种快速的重新组合一般出现于新兴行业中，但有时也出现于成熟产业的入侵式创新过程中。

创新目标是创新主体欲达到的创新结果。创新目标是创新行动的指导和方向，创新行动的进展逐步逼近创新目标。德鲁克认为从企业价值观的角度看，企业的目标是企业家创新行为的目标。企业在经营管理方面的成功体现在物质和金融资源、发明创造、生产力、利润、人力资源、管理人员的行为、工人的表现等方面；同时企业自身特定的目标包括培养发展、社会责任等方面。德鲁克提出一个管理成功的企业应包括市场目标、技术改进与发展目标、物质和金融资源目标、利润目标、人力资源目标、职工积极性发挥目标、社会责任目标。

德鲁克所提出的这些目标都是企业家创新行为过程中应该达到的目标，可以看出企业家创新目标并不是一个独立的目标，它是多元的而且是多层次的目标体系。企业家创新的最终目标，即最高层次的目标，是实现自身利益最大化，包括物质利益最大化和精神收益最大化。

3. 企业家创新的选择模型

在创新经济时代，企业家的创新能力对企业的生存与发展具有重要意义。企业家创新的努力程度也是影响企业发展的因素。比较非积极和积极创新的企业家经营管理的企业业绩，在各种条件相同的情况下，容易观察到努力创新的企业家经营管理企业的业绩较好。本文用创新选择博弈模型①进一步说明企业家技术创新的取舍博弈。

3.1 企业家创新选择博弈模型的假设

对于模型首先进行如下假设：第一，企业家作为一个经济人，满足效应最大化原则。第二，在委托代理问题中企业家相对所有人来说具有信息优势。第三，企业家存在自利性，即为了自己利益而选择侵害他人利益。第四，企业家的总收入 Q 分三个部分，包括固定工资收入 w、机会主义行为收入 Y 和企业剩余分享 rE。机会主义行为收入 Y 的含义是企业家不积极而得到的闲暇效应，在这里有 $Y_H < Y_L$ 积极创新时企业收入为 Y_H，不积极创新时企业收入为 Y_L。r 为企业家得到的企业利润的剩余比例。第五，企业家积极创新或不积极创新后，因业绩情况差异被辞退的概率分别为 a 和 b。第六，v 表示企业家被辞退后取得的收入。第七，对于风险中性的企业，企业家创新行为分为积极和不积极两种，假设在积极创新时，企业业绩为 E_H、企业家效用为 Q_H；反之，不积极创新时的企业业绩为 E_L，效用为 Q_L，并且 $E_H > E_L$。假定，企业家根据个人长期效应最大化来决定是否进行创新活动。

3.2 企业家创新选择博弈模型

3.2.1 企业家积极创新

当企业家积极进行创新时，本人预期自己任期为 n，每期工资收入是 w，机会主义行为收入是 Y，贴现因子是 q，$0 < q < 1$，则企业家每期效用流为：

$$U = (W + Y_H + rE_H)(1-b) + bv$$

所以，企业家在其任期内的预期总效用为：

$$H_1 = [(w + Y_H + rE_H)(1-b) + bv](1-q^n)/(1-q)$$

企业家和企业所有者之间存在信息不对称，企业家有自利动机，在缺少监督情况下，只要某种行为带来的效用大于积极创新带来的效用，就可能出现机会主义行为。

3.2.2 企业家非积极创新

如果企业家采取非积极创新行为，假设条件如上，则企业家单期的效用流为：

$$U = (w + Y_L + rE_L)(1 - a) + av \tag{1}$$

所以，企业家在其任期内的预期总效用为：

$$H_2 = [(w + Y_L + rE_L)(1 - a) + av](1 - q^n)/(1 - q) \tag{2}$$

3.2.3 两种行为的比较分析

两者之间的差异为：$T = H_2 - H_1$

$$T = \{(a - b)(v - w) + (1 - a)Y_L - (1 - b)Y_H + r[(1 - a)E_L - (1 - b)E_H]\}(1 - q^n)/(1 - q) \tag{3}$$

T 表示企业家进行非积极创新活动比进行积极创新活动所能够增加的总效用，当 $T > 0$ 时，总效用大于0，企业家将采用非积极创新，这种非积极创新的动机随着 T 的增加而增加。T 也表示采取非积极创新的倾向。

对式(3)中各个变量求导，得：

$$dT/dr = [(1 - a)E_L - (1 - b)E_H](1 - q^n)/(1 - q) \tag{4}$$

$$dT/da = [(v - w) - Y_L - rE_L](1 - q^n)/(1 - q) \tag{5}$$

---

① 李志强. 企业家创新行为的制度分析———一个理论框架[D]. 北京：北京交通大学博士论文，2008：33.

$$dT/db = [(w - v) + Y_H + rE_H](1 - q^n)/(1 - q) \tag{6}$$

$$dT/dy = (a - b)(1 - q^n)/(1 - q) \tag{7}$$

$$dT/dw = -(a - b)(1 - q^n)/(1 - q) \tag{8}$$

$$dT/dn = -\{(a - b)(v - w) + (1 - a)Y_L - (1 - b)Y_H + r[(1 - a)E_L - (1 - b)E_H]\} q^n)\ln q/(1 - q) \tag{9}$$

根据式(4)，当 $a \geq b$ 时，式(4)<0。这说明当企业家非积极创新而被解雇的概率不小于积极创新而被解雇的概率时，企业家非积极创新的可能性与企业家分享企业剩余的比例成负向关系。企业家创新的激情随着分享剩余的比例成正比例变化。

在式(5)中，当 $v < W + Y_L + rE_L$ 时，式(5)<0。这说明企业内部对企业家的监督越严格，企业家不努力创新的这种行为就容易被察觉，企业家越不敢消极创新。

在式(6)中，当 $v < w + Y_H + rE_H$ 时，式(6)>0。这意味着企业家因为积极创新失败而被解雇的可能性越大，企业家越容易选择消极创新。

在式(7)中，当 $a>0$ 时，式(7)>0。这表明当企业家非积极创新而被解雇的概率大于积极创新而被解雇的概率时，企业家非积极创新的动力随着企业家被解雇后找到其他工作获得收入的增加而增加。当 $a=b$ 时，式(7)=0。这说明创新和不创新被解雇的概率一样时，企业家非积极创新的行为不受被解雇情况的影响。

在式(8)中，当 $a>0$ 时，式(8)<0。这表明当企业家因为非积极创新而被解雇的概率大于积极创新而被解雇的概率时，企业家非积极创新动机随着企业家的固定工资收入增加而减小。固定的工资收入对减轻企业家的非积极创新行为还是具有一定意义的。当 $a=b$ 时，式(8)=0。这说明这两种行为被解雇的概率一样时，企业家非积极创新的可能性不受其固定工资收入的影响。

在式(9)中，当 $T>0$（企业家存在非积极创新的动机），式(9)<0。此时，企业家非积极创新动机随着企业家预期自己的任职期数增加而减少。结论是企业家工作任职时间越长，越有动力进行创新。

4. 创新选择博弈模型结论

第一，激励是企业家创新的主要动力。从模型可以看出，企业家的激励水平直接作用于创新。以上市公司高管持股的比例为例，这种持股比例与企业的科研支出间有显著的正相关关系，企业家持股数量越多，进行创新的意愿就越强烈，而这种现象在高科技企业上市公司中间又特别强烈。企业家的创新需要风险收入的激励，通过资本市场设计一套完善合理的制度来将股东权益最大化。企业家持股所产生的激励作用能使企业家从公司的长期利益出发，加大研发投入，提升企业的核心竞争力，这也说明股权激励、研发活动能提升企业的长期利益，是企业可持续发展的重要影响因素。

企业创新活动绝非简单的线性递进关系，而是一个复杂、全面的系统工程，具有很大的风险性和不确定性，需要建立完善的激励机制，将管理者的利益与企业的利益长期结合起来。这也说明风险高的新技术企业要保持可持续发展，通过经理人持股激励来增加研发活动和投入是有效的手段，将管理者的利益与企业的利益长期结合起来。

第二，企业家职业周期影响创新决策。企业家创新需要一定的激励和推动机制，需要一定的制度监督完善创新活动；而企业的创新活动是企业发展的长期规划，这和企业家之间的短期收益不一定存在时间上的匹配。

一方面，企业所有者和企业经营者之间存在着委托代理问题。企业家的收入主要取决于他在职期间企业的经验业绩。所以企业家为企业未来长期的发展不会考虑过多。创新是一个长周期的投入，在企业家短视目光的影响下，企业可能存在着创新不足。

另一方面，企业创新活动绝非简单的线性递进关系，也不是一个简单的从用户需求到技术研发、试点示范、推广应用、标准与技术监督的创新链条。固有的风险使其产出具有很大的不确定性。比如企业科技创新和企业科技研发一般是长周期的投入项目，科技创新具有很大的不确定性，虽然技术预测及技术规划能力已经比从前有了很大提高，但是科技研发相对于其他长周期项目而言还是具有极大风险性的。技术开发受企业自身水平的影响，是否能够按照项目计划实现最终创新需要本企业扎实推进来实现。同时，技术开发在产生效益的过程还受外部不确定性的影响，在技术转化成产品，产品市场、竞争对手等多个方面存在不可控风险。

企业家应做好项目规划才进行一项研发投入，尽管企业家将自身工作尽量完善，但由于市场等多方面的不确定性，研发最终也可能失败。失败的后果是企业家失去工作，或者企业家在公司内的声誉受严重影响，进而影响企业家的职业发展。比如按照目前会计准则研发费用计入当期，所以研发投入会影响当期财务报表，当财务报表不理想时，会直接影响企业家的业绩考评，也会影响企业家的收入和威信。即使股东有对企业未来发展战略有一个完整规划，但企业家从个人角度讲不一定希望进行技术研发投入，特别是在技术创新失败率很高的情况下，企业家偏向于风险厌恶，在决策的时候放弃高投入的创新活动。

（作者电子邮箱：wybcnvip@yahoo.com.cn）

◎ 参考文献

[1]本·斯泰尔．技术创新与经济绩效[M]．上海：上海人民出版社，2005.

[2]陈信元，陈冬华．地区差异、薪酬管制与高管腐败[J]．管理世界，2009，11.

[3]达斯库帕塔，保罗·斯顿曼．经济政策与技术绩效[M]．徐颖，黄鹂，等，译．长春：长春出版社，2008.

[4]法格贝格，等．牛津创新手册[M]．北京：知识产权出版社，2009.

[5]李春涛，宋敏．中国制造业企业的创新活动：所有制和CEO激励的作用[J]．经济研究，2010，5.

[6]李志强．企业家创新行为的制度分析——一个理论框架[D]．北京交通大学博士论文，2008.

[7]刘伟，刘星．高管持股对高新企业R&D支出的影响研究[J]．科学学与科学技术管理，2007，10.

[8]熊彼特．经济发展理论：对利润、资本、信贷、利息和经济周期的探究[M]．北京：九州出版社，2007.

[9]张勇．经理长期与短期报酬优化组合激励的探讨[J]．管理工程学报，2004，3.

[10]Balkin, D., Markman, G., and Gomez Mejia, L.. Is CEO pay in high technology firms related to innovation? [J]. *Academy of Management Journal*, 2000, 43(6).

[11]Blasi, J., Conte, and Kruse, D.. Employee stock ownership and corporate performance among public companies[J]. *Industrial and Labor Relations Review*, 1996, 50.

[12]Finkelstein, S., and Hambrick, D. C.. *Strategic leadership*: *Top executives and their efforts on organizations* [M]. St. Paul, MN: West Publishing Company, 1996.

[13]Jensen, Michael, C., and William H. Meckling. Theory of the firm, managerial behavior, agency costs, and ownership structure[J]. *Journal of Financial Economics*, 1976, 3.

[14]Tosi, H., Werner, S., Katz, J., and Gomez Mejia, L.. How much does performance matter? A material analysis of CEO pay studies[J]. *Journal of Management*, 2000, 26(2).

Track of Entrepreneurial Innovation Literature and Explanation of Selection Game Model

Wu Ruixiang[1]   Liu Mingyu[2]

(1. China Merchants Bank, Shenzhen, 518067; 2. Economics and Management School of Wuhan University, Wuhan, 430072)

Abstract: Entrepreneurs are innovative decision-makers and managers. They continue to get rid of the old combinations to make their own business by destroying the economic cycle inertia track to complete the pursuit of profit for the purpose of "new combination". Innovation is the core function of the entrepreneurs. Innovation is a tool of entrepreneurs, the means for them to take advantage of the change as an opportunity to open up a new industrial and new service. The paper uses the game model innovation which is from the perspective of entrepreneurs utility analysis, considering a fixed wage income, residual income and corporate share, in order to maximize the short-term and long-term effect of corporate activity.

Key words: Entrepreneur; Innovation; Choice game model

创业机会概念模型研究*

● 曹之然

（聊城大学商学院　聊城　252000）

【摘　要】作为创业领域的首要问题，创业机会的概念至今模糊不清，该文借用定义分析和案例分析的研究方法对此进行了初步探索。研究发现：一个能够较为全面地反映创业机会特征的定义应该是：它的原初形态表现为模糊的市场需求或资源能力，但在一定的环境因素作用下，会有市场需求的明确、产品服务的创造、供需双方的交易等可能事件的发生，创新是它的灵魂。一个能够相对完整地描述创业机会全貌的概念模型应该包括：市场需求维度或资源能力维度构成的原初形态、市场需求维度和产品服务维度构成的可能事件、促成创业机会由原初形态到可能事件发生的环境因素，并且它们之间服从乘法原理。

【关键词】创业机会　概念模型　定义分析　案例分析

1. 引言

实践与科研是辩证统一的关系，它们共同致力于问题的提出与解决，问题是它们的统一体。"实践—问题—科研"正是一种双螺旋结构，实践和科研是这一结构的两条主链，它们共同围绕问题这一中心轴互相进动、攀升，恰如太极图里的"阴阳鱼"浑然一体。创业问题也不例外，它在创业实践活动与创业科研活动的共同推动下日趋丰富，如"创业有什么作用"、"谁是创业者"、"创业机会是什么"、"创业过程有什么规律"、"创业成败的影响因素是什么"等，伴随着诸多相关问题的提出与解决，创业正因逐渐成为一个相对独立的领域而备受关注。然而由于创业问题的涉及面过于宽泛，创业作为一个领域的合法性就常常遭到质疑。但自从 Shane 和 Venkataraman 建构了以创业机会为核心的创业研究框架① 以来，创业机会是创业领域的核心问题就逐渐成为一种共识，创业领域的合法地位也随之得到承认。打开创业机会的"黑匣子"，会发现里面散落着创业机会的概念、来源、识别、评价和开发等主要问题，创业机会的概念是其中最基础性的问题。因为如果创业机会的概念没有得到明确，那么关于创业机会的其他问题就无从谈起；如果创业机会的概念得到明确但缺乏共识，那么创业科研与实践活动的开展就会因为缺少一个对话平台

---

　* 本文是 2010 年聊城大学博士科研启动基金项目，2011 年山东省高校人文社会科学研究项目（项目批准号：J11WG06）的阶段性成果。

　① Shane, S., and Venkataraman, S.. The promise of entrepreneurship as a field of research［J］. *Academy of Management Review*, 2000, 25(1)：217-226.

而受阻。鉴于创业是一个独特的领域、创业机会问题是创业领域的核心、创业机会的概念是创业机会问题中最基础性的问题，笔者认为创业机会的概念是创业领域的首要问题，如图 1 所示。

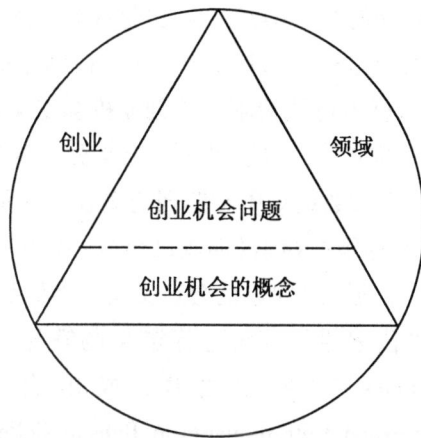

图1 创业、创业机会、创业机会的概念之关系

目前为止，创业机会概念问题的相关探讨已经较为丰富，其内容涉及创业机会的定义、特征维度、类型划分等，单就创业机会的定义而言已不下百种。另一方面，实践界或科研界在创业机会概念问题上仍然没有达成共识，有的观点之间甚至相互矛盾，以至于创业机会的概念模型始终是模糊不清的。这主要表现在：多数创业机会的定义都只是对某一创业机会具象的列举或描述，而不是建立在对多个创业机会具象描述基础上的抽象和概括；现有研究从不同视角、不同层次对创业机会的特征进行了描述，然而这种企图包罗万象、内容丰富的内涵描述却混杂了创业机会的本质特征与一般特征，使我们不能辨明创业机会的本质；现有研究多是按照来源而非内涵对创业机会进行分类，所以对创业机会的类型划分缺乏根本的科学依据①。造成创业机会概念模型"内容丰富却又模糊不清"的这一现状的原因至少有三点：第一，由于人的有限理性，不同主体研究创业机会概念问题时的情境类似于"盲人摸象"，他们所触摸到的创业机会概念模型这头大象的身体部位取决于他们所站的位置；第二，极少有人对创业机会概念问题的已有研究成果做过系统的梳理和总结，以及在此基础上展开更为深入细致的研究；第三，单一研究方法自身存在缺陷，以得到越来越多学者青睐的案例研究为例，它就存在外部效度的问题和定性研究的局限。由此不难发现，要使创业机会概念问题得到很好的解决，就需要研究人员认识到自身的有限理性，保持开放的思维格局，尝试从不同位置触摸它；就需要对已有研究成果进行系统梳理和总结，以窥探创业机会概念模型的全貌，并在此基础上深入研究；就需要综合使用各种研究方法以弥补单一研究方法的不足。

本研究将致力于创业机会概念问题的解决，全面汲取以往研究的经验教训，在对已有成果进行系统研究的基础上，尝试运用逻辑学、经济学、管理学、心理学、社会学等多学科的相关知识对创业机会概念模型进行理论构思，并综合使用案例研究、调查研究、实验研究等多种研究方法对模型假设进行实证检验。但是由于篇幅的限制，本文只做两方面的基础性工作：首先是在定义分析的基础上构建模型，即通过收集定义、筛选定义、分析定义，初步确定创业机会概念模型；其次是通过案例分析对构建的创业机会概念模型进行初步的实证检验。希望本文的研究成果能够为后续跟进的实践与科研活动提供及时有效的指导。

---

① 王朝云. 创业机会的内涵和外延辨析[J]. 外国经济与管理，2010，32(6)：23-30.

2. 定义分析与模型构建

定义分析是任何一项系统研究展开的"引爆点"，对创业机会概念问题的研究也不例外。就创业机会概念而言，依据逻辑学中关于概念内涵与外延的基本原理①，在创业机会内涵的说明（定义）还不清楚的情况下，创业机会外延的界定（分类）就不可能清晰。就创业机会定义而言，它清楚地或暗含地界定了自己研究领域的概念框架、研究边界和焦点②，这使得通过定义分析构建创业机会概念模型成为可能。首先，笔者借助中国知网、维普资讯、万方数据等中文期刊论文数据库和 EBSCO、World Scientific、Springer LINK 等外文期刊论文数据库，通过在标题中检索"创业机会"或者"entrepreneurial opportunity"收集到相关文献，并从中抽离出创业机会的定义，形成"创业机会定义集"。然后，为了使创业机会概念模型能更好地呈现，有必要按照"权威性"与"代表性"标准进行定义的筛选。所谓"权威性"是指该定义出自 Schumpeter、Kirzner、Casson、Timmons 等名家之作，或出自 The US National Commission on Entrepreneruship、Academy of Distinguished Entrepreneurs at Babson College、U. S. Senate Committee on Small Business and Entrepreneurship 等权威机构的媒体中，或出自 ASQ、AMR、AMJ、SMJ、JOM、OS、MS 等核心经济管理期刊，以确保对创业机会做了比较准确的描述。所谓"代表性"是指筛选出的定义能够代表创业机会研究的多学科性或者多派别性，以确保对创业机会做了不同角度的描述。最后，笔者以筛选出的定义作为原始材料，根据每一定义所关注的焦点进行类别划分，并根据定义中的关键修饰词进行深入分析，具体情况见表1。

表1 创业机会定义分析表

定义的焦点	作者（年份）	定义	定义中的关键修饰词
原初形态 （市场需求/ 资源或能力）	Kirzner（1997）	未明确定义的市场需求或未充分利用的资源或能力	未明确定义的；未充分利用的
	Hulbert、Brown 和 Adams（1997）	一些亟待满足且有利可图的市场需求	亟待满足的；有利可图的
可能事件 （可能性/ 情况/潜力）	Schumpeter（1934）	通过创造性地整合资源来满足市场需求，从而创造价值的一种可能性	创新；整合资源；满足市场需求；创造价值
	Casson（1982）	能够在新的生产方式中创造性地引入新产品、服务、原材料等要素，再把它们结合起来满足市场需求，并创造价值的可能性	创新；整合资源；满足市场需求；创造价值
	Shane 和 Venkataraman（2000）	新产品、新服务、新材料、新的组织形式能够被引入生产，并且以高于成本的方式实现销售的情况	创新；整合资源；获取利润

---

① 逻辑学中关于概念内涵与外延的基本原理：概念是反映对象的本质属性的思维形式，内涵和外延是它的两个逻辑特征。内涵是概念所反映的对象的本质属性，具有质的规定性，回答"是什么"的问题，通常用定义来说明。外延是概念所反映的对象的数量范围，具有量的规定性，回答"有哪些"的问题，通常用分类来界定。概念的内涵决定其外延。

② 朱仁宏. 创业研究前沿理论探讨——定义、概念框架与研究边界[J]. 管理科学，2004，17（4）：71-77.

定义的焦点	作者(年份)	定义	定义中的关键修饰词
可能事件（可能性/情况/潜力）	Wickham(2001)	一种比顾客现在受到的服务更好的、差异化服务顾客的潜力	更好地服务顾客；差异化服务顾客
	Eckhardt 和 Shane(2003)	一种以创新的方式重新整合新产品、服务、原材料、市场组织方法的可能性	创新；整合资源
	Sarasvathy(2003)	利用现有资源去更好地达到预定目的的一种可能性	利用现有资源；更好地达到预定目的
环境因素（环境因素/环境条件）	Dutta 和 Crossan(2005)	一系列的环境条件，这种环境条件导致创业者或创业团队通过现存风险或创造新风险将一种或更多种新产品或服务引入市场	导致新产品或服务进入市场
	Barringer 和 Ireland(2006)	一组有利于创造新产品、新服务或新需求的环境因素	有利于创造新产品、新服务、新需求

从表1的整理过程和呈现结果来看，以往的每一定义都只关注了某个焦点，一个能够相对完整地描述创业机会全貌的概念模型还没有出现。这些焦点集中体现在三个方面，即原初形态、可能事件和环境因素。(1)原初形态是指创业机会最初表现为未明确定义的、亟待满足的、有利可图的市场需求或未充分利用的资源或能力。前者是创业机会在市场需求方的原初形态，体现的是市场需求维度；后者是创业机会在市场供给方的原初形态，体现的是资源维度和能力维度。二者的共性在于其自身的模糊性（虚线表示）和对应方的缺失性，如图2所示。(2)可能事件是指通过创造性地整合资源来满足市场需求并创造价值。需要说明的是，Shane 和 Venkataraman 的定义的落脚点是"获取利润"，根据修正后的基于合约的创业绩效理论①可知，创业企业所获取的利润只是创业机会所创造的价值的一部分，所以，笔者用内涵更为丰富的"创造价值"囊括"获取利润"。Wickham 的定义②中的"服务顾客"实际上就是"满足市场需求"，"更好的"和"差异化"则体现出了"创造性"。Sarasvathy 的定义③太过笼统，没能揭示出创业机会的本质内容，这使得创业机会与其他机会不能很好地被区分。可能事件暗含了资源或能力逐步凝结成产品或服务的过程、市场需求逐渐得以明确界定的过程以及供需双方最终发生交易的过程，创新是这三个过程的灵魂。可能事件体现了创业机会的市场需求和产品或服务两个维度，其特征是供需双方的明确性（实线表示）和交易性，如图3所示。(3)环境因素是指促成新市场需求的明确、新产品或服务的创造以及供需双方交易发生的有利因素，即促成创业机会由原初形态到可能事件发生的有利因素。比如政治、经济、社会、技术等环境因素的变化通常可以促成新事物的产生。不难发现，如果没有原初形态的存在，可能事件就会沦为无源之水、无本之木。所以，原初形态是可能事件发生的内在根据。如果没有环境因素的作用，可能事件将永远停留在可能状态，不会发生。所以，环境因素是可能事件发生的外在条件。由此可知，原初形

---

① 曹之然，曹娜娜. 创业绩效结构模型：基于创业绩效测量理论的修正[J]. 商业研究，2011，2：122-127.

② Wickham, P. A.. *Strategic entrepreneurship*[M]. London：Prentice Hall, 2001.

③ Sarasvathy, S. D.. Entrepreneurship as a science of the artificial[J]. *Journal of Economic Psychology*, 2003, 24(2)：203-220.

态与环境因素共同决定了可能事件是否发生，它们之间服从乘法原理。

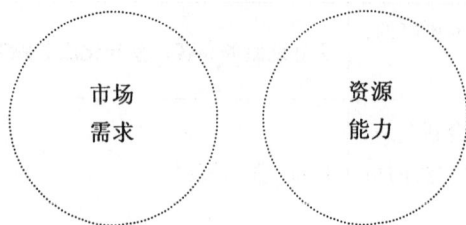
图2　原初形态

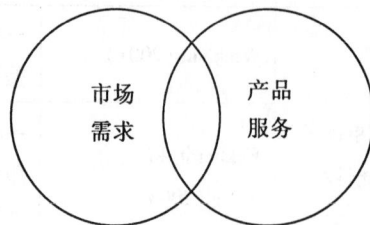
图3　可能事件

　　综上所述笔者认为，一个能够较为全面地反映创业机会特征的定义应该是：它的原初形态表现为模糊的市场需求或资源能力，但在一定的环境因素作用下，会有市场需求的明确、产品服务的创造、供需双方的交易等可能事件的发生，创新是它的灵魂。一个能够相对完整地描述创业机会全貌的概念模型应该包括：市场需求维度或资源能力维度构成的原初形态、市场需求维度和产品服务维度构成的可能事件、促成创业机会由原初形态到可能事件发生的环境因素，如图4所示。

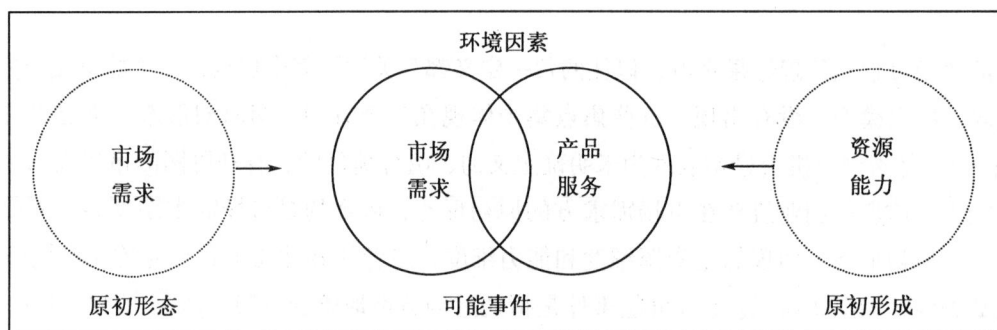
图4　创业机会概念模型

3. 案例分析与模型检验

　　科学发现的逻辑不是"证实"而是"反驳"①。在对"创业机会是什么"这一问题提出了某种试探性的答案之后，我们应该始终对它保持一种批判的态度，并试图发现与之不符的事实，即对构建的创业机会概念模型进行检验。此处，笔者选用案例分析的方法对模型进行检验，主要基于以下两点考虑：其一，就方法自身而言，案例分析特别适合求解"创业机会是什么"这一问题。根据罗伯特·K.殷的观点，"什么事"的问题分为两类：第一类"什么事"的问题是探索性的，可以用案例研究来处理；第二类"什么事"的问题实际上可以表述成一连串"有多少"的问题，此时再用案例研究就会费力不讨好②。本文研究的"是什么"（what）的问题与罗伯特·K.殷提出的第一类"什么事"（what）的问题是等价的。其二，就方法比较而言，案例分析其实是其他实证研究方法开展的逻辑前提，因为它为后续调查研究中的问卷开发和实验研

① 卡尔·波普尔.科学发现的逻辑[M].查汝强，等，译.北京：科学出版社，1986，86.
② 罗伯特·K.殷.案例研究：设计与方法[M].周海涛，等，译.重庆：重庆大学出版社，2007，3-21.

究中的实验设计提供了充分的实证依据。

那么，我们应该选取什么样的案例素材呢？按照资料的来源、案例的类型可以划分为以第一手资料为主的原创型案例和以二手资料为主的非原创型案例。对于本文所关注的问题，笔者认为没有必要采用需要付出较高成本的原创型案例，因为当前与此相关的、容易获得的非原创型案例资料已经十分丰富。根据创业者的知名度，非原创型案例又可以划分为知名案例和不知名案例，相比之下，知名案例会赢得更高的关注度，案例内容也会因此而相对饱满，能够更好地诠释创业机会的概念。知名创业者大多有初次创业、二次创业等多次创业的经历，锁定一位知名创业者的创业经历进行研究，不仅能够满足创业机会概念内涵方面的要求和跨案例研究的需求，而且能够使研究工作本身更易深入、更加经济。最终，笔者决定选用阿里巴巴集团马云的创业经历作为研究对象，主要原因在于他所取得的卓越的创业成绩使其更具研习的价值。为了确保资料的真实性，本文所选取的案例素材均来自于通过三角验证的公开文字、音频、视频资料。

马云的创业历程始于杭州海博翻译社。20世纪90年代初的杭州乃至全国都欠缺英语人才，英语人才可谓供不应求，这就呼唤英语人才输出机构或翻译机构的出现，创业机会表现为某种尚未得到完全满足的市场需求。当时请马云做翻译工作的人很多，以至于他一个人根本忙不过来，于是他萌生了成立翻译社的主观愿望，创业机会表现为仅凭一己之力无法满足的市场需求。同时马云发现，自己身边的同事，尤其是一些退休的老教师，整日赋闲在家，不仅心理上十分落寞，经济上也很拮据，他们有诉求更大价值的强烈动机，这使得共建翻译社成为可能，创业机会表现为有待充分利用的人力资源。成立一家专业的翻译机构，不仅可以减轻自己的负担，而且可以让同事赚点外快，即创业机会表现为可以实现帕累托改进①的机会，这实际上是在描述一种通过整合资源来满足市场需求从而创造价值的可能性。创业机会的原初形态和可能事件在此得以清晰呈现，但环境因素并不明显。

1995年5月9日，马云创建的中国黄页正式上线，它以在线工商企业名录的形式运营，是中国互联网历史上的第一家商业网站。这一创业机会的发现源自1995年马云在西雅图的意外触网，本想借助Internet推广海博翻译社，不想却招来了生意。这触发了马云的创业思考，企业有通过Internet获取生意的潜在需求，自己所要做的就是将企业搬上Internet，创业机会表现为某种潜在的市场需求。为了将企业搬上Internet，需要的不仅是马云团队的客户开发，还需要美国Vbn公司的服务器和技术支持，创业机会表现为可以利用的资源和能力。中国黄页的创建不仅可以给上网的企业带来更多生意，还可以使美国Vbn公司和自己获得利润，创业机会表现为帕累托改进的可能性。但是，直到1995年7月，上海率先在中国内地开通了44K的互联网专线之后，中国黄页的业务局面才得以打开，盈利的坚冰才逐渐融化，创业机会表现为促成其由原初形态到可能事件发生的环境因素。创业机会的原初形态、环境因素和可能事件在此都得以清晰呈现。

1999年3月10日，阿里巴巴B2B网站正式启动，现在的它已经发展成为一个全球领先的网上交易市场和商人社区，正在帮助越来越多的采购商和供应商从事网络生意。基于对当时世界互联网模式的了解和中国经济形态的分析，马云认为雅虎的门户网站、亚马逊的B2C、eBay的C2C都不适合中国，在中国中小企业才是电子商务的最大需求者，为中小企业服务才是互联网真正的革命性所在，创业机会表现为某种巨大的市场需求。正是这一市场需求启动了马云团队日后筹集资金、招聘人才等一系列开发创业机会的创业行动，但是由于盈利模式模糊，阿里巴巴B2B在很长一段时间内都没能实现盈利。1999年11月

---

① 帕累托改进是以意大利经济学家费尔弗雷多·帕累托(Vilfredo Pareto, 1848—1923) 的名字命名的，指的是一项政策能够至少有利于一个人，而不会对任何其他人造成损害。

15 日，中美双方就中国加入世贸组织达成协议，马云觉察到中国将会成为世界工厂，随即推出"中国供应商"服务，即通过线上的推广和线下的服务为中国出口商赢得签单，创业机会表现为环境因素。随后，阿里巴巴又推出了"竞价排名"服务，并于 2001 年 12 月正式实现当月盈利，创业机会表现为可能事件的发生。创业机会原初形态的市场需求维度、环境因素、可能事件在此得以清晰呈现，原初形态的资源能力维度并不明显。

2003 年 5 月 10 日，淘宝网成功上线，它现在已经发展成为亚洲最大的网络零售商圈，并致力于成为全球领先的网络零售商圈。这一创业机会的发现源于马云和孙正义的心有灵犀，他们认为阿里巴巴和eBay 的平台是一样的，eBay 在亚洲的经营手段和市场存在着一定的差距，即亚洲的 C2C 市场尚未得到充分满足，创业机会表现为某种尚未得到充分满足的市场需求。并且，他们认为 eBay 在中国是可以被战胜的，即阿里巴巴具备比 eBay 更好地满足中国 C2C 市场的资源与潜力，创业机会表现为资源能力。基于以上两点原因，马云决定进军 C2C 市场。在与 eBay 易趣交锋的过程中，对手的两次失误在某种程度上成就了淘宝网：其一是易趣国内平台和 eBay 国际平台的对接，新的业务模式让客户一时无法适应，并且升级后的系统性能非常不稳定，这对已经出色完成系统改造工程的淘宝网是一个绝好的机会；其二是巨资投放广告，培育起整个中国的 C2C 市场，这无疑帮了正处于青春发育期的淘宝网一个大忙。创业机会表现为环境因素。最终，淘宝网战胜了 eBay，打造出一个更加安全高效的网络交易平台，创业机会表现为创造出更大价值的可能事件。创业机会的原初形态、环境因素和可能事件在此得以清晰呈现。

2003 年 10 月，作为淘宝网推荐使用的支付手段，支付宝以第三方支付平台的形式面世，并于 2004年 12 月独立为支付宝网络技术有限公司，致力于为中国电子商务提供"简单、安全、快捷"的在线支付解决方案。马云决定打造支付宝主要基于以下三点原因：其一，参与电子商务的人们都会遇到在线安全支付的问题，它已经成为制约中国电子商务发展的瓶颈，创业机会表现为亟待满足的市场需求；其二，人均 GDP1000 美元均线被纷纷突破，中国进入信用重建期，解决资金流问题的时机已经到来，创业机会表现为有利的环境因素；其三，美国的支付工具 PayPal 采用 P2P 业务模式，缺乏严格的身份认证机制，无法适用于信用体系尚未建立、法律体系尚不完善的中国，创业机会表现为环境因素。2005 年上半年，支付宝先后与中国工商银行、中国农业银行、Visa 国际组织、招商银行签订合作协议，共同致力于在线支付市场的开拓，这充分体现了整合资源、满足市场、创造价值的可能事件。创业机会原初形态的市场需求维度、环境因素、可能事件在此得以清晰呈现，原初形态的资源能力维度并不明显。

笔者将案例分析的结果汇总成表 2，不难发现，在马云丰富的创业历程中，一个包含了原初形态、环境因素、可能事件的创业机会概念模型会不断地重复出现，这符合案例分析的复证逻辑，所以，创业机会概念模型在此得到了初步的实证支持。

表2　　　　　　　　　　　　　　　　　马云创业历程分析表

| 创业历程 | 原初形态 | | 环境因素 | 可能事件 |
	市场需求	资源能力		
海博翻译社	市场欠缺英语人才、马云一人忙不过来	赋闲在家的英语老师		减轻自己的负担、让同事赚点外快
中国黄页	企业有通过 Internet 获取生意的潜在需求	马云团队的客户开发、Vbn 公司的服务器和技术	上海率先在中国内地开通互联网专线	客户获取生意、公司获取利润

创业历程		原初形态		环境因素	可能事件
		市场需求	资源能力		
阿里巴巴集团	阿里巴巴 B2B	中小企业对电子商务的巨大需求		中国加入世贸组织、成为世界工厂	"中国供应商"、"竞价排名"等服务使客户和自己获利
	淘宝网	eBay 在亚洲的经营手段和市场存在着一定的差距	阿里巴巴具备战胜 eBay 的资源和能力	eBay 易趣的国内平台和国际平台对接、巨资投放广告	战胜 eBay、打造更加安全高效的网络交易平台
	支付宝	在网络上实现安全支付		中国进入信用重建期、PayPal 模式不适应中国国情	与大型商业银行合作共赢

4. 结语

作为创业领域的首要问题，创业机会的概念模型至今模糊不清，本文对此进行了初步探索，借用定义分析和案例分析的研究方法得到如下两点结论：

第一，一个能够较为全面地反映创业机会特征的定义应该是：它的原初形态表现为模糊的市场需求或资源能力，但在一定的环境因素作用下，会有市场需求的明确、产品服务的创造、供需双方的交易等可能事件的发生，创新是它的灵魂。

第二，一个能够相对完整地描述创业机会全貌的概念模型应该包括：市场需求维度或资源能力维度构成的原初形态、市场需求维度和产品服务维度构成的可能事件、促成创业机会由原初形态到可能事件发生的环境因素，并且它们之间服从乘法原理。

研究成果的理论意义体现在两个方面：其一，在"创业机会是创业领域的核心问题"达成共识、创业领域的合法地位得以确认的基础上，进一步提出了"创业机会的概念是创业领域的首要问题"的论断，这势必引发理论界对创业机会概念问题的高度关注与重视；其二，系统梳理了有"权威性"与"代表性"的创业机会定义，构建并检验了一个更具包容性的创业机会概念模型，从而丰富了创业机会的内涵。

其实践意义体现在：其一，使创业者对"创业机会是什么"有了更加深刻、全面的认识，创业机会不仅具有时间上的动态性，而且具有空间上的复杂性，其动态性表现为原初形态到可能事件的发展，复杂性表现为创业机会不同维度与环境因素之间的联系；其二，创业机会概念问题的澄清势必引发积极的蝴蝶效应，它有助于创业机会的识别、评价、开发等一系列实践活动的开展，可以减少创业实践的盲动性进而节约创业成本，还可以增强创业实践的科学性进而提升创业绩效。

由于篇幅限制，本文的研究尚有以下几方面的不足，需要在未来研究中得到改进：

第一，本文采用案例分析的方法检验模型，因为案例分析自身存在外部效度的问题和定性研究的局限，所以新建模型还有待于进行大样本的、定量的实证检验。

第二，本文采用定义分析的方法构建模型，对前人的定义进行了系统的学习、整理、归纳，很好地切入了创业机会问题的研究，但是用这种方式构建的模型缺乏理论深度，未来尝试运用逻辑学、经济学、管理学等不同学科的相关理论对创业机会概念模型进行再构思。

第三，本文仅限于对"创业机会是什么"问题的求解，未来可以在较完善的创业机会概念模型的基础上开展对创业机会的识别、评价、开发等问题的研究。

（作者电子邮箱：caozhiran@lcu.edu.cn）

◎ 参考文献

［1］曹之然，曹娜娜. 创业绩效结构模型：基于创业绩效测量理论的修正［J］. 商业研究，2011.

［2］卡尔·波普尔. 科学发现的逻辑［M］. 查汝强，等，译. 北京：科学出版社，1986.

［3］罗伯特·K. 殷. 案例研究：设计与方法［M］. 周海涛，等，译. 重庆：重庆大学出版社，2007.

［4］王朝云. 创业机会的内涵和外延辨析［J］. 外国经济与管理，2010，32(6).

［5］朱仁宏. 创业研究前沿理论探讨——定义、概念框架与研究边界［J］. 管理科学，2004，17(4).

［6］Sarasvathy, S. D.. Entrepreneurship as a science of the artificial［J］. *Journal of Economic Psychology*, 2003, 24(2).

［7］Shane, S., and Venkataraman, S.. The promise of entrepreneurship as a field of research［J］. *Academy of Management Review*, 2000, 25(1).

［8］Wickham, P. A.. *Strategic entrepreneurship*［M］. London：Prentice Hall, 2001.

Research on the Concept Model of Entrepreneurial Opportunity

Cao Zhiran

（Business School of Liaocheng University, Liaocheng, 252000）

Abstract：As the first important issue in entrepreneurship, the concept of entrepreneurial opportunity remains obscure today. This paper makes a preliminary exploration by using definition analysis and case analysis. The study finds that：First, there is a definition which can comprehensively reflect the characteristics of entrepreneurial opportunity. The original form of entrepreneurial opportunity represents fuzzy market demands or resources/abilities. In a certain environment, possible affairs will happen such as the definitude of market demands, the creation of products or services, the transaction between the supply and the demand. Innovation is the soul of entrepreneurial opportunity. Second, the concept model of entrepreneurial opportunity should include the original form which is composed of market demands or resources/abilities, the possible affairs which are composed of market demands and products or services, the environmental factors which promote the development from the original form to the possible affairs. They are subject to the principle of multiplication.

Key words：Entrepreneurial opportunity；Concept model；Definition analysis；Case analysis

城市因素与企业绩效

——基于珠三角和长三角台商的比较研究

● 胡少东[1]　梁 强[2]　徐宗玲[3]

（1，2，3 汕头大学商学院　汕头　505163）

【摘　要】本文以珠三角和长三角两大区域为背景，分析城市因素对台商绩效的影响。研究认为城市因素对台商绩效具有显著的解释力，城市因素是公司绩效分析的一个重要分析层次。研究还显示，珠三角台商绩效的城市效应要高于长三角，这表明在珠三角，城市间的差异对台商绩效的解释力要强于长三角。研究认为，由于珠三角城市制度环境不如长三角城市，珠三角台商绩效受到城市制度环境的影响比较大，不同城市间台商的绩效差异也比较大；而长三角城市制度环境对台商绩效的影响比较小，不同城市间台商的绩效差异也比较小，台商绩效更多地取决于企业自身的资源和能力。

【关键词】大陆台商　公司绩效　制度理论　城市

1. 问题提出

珠三角和长三角是台商最为密集的地区，而苏州、上海、深圳、广州、东莞是台商集中的主要城市，台商投资中国大陆呈区域性集中分布。台商投资大陆非常重视区位选择，城市投资环境是台商区位选择的重要依据。目前有关台商投资大陆的研究也主要集中于对台商区位选择的研究，但未能进一步探索区位因素对台商绩效的影响。

现有研究投资区位对外商绩效影响的文献主要来自于国际商务方面的研究，主流的观点认为外国直接投资受到东道国一些独特要素的影响，如要素禀赋、文化和制度环境、政府政策。这些国家要素的差异对外商绩效的差异有显著的解释作用（ Makino et al. ，2004）。尽管这些研究检验了东道国之间的要素差异对外商绩效的影响，但未能揭示一国内不同区域的要素差异与绩效之间的关系。新近的研究开始探索一国内不同区域对外商绩效的影响，例如，Chan 等（2010）从省域层面检验了中国大陆的区域因素对日资企业绩效的解释力。但即便在同一省份，城市间仍存在相当的差异，假定同一省份内部不同地区为均质区域并不现实。由于城市投资环境对于外商的运营具有重要战略意义，从城市层面进行分析应该能够探析更深层次的绩效影响因素。

据此，本文采用制度理论的视角，检验台商最为集中的长三角和珠三角不同城市间台商的绩效差异。我们研究的问题是：不同城市间台商绩效差异的程度有多大？在珠三角和长三角不同的区域背景下，这些差异是否有所变化？本文的"区域"有两个含义，一个是指珠三角和长三角两大区域，另一个是指城市。

本文分别以长三角和珠三角区域为背景，从城市层面检验区域因素对大陆台商绩效的影响，进而对其进行比较。

本文提出两个重要观点：

第一个观点是，大陆台商运营所在的城市构成了一个相对同质化的制度环境，城市作为一个地方实体和基本的政治管辖区域，从三方面推动着地方制度环境的发展：其一，当地政府在体制结构（即立法过程、法律执行、产权保护等）和基础设施（即交通、教育和其他公共服务）建设方面发挥了关键的作用（金太军、汪波，2003）；其二，为了促进投资、贸易和产业集群的升级，地方政府提供了各种各样的政策，以促进地方经济的发展（Porter，1990）；其三，地方政府保护历史和文化遗产，培养了当地民众对当地的认同感，形成独特的地方文化（包括价值观和信仰等）、社会网络和社会资本（Lenartowicz and Roth，2001）。

第二个观点是，城市制度环境为大陆台商提供了独特的市场机会，也对其提出了竞争挑战，从而影响了它们的绩效（胡少东等，2011）。这些制度影响了经济活动的成本、效率、公司战略选择（Peng，2003）和公司的盈利能力（Khanna and Rivkin，2001；North，1990），为当地经济行为习惯（如惯例）的形成提供了条件。这些习惯以路径依赖的形式得到发展，具有强大的文化根源，难以从一个地方向另一个地方转移。因此，城市制度环境对公司行为和绩效有持久的影响。

相对于以往的研究，本文在两个方面进行拓展和延伸。首先，本研究检验了城市因素对台商绩效的解释程度，以及城市效应相对于产业、公司效应的重要性。其次，本研究比较了珠三角城市因素和长三角城市因素对台商绩效影响的差异程度，识别两大区域中台商绩效的差异，从另外一个角度反映了两个重要经济区域的差异性。

2. 理论分析

现有区域经济的研究为跨国公司的经济活动提供了不同的理论基础。这些研究认为东道国内部不同区域是有差异的，因为产业活动的地理集中度不同（Porter，1990）、区域的要素禀赋不同（如土地、劳动力等要素）。区域的要素禀赋构成了不同地区比较优势的来源，并为当地外国直接投资提供生产要素（Dunning，1988）。而产业集聚通过公司间的密集互动，为投资者提供创新要素服务，从而提升了规模经济。区域的不同为外商创造了独特的投资机会，从而影响了外商投资区位的选择。另有一些研究利用制度理论，强调外商所嵌入制度环境的重要性，探索了区域制度环境对外商区位选择的影响（潘镇、潘持春，2004）。尽管这些研究对外商区位选择战略的理解有一定的贡献，但对区域因素对企业绩效的影响没能提供进一步的解释。

为填补这一研究不足，我们以制度理论的视角，从城市层面检验区域因素对台商绩效的影响。制度被定义为游戏规则，包含正式规则（如规制和法律）和非正式规则（如行为规范），这些规则构建了一个地区或社会的经济、政治和社会关系（North，1990；Scott，2001），以路径依赖的方式演变，从而形成有差异的区域经济、政治和社会制度。作为区域的重要分析层次，城市制度环境为外商提供了独特的经营环境，既有机会又有约束，对其战略与绩效有深远影响（Chan et al.，2008）。

2.1 城市制度环境

2.1.1 经济制度

经济制度包括为企业提供支持服务的市场中介（或当地的组织）和支持区域经济交易的公共设施（Porter，1990）。市场中介包括银行、大学、研究机构、区域贸易协会、技术支持中心等；公共设施包括合格的供给、熟练的劳动力、创新和可获得的资本等，良好的公共设施和服务将通过提高生产率、降低成本、增加规模报酬以及获取集聚经济等途径，促进城市经济的发展。

作为经济制度的重要部分，中介机构能为企业提供信息服务，沟通潜在交易方，增进交易机会，力图解决信息问题，降低在产品、资本和金融市场中的交易成本（Khanna and Rivkin，2001；魏后凯、白玫，2008）。进入某一城市的外商需要依靠当地的公司提供的产品和服务，以构建出独特的竞争力。由于外商并不熟悉当地的环境，与当地制度的联系不仅能让他们获得与潜在交易方实现有利交易的通道，还能降低公司查找重要资源的信息成本和搜寻成本，而这些资源对于公司的成功运营是很重要的。中国大陆各城市的经济发展不平衡，不同城市的经济制度发展水平不同，在市场化进程、公共设施建设等方面存在相当大的差距（樊纲等，2010）。在比较发达的经济制度环境中，外商比较容易从当地其他公司获得融资、人力资本、技术诀窍等，进而从中受益。

2.1.2 政治制度

政治制度包括政府和其他政治参与者，他们建立了法律规则并进行实施，决定外资（包括港澳台地区）直接投资政策。在中国大陆，各地区都处于同一个相当稳定的宏观政治环境中，企业所适用的法律也相同。但在渐进式改革的模式下，一些法律政策在不同城市的实施步调是不一致的（金太军、汪波，2003）。如外资直接投资政策，中央政府允许一些地方先对外资开放，并为外资提供不同形式的优惠，允许自治地区对外资进行某些立法和税率优惠。不同城市在外资直接投资政策上的不同也来源于各地方在执行国家规则和政策时的不同（殷华方等，2007）。外资政策是在国家层面制定的，却在地方层面执行。为吸引更多的外资，各地方之间会进行竞争，在政策执行上并不一致，比如减税优惠和财政激励等。地方政策的不同不仅影响外资的流入，也影响不同地区的商务成本。如为了吸引台商投资，许多城市出台了吸引台商投资的政策，为台商提供不同形式的投资优惠。

2.1.3 社会制度

社会制度起源于一个种群成员彼此之间的广泛协作和互动发展而成的惯例和行为方式（Scott，2001）。地方社会制度的不同归因于当地人民独特的地方传统和文化价值观。当地的传统和文化价值观会影响人与人之间的信任、职业道德、工作态度、政治信任和社会资本，而这些因素会影响从事商务活动的成本。不同地区公司间信任水平和利益互惠水平的差异对地区经济绩效的差异有一定的解释力（Locke，1995），因为信任能使人们创造更高的社会效率，避免低效率和不合作的困境，从而提高一个社会总的生产力。相反，社会冲突降低了经济活动的效率，对商务活动形成威胁（Ghemawat，2001）。价值观会渗透到社会形态的各个层面中，规范着企业组织形态和管理人的事业目标，进而影响着当地的竞争力（Porter，1990）。地方文化以其广泛而深刻的渗透力对地方经济发展产生巨大的影响，并成为地方经济发展的主导力量（李海舰，2010）。

总之，经济、政治、社会制度在不同城市是不同的，这些不同为大陆台商创造了机会，也对他们提出了挑战，进而影响其企业的绩效。因此，我们认为在不同城市之间，台商的绩效是有差异的，城市因素是影响台商绩效的重要因素。

2.2 珠三角与长三角地区城市制度环境

改革开放后，作为中国大陆经济发展火车头的珠三角，经过近20年的快速成长后，在2000年前后也遇到了一些瓶颈，包括劳动力、电力与水力的不足，土地、交通运输、涉及地方政府的税务与收费等各类商务成本，都随着经济飞跃成长而水涨船高。同时，随着外来人口的大量涌入，社会治安也有所恶化。再者，广东地区在法律执行、人文环境等方面不如长三角（李道成，2005）。广东省委书记汪洋2010年曾指出，广东民营经济发展目前最突出的制约是法治环境不完善，最突出的障碍是政策落实不到位（谢庆裕，2010）。而以上海为中心的长三角，是我国经济、文化比较发达的精华区，在中央的大力支持和地方政府灵活的招商策略下，大力发展基础设施，改善投资环境，在20世纪90年代后期，成为外资（包括台资）投资的热土。长三角经济发达，法制环境比较完善，人文底蕴雄厚，社会治安良好，制度环境一直处于全国城市前列（李道成，2005）。

台湾地区电机电子同业公会（TEEMA）从2000年开始调查并评估中国大陆经济区域及台商密集投资城市之投资机会与风险，历年的调查保持了系统性和一致性，从而使《中国大陆地区投资环境与风险调查》的信度和效度得到各界的肯定与认同。本文利用该调查报告中的"基础设施"和"经济环境"来度量经济制度①；用"法制环境"来度量政治制度；用"社会环境"来度量社会制度。"基础设施"、"经济环境"、"法制环境"、"社会环境"的调查条目见表1。

表1　　　　　　　　　　　　　　　　　城市制度变量调查条目

基础设施指标条目	当地政府优惠条件
当地海陆空交通运输便利程度	政府与执法机构秉持公正执法态度
当地的通信设备、资讯设施、网络建设完善程度	当地解决纠纷的渠道完善程度
当地的污水、废弃物处理设备完善程度	当地工商管理、税务机关行政效率
当地的仓储物流处理能力	当地官员操守清廉程度
未来总体发展及建设规划完善程度	当地政府对台商投资承诺实现程度
经济环境指标条目	当地环保法规规定适宜且合理程度
当地民众生活条件及人均收入状况	当地政府政策稳定性及透明度
当地的商业及经济发展程度	当地政府对知识产权重视的态度
金融体系完善的程度且贷款取得便利程度	当地政府积极查处伪劣仿冒品的力度
当地资金汇兑及利润汇出便利程度	社会环境指标条目
当地经济环境促使台商经营获利程度	当地的社会治安
该城市未来具有经济发展潜力的程度	当地民众生活素质及文化水平程度
当地政府改善投资环境积极程度	当地社会风气及民众的价值观程度
法制环境指标条目	当地民众的诚信与道德观程度
行政命令与国家法令的一致性程度	民众及政府欢迎台商投资设厂态度

资料来源：台湾地区电机电子工业同业公会. 中国大陆地区投资环境与风险调查（2002—2011）[M]. 台北：台湾商周编辑顾问股份有限公司，2012.

从TEEMA历年调查情况来看，长三角在经济制度、政治制度、社会制度环境等方面都要好于珠三角（见图1）。台资从珠三角转向长三角（见图2），长三角良好的投资环境是重要的影响因素之一。如将台资吸引到苏州的一个重要因素就是苏州透明和高效的政府管理，特别是税收和海关部门（杨春，2011）。

---

① 因"基础设施"和"经济环境"存在显著的强相关关系，相关系数为0.93（$p<0.001$），因此，本文以"基础设施"与"经济环境"的平均数来度量经济制度。

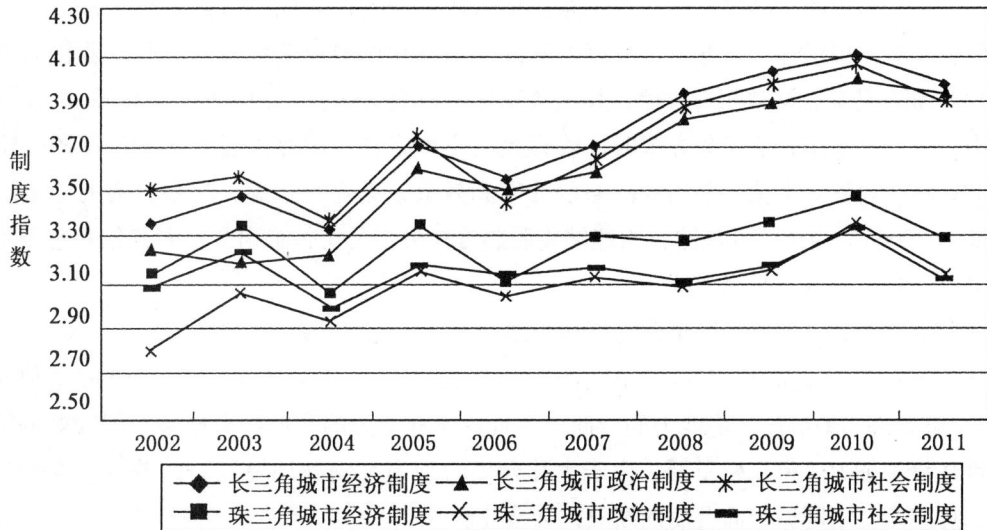

图1 珠三角城市与长三角城市制度环境

注：图中数值是珠三角和长三角城市各项制度指数的平均值。制度指数为5分制，分数越高表示投资环境越好。

资料来源：台湾地区电机电子工业同业公会. 中国大陆地区投资环境与风险调查(2002—2011)[M]. 台北：台湾商周编辑顾问股份有限公司，2012.

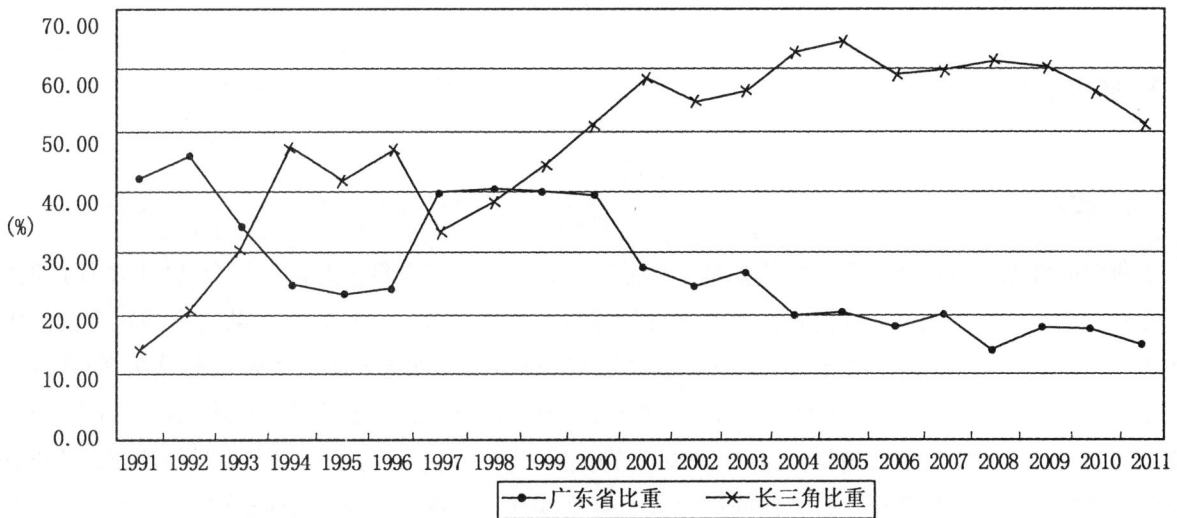

图2 广东省、长三角占台商投资大陆金额比重

注：台商投资广东主要集中于珠三角，从图中可看出台商投资珠三角、长三角的变化。

资料来源：台湾地区经济部统计处. 台湾在中国大陆投资金额[EB/OL]. http://www.moea.gov.tw/Mns/populace/home/Home.aspx.

　　本研究的一个重要观点是，珠三角地区城市制度环境不如长三角地区，因此珠三角地区城市间台商的绩效差异要大于长三角，造成珠三角城市间台商绩效差异较大的制度原因如下：

　　一是台商间的绩效差异可以归因于缺乏已知结果的合法性战略选择(Chan et al.，2008)。在制度发展水平较低的制度环境中，企业面临较大的不确定性，大陆台商可能不能决定什么是合法的组织行为(Scott，2001)，即什么是可以做的，什么是不可以做的。也许在某城市能采用的组织行为在另一城市却无法继续采用。如东莞台商集群模式主要基于东莞地方政府与台商之间的人际社会关系，人际社会关系具有灵活性但也具有不确定性，而苏州以良好的管理和透明化的政府著称，政府和企业行为都更为规范（杨春，2011）。如在劳动合同法执行方面，长三角比珠三角更为规范（万向东等，2006）。在制度环境不发达的环境中，台商在采用合法商务方式时面临很大的不确定性，因此可能会从事广泛的战略行动以解决制度缺失的现状。台商对于他们采用的战略的效率和效果缺乏先行经验，战略行为的结果可能是未知的（Chan et al.，2006）。由于一些战略行为能够克服制度缺失为公司带来租金，而其他一些则不能，不同战略选择结果的绩效差异可能是很大的。

二是台商间的绩效差异也可归因于台商管理当地制度环境能力的差异（Chan et al.，2008）。在制度发展水平比较低的地区，台商对当地制度环境的管理能力在产生租金方面有着战略的重要性（Henisz，2003），拥有足够管理当地制度环境能力的台商比不具备这种能力的台商将有机会获得较好的绩效，台商管理当地制度环境的能力显得比较重要。由于大陆台商管理当地制度环境能力的差异，本研究认为在制度不够完善的珠三角，不同城市间台商的绩效差异会比较大。

相反，在制度发展水平比较高的环境中，制度能告诉组织哪些是能为社会接受的行为，事情应该如何去做等，并对公司的战略选择提供约束（Henisz，2003；Peng，2003）。在这样的环境中，公司倾向于采用能知道结果的合法的组织惯例和战略行为，从而提高它们的生存机会（Peng，2003；Scott，2001）。由于采用了相似的战略行为，台商间的绩效差异就会比较小。另外，当区域的制度环境较好时，管理制度能力的重要性就会下降（Peng，2003），台商缺乏这种能力不再是一种劣势。因此，本研究认为在制度比较完善的长三角，不同城市间台商的绩效差异会比较小。

3. 研究方法

3.1 样本

本研究的数据来自台湾工商时报出版的《大陆台商1000大》，该调查报告委托台湾"中华征信所"执行，在双方多次的资讯校对、查证确认下，该报告资料正确性极高。该报告对大陆台商的定义为：大陆合法成立之企业；由台湾企业或个人直接或间接持股（通过离岸群岛之控股公司转投资设立等）达到或超过45%。本研究从2005—2011年的《大陆台商1000大》收集数据，选取了长三角和珠三角的台商为样本，并剔除以下样本：如果某城市当年台商少于3家，则剔除；为了能从产业和城市角度进行比较，要求在某城市、产业至少要有一家公司在研究期间都存在，否则剔除；剔除了缺乏分析的重要信息者。最后形成总样本包括5557个观测值，其中长三角样本为3317个观测值，珠三角样本为2240个观测值，样本详细信息见表2。

表2   样本信息

	总样本	长三角	珠三角
产业数	43	43	40
城市数	22	13	9
大陆台商家数	1543	932	611
观测值数量	5557	3317	2240
包括年份	2005—2011	2005—2011	2005—2011

3.2 研究变量

本文将大陆台商的绩效方差分解为公司效应、城市效应、产业效应和年度效应，采用方差成分分析方法，特别检验城市效应对公司绩效的影响。本研究在分析中采用了四个分类变量。公司效应表示台商间的绩效差异。城市效应表示台商投资所在城市间的差异。产业效应表示台商经营产业间的差异，产业分类按照中华人民共和国国家统计局的产业分类标准，根据台商的主营产品进行分类。年度效应表示观察期间(2005—2011)不同年份的差异，可以表示不同年份宏观经济环境对台商绩效的影响。

本研究还在模型中纳入了城市和产业交互效应变量，因为不同城市的产业结构不同，同一产业的重要性在不同城市是不同的。样本包括的城市和产业见表3和表4。

表3 台商分布城市情况

城市	样本数	城市	样本数	城市	样本数
长三角地区		上海	759	佛山	140
常州	47	苏州	755	广州	308
杭州	122	无锡	188	惠州	148
嘉兴	56	吴江	120	江门	49
昆山	834	扬州	36	深圳	634
南京	82	镇江	96	肇庆	52
南通	36	珠三角地区		中山	211
宁波	186	东莞	646	珠海	52

表4 台商分布产业情况

序号	产业	样本数	序号	产业	样本数
1	食品、饮料	132	23	汽车制造业	138
2	纺织业	152	24	摩托车制造业	11
3	服装及其他纤维制品制造业	58	25	自行车制造业	136
4	制鞋业	131	26	交通运输设备修理业	17
5	皮革、毛皮、羽绒及制品制造业	41	27	电器机械及器材制造业	26
6	木材加工及竹、藤、棕、草制品业	15	28	电机制造业	37
7	家具制造业	104	29	输配电及控制设备制造业	236
8	造纸、印刷	85	30	电源供应器、电池、不断电供应系统	165
9	印刷业	28	31	日用电器制造业	76
10	文教体育用品制造业	75	32	照明器具制造业	53
11	化学原料及化学制品制造业/化学纤维制造	303	33	其他电器机械制造业	59
12	橡胶制造业	79	34	仪器仪表及文化、办公用机械制造业	56
13	塑料制造业	258	35	文化、办公用机械制造业	129

序号	产业	样本数	序号	产业	样本数
14	电子	631	36	电力、煤气及水的生产和供应业	16
15	电路板	366	37	通信设备制造业	192
16	水泥制造业	35	38	电子计算机制造业	532
17	玻璃及玻璃制品业	16	39	液晶显示器、液晶模组	251
18	玻璃纤维布	19	40	计算机相关设备制造业	105
19	陶瓷制品业	19	41	批发和零售贸易	34
20	金属制品业	399	42	零售、百货	22
21	普通机械制造业	140	43	其他	63
22	专用设备制造业	117		合计	5557

本研究采用两个指标来测度台商的经营绩效：一是台商的销售利润率（ROS），ROS 评价企业通过销售赚取利润的能力，表明企业每元销售净收入可实现的净利润，该比例越高，企业通过扩大销售获取收益的能力越强。在全球化环境中，ROS 被认为是一个比较好的度量指标，能更好地反映处于变化中的商务环境的经营绩效（Christmann et al. , 1999）。第二个指标是 ROS 偏差（ROS deviation，用 ROSD 表示），ROS 偏差用当年某台商的 ROS 值与该城市中台商 ROS 平均值之差的绝对值来度量，较低的 ROS 偏差值表明该台商的绩效水平与该城市台商的 ROS 平均值比较接近，较高的 ROS 偏差值表示该台商的绩效与该城市台商的 ROS 平均值有较大的差距（不管是高于平均值还是低于平均值）。Chan 等（2008）利用这两个指标来测度外商绩效，ROS 用于测度绩效的水平，代表投资的收益；ROS 偏差用于测度绩效的差异，代表投资风险，他们的研究认为从投资收益和风险两方面进行分析能更好地理解外商绩效。ROS 和 ROS 偏差的公式如下：

$$\text{ROS}_{i,t} = \frac{\text{利润额}}{\text{销售额}}$$

$$\text{ROSD}_{i,t} = \sqrt{(\text{ROS}_{i,t} - \overline{\text{ROS}_{r,t}})^2}$$

ROS 是第 i 家台商在第 t 年的利润额除以销售额。ROSD 表示 ROS 的偏差值，是第 i 家台商在第 t 年的 ROS 与所在 r 城市全部台商在第 t 年的 ROS 的平均值离差的绝对值。ROS 的数据来自 2005—2011 年的《大陆台商 1000 大》。

3.3　研究模型

循着之前的相关研究（如 McGahan and Porter, 1997；Makino et al. , 2004，Chan et al. , 2010 等），本研究以大陆台商为分析单位，应用方差成分（variance components）分析方法检验公司绩效的来源，采用的模型为：

$$\eta_{itjk} = \mu + \alpha_i + \beta_j + \gamma_k + (\beta\gamma)_{jk} + \tau_t + e_{itjk}$$

η_{itjk} 代表在 t 年，k 城市、j 产业的第 i 家台商的绩效指标（ROS 和 ROSD），η_{itjk} 是总平均 μ、公司效应

α_i、产业效应 β_j、城市效应 γ_k 和产业与城市的交互效应 $(\beta\gamma)_{jk}$、年度效应 τ_t 和误差效应 e_{ijtk} 的线性组合，误差效应代表本模型没考虑到的其他因素的效应。所有自变量都被视为随机效应变量。公司绩效的方差成分可分解为：

$$\sigma_\eta^2 = \sigma_\alpha^2 + \sigma_\beta^2 + \sigma_\gamma^2 + \sigma_{\beta\gamma}^2 + \sigma_\tau^2 + \sigma_e^2$$

即公司绩效的方差 σ_η^2 可分解为公司间方差 σ_α^2、产业间方差 σ_β^2、城市间方差 σ_γ^2、产业与城市交互项方差 $\sigma_{\beta\gamma}^2$、年度间方差 σ_τ^2 和其他因素方差 σ_e^2，本研究采用 SAS 软件进行方差成分分析。

3.4 分析结果

表 5 是总样本台商 ROS 和 ROS 偏差方差成分分析的结果，分别检验了 ROS、ROS 偏差的公司效应、城市效应、产业效应和年度效应。模型 1 表明城市效应对 ROS 方差的贡献为 2.96%，模型 3 表明城市效应对 ROS 偏差方差的贡献为 4.90%，且都非常显著。这说明城市效应对台商绩效具有显著的解释力，是影响台商绩效的重要因素之一，不同城市的台商绩效并不相同。ROS 各效应的大小依次为公司效应(47.96%)、产业效应(8.59%)、城市效应(2.96%)和年度效应(0.61%)，ROS 偏差各效应的大小依次为公司效应(40.19%)、产业效应(9.55%)、城市效应(4.90%)、年度效应(0.02%)。

表 5　　　　　　　　　　　　　**总样本 ROS、ROSD 方差成分表**

方差成分	ROS				ROSD			
	模型 1		模型 2		模型 3		模型 4	
	估计值	%	估计值	%	估计值	%	估计值	%
年份	0.38 *	0.61	0.38 *	0.62	0.01 *	0.02	0.01 *	0.02
公司	30.05 **	47.96	29.27 **	48.29	13.94 **	40.19	14.16 **	40.41
城市	1.86 **	2.96	1.32 **	2.18	1.70 **	4.90	1.37 **	3.92
产业	5.38 **	8.59	4.19 **	6.91	3.31 **	9.55	2.85 **	8.14
城市×产业			1.22 *	2.01			0.96 *	2.73
其他	24.98 **	39.87	24.24 **	39.99	15.72 **	45.34	15.70 **	44.79
合计	62.65	100.00	60.62	100.00	34.68	100.00	35.04	100.00
样本量	5557		5557		5557		5557	

注：* 代表 $p<0.05$，** 代表 $p<0.01$。

表 6 和表 7 显示了长三角和珠三角地区台商 ROS 和 ROS 偏差的方差成分分析结果。从模型 1 和模型 2 可以看出，城市效应具有显著性，这说明在长三角或珠三角，不同城市间台商的绩效并不相同，城市因素是影响台商绩效的重要因素。比较长三角和珠三角的城市效应和产业效应，我们发现，无论是 ROS 还是 ROS 偏差，珠三角地区的城市效应(分别为 3.73% 和 3.93%)和产业效应(分别为 18.50% 和 12.85%)要高于长三角地区的城市效应(分别为 1.32% 和 1.60%)和产业效应(分别为 7.72% 和 7.64%)。这说明与长三角地区相比，珠三角地区不同城市间台商的绩效差异比较大，城市效应对珠三角台商绩效的解释力比较大。同样，珠三角地区不同产业间台商的绩效差异大于长三角，产业效应对珠三角台商绩效有较

强的解释力。

表6 长三角、珠三角台商 ROS 方差成分表

方差成分	模型1(长三角)		模型2(珠三角)		模型3(长三角)		模型4(珠三角)	
	估计值	%	估计值	%	估计值	%	估计值	%
年份	0.60*	0.79	0.17*	0.42	0.58*	0.76	0.16*	0.41
公司	38.90**	50.70	13.89**	34.53	39.05**	50.93	13.03**	33.03
城市	1.01**	1.32	1.50**	3.73	0.57**	0.75	1.24**	3.14
产业	5.92**	7.72	7.44**	18.50	4.88**	6.37	5.85**	14.82
城市×产业					1.40*	1.82	1.92**	4.88
其他	30.28**	39.47	17.22**	42.83	30.19**	39.37	17.25**	43.71
合计	76.72	100	40.22	100	76.68	100	39.46	100
样本量	3317		2240		3317		2240	

注：*代表 $p<0.05$，**代表 $p<0.01$。

表7 长三角、珠三角台商 ROSD 方差成分表

方差成分	模型1(长三角)		模型2(珠三角)		模型3(长三角)		模型4(珠三角)	
	估计值	%	估计值	%	估计值	%	估计值	%
年份	0.01*	0.03	0.04*	0.17	0.01*	0.03	0.04*	0.16
公司	17.07**	43.15	8.76**	36.43	17.48**	43.01	8.60**	35.83
城市	0.63**	1.60	0.95**	3.93	0.06**	0.16	0.83**	3.48
产业	3.02**	7.64	3.09**	12.85	2.51**	6.18	2.61**	10.88
城市×产业					1.84**	4.52	0.69**	2.88
其他	18.82**	47.57	11.22**	46.62	18.77**	46.15	11.22**	46.77
合计	39.55	100	24.06	100	40.65	100	23.99	100
样本量	3317		2240		3317		2240	

注：*代表 $p<0.05$，**代表 $p<0.01$。

表5 中模型2和模型4分别加入了城市和产业的交互项，结果表明，加入交互项后，ROS 的城市效应和产业效应分别从2.96%和8.59%下降为2.18%和6.91%，交互效应为2.01%；ROS 偏差的城市效应和产业效应分别从4.90%和9.55%下降为3.92%和8.14%，交互效应为2.73%，且都非常显著。在表6和表7中，加入城市和产业交互项（模型3和模型4）后的效果也一样，即交互效应均显著，城市效应和产业效应都有所弱化。这说明产业效应与当地环境是密切相关的，城市和产业交互项是绩效的一个重要影响因素，对台商绩效具有显著的解释力。

4. 结论和启示

本研究结果显示，在珠三角和长三角地区，不同城市间台商的绩效存在差异，城市因素对台商绩效具有显著的解释力。与长三角地区相比，珠三角城市间台商的绩效差异比较大，城市因素对台商绩效的解释力要大于长三角。在解释台商绩效方差的各个效应中，无论是总样本还是珠三角样本、长三角样本，分析结果都表明各种效应的相对重要性是一致的，即影响台商绩效的各效应大小依次是公司效应、产业效应、城市效应、年度效应，且都相当显著，这与现有的研究结果是一致的。现有研究（如 McGahan Porter，1997；Makino et al.，2004，Chan et al.，2010 等）认为公司自身因素对绩效的影响最大，其次是产业因素、国家因素或区域因素。

我们的研究结果说明了城市是公司绩效分析的又一个层次。产业组织理论和资源基础理论主导着传统战略管理理论，认为产业结构、公司的资源和能力是决定公司绩效的主要因素。国际商务研究采用贸易理论和经济地理理论认为东道国的要素禀赋是绩效的重要决定因素。这些研究一般认为国家、产业和公司属性能解释公司行为和绩效的差异，但未能识别一国之内城市因素对公司绩效的影响。虽然有许多研究证明中国大陆不同城市的要素禀赋、产业集聚程度存在明显差异，但它们未能从城市层面证明区域因素对外商绩效的影响。我们的研究表明城市因素是台商绩效的重要影响因素之一，是公司绩效决定因素分析的一个重要层次，未来对于公司绩效的研究需要考虑公司所在城市的影响，这是对战略管理和国际商务文献的重要补充。

在对长三角与珠三角台商绩效的比较中，无论是 ROS 还是 ROS 偏差，结果显示珠三角台商绩效的城市效应和产业效应要大于长三角，相反，公司效应则小于长三角。一个可能的解释是珠三角城市的制度环境不够完善，台商经营容易受到外部环境的影响，面临的不确定性比较高，因而外部效应（城市效应和产业效应）也比较高。相反，长三角城市的制度环境比较完善，台商面临的不确定性比较低，外部环境对公司经营的影响比较小，公司绩效更多取决于公司的资源和能力，因而长三角台商绩效的公司效应要高于珠三角。这与 Makino 等（2004）、Chan 等（2010）的研究发现相似，他们认为在制度完善的发达国家中，外部效应（国家或区域效应、产业效应）对企业绩效的影响较小，而在制度不完善的发展中国家，外部效应对企业绩效的影响比较大。可以认为，随着区域制度环境的变化，城市效应和产业效应也会发生变化。在制度发展水平比较高的长三角，决定台商绩效的主要是公司自身的资源和能力，外部效应的影响比较小；而在制度发展水平比较低的珠三角，城市效应和产业效应对公司绩效的影响比较大，说明台商绩效更容易受到外部制度环境的影响。这一研究发现并印证了台商投资区位从珠三角向长三角转移的变化，也印证了在珠三角转型升级背景下，台商面临较大压力的现实。不过，本文没有进一步识别出具体的制度属性（如当地政策的稳定性、当地信任水平等）对台商绩效的影响，未来的一个研究方向是识别具体制度属性对绩效的影响。

城市与产业的交互效应是影响台商绩效的重要因素之一，这意味着产业的相对重要性在不同城市是不同的，或者城市的相对重要性对不同产业是不同的。一个解释是产业的比较优势在不同城市是有差异的。比如昆山在笔记本电脑、上海在金融服务业方面具有比较优势。另一个解释是分权化政策为各城市提供了进行保护地方产业的激励，形成地方产业政策环境，结果影响了这些产业的结构和盈利能力。为更好地理解绩效的决定因素，未来还要检验当地因素和非当地因素对产业的影响。

最后，本研究对台商和地方政府有重要的启示。在中国大陆，不同城市的制度环境是有差异的，台商需要发展自身的制度环境管理能力，理解当地的游戏规则，更好地融入当地的制度环境，形成适合自己发展的区位战略，尽可能避免城市制度环境给公司带来的冲击。另外，地方政府要建设一个稳定、透明的制度环境，严格执行相关法律政策，规范企业行为，稳定企业的预期，降低企业面临的不确定性，以降低企业的投资风险。

（作者电子邮箱：sdhu@ stu. edu. cn）

◎ 参考文献

［1］樊纲，王小鲁，朱恒鹏. 中国市场化指数［M］. 北京：经济科学出版社，2010.

［2］胡少东，徐宗玲，李非. 区域制度发展对外商绩效的影响［J］. 经济管理，2011，5.

［3］金太金，汪波. 经济转型与我国中央—地方关系制度变迁［J］. 管理世界，2003，6.

［4］李海舰，王松. 文化与经济的融合发展研究［J］. 中国工业经济，2010，9.

［5］潘镇，潘持春. 制度、政策与外商直接投资的区位分布——来自中国各地区的经验证据［J］. 南京师大学报（社会科学版），2004，3.

［6］万向东，刘林平，张永宏. 工资福利、权益保障与外部环境——珠三角与长三角外来工的比较研究［J］. 管理世界，2006，6.

［7］谢庆裕. 民营企业珠三角为何不敌长三角［N］. 南方日报，2010-09-01.

［8］魏后凯，白玫. 中国上市公司总部迁移现状及特征分析［J］. 中国工业经济，2008，9.

［9］杨春. 台资跨境生产网络的空间重组——电脑企业从珠三角到长三角的转移［J］. 地理学报，2011，10.

［10］殷华方，潘镇，鲁明泓. 中央—地方政府关系和政策执行力：以外资产业政策为例［J］. 管理世界，2007，7.

［11］Chan, C. M. , Makino, S. , and Isobe, T. . Which country matters? Institutional development and foreign affiliate performance［J］. *Strategic Management Journal*, 2008, 29(11).

［12］Chan, C. M. , Makino, S. , and Isobe, T. . Does subnational region matter? Foreign afiliate performance in the united states and China［J］. *Strategic Management Journal*, 2010, 31.

［13］Christmann, P. , Day, D. , and Yip, G. S. . The relative influence of country conditions, industry structure, and business strategy on MNC subsidiary performance［J］. *Journal of International Management*, 1999, 5.

［14］Dunning, J. H. . *Explaining international production*［M］. London：Allen & Unwin, 1988.

［15］Ghemawat, P. . Distance still matters：The hard reality of global expansion［J］. *Harvard Business Review*, 2001, 79(8).

［16］Henisz, W. J. . The power of the Buckley and Casson thesis：The ability to manage institutional idiosyncrasies［J］. *Journal of International Business Studies*, 2003, 34(2).

［17］Khanna, T. , and Rivkin, J. W. . Estimating the performance effects of business groups in emerging markets［J］. *Strategic Management Journal*, 2001, 22(1).

［18］Kostova, T. , and Zaheer, S. . Organizational legitimacy under conditions of complexity：The case of the multinational enterprise［J］. *Academy of Management Review*, 1999, 24(1).

［19］Lenartowicz, T. , and Roth, K. . Does subculture within a country matter? A cross-cultural study of motivational domains and business performance in Brazil［J］. *Journal of International Business Studies*, 2001, 32(2).

［20］Locke, R. M. . *Remaking the Italian economy*［M］. Ithaca, NY：Cornell University Press, 1995.

[21] Makino, S. , Isobe, T. , and Chan, C. M. . Does country matter? [J]. *Strategic Management Journal*, 2004, 25(10).

[22] North, D. C.. *Institutions, Institutional change and economic performance* [M]. Cambridge, MA: Cambridge University Press, 1990.

[23] Peng, M. W.. Institutional transitions and strategic choices[J]. *Academy of Management Review*, 2003, 28 (2).

[24] Porter, M. E.. *The competitive advantage of nations*[M]. New York: Free Press, 1990.

The Effect of Urban Region on the Performance of Taiwanese Enterprises
—Based on the Comparison of the Pearl River Delta Region and Yangtze River Delta Region

Hu Shaodong[1]   Liang Qiang[2]   Xu Zongling[3]

(1, 2, 3 Shantou University Business School, Shantou, 515063)

Abstract: This study examines the extent to which urban region can explain Taiwanese enterprises performance in the Yangtze River Delta region and Pearl River Delta region. Our results suggest that the urban region is significant in explaining Taiwanese enterprises performance, thus confirming its importance as an additional unit of analysis for firm performance. This study also shows that the effects of urban region are far stronger in the Pearl River Delta region than they are in the Yangtze River Delta region, thus suggesting that urban differences are more critical in their explanatory power for firm performance in the Pearl River Delta region than they are in the Yangtze River Delta region. Our results suggest that the variation in Taiwanese enterprises performance is larger in the Pearl River Delta region with low institutional development level than it is in the Yangtze River Delta region with high institutional development level.

Key words: Taiwanese enterprises in Mainland China; Enterprises performance; Institutional theory; Urban region

中小企业创业模式研究：基于自主创新的案例分析

● 卢志森

（武汉大学经济与管理学院　武汉　430072）

【摘　要】自主创新是企业特别是中小企业发展的驱动力。本文通过对小型广电设备制造商 CG 公司的创业历程进行案例分析，剖析了该公司"技术创新＋品牌国际化"与社会资本整合相结合的创业模式，发现这种混合型自主创新的模式具有提升企业自主创新能力，迅速占领市场，增强企业竞争力的特点。研究结论对发展中国家中小企业创业具有积极的借鉴意义。

【关键词】中小企业　创业模式　自主创新　品牌国际化　社会资本整合

1. 问题的提出

中小企业在我国国民经济中的战略地位越来越重要。有数据显示，在中国登记注册的中小企业占全国企业总数的 99% 以上①，成为国民经济增长和社会发展的生力军。不仅如此，在自主创新上，中小企业也是一股重要的力量。据统计约有 70% 的技术创新、65% 的国内发明专利和 80% 以上的新产品来自中小企业②。但是，现有的对中小企业创新的研究相当缺乏。

创新的模式对于中小企业的生存和发展非常重要，然而已有的对于创新的相关研究主要聚焦于大企业的创新模式，很少关注中小企业的发展。大企业创新的模式可以归纳为以下两点：20 世纪以来越来越多地利用内部研究的开发；依托于强大的品牌资产（Christensen，1997；Lussier，1995；Sarathy 和 Edmunds，1983；Tushman 和 Reilly，1997；West 和 Bamford，2005）。与大企业相比，在我国占有重要经济地位的中小企业，如果照搬大企业的创新模式会存在一定的问题。因为我国的中小企业恰恰在大企业的优势上存在一定的缺陷，表现为：其一，由于创新的资金、人才缺乏，人财物投入不足，内部研发困难；其二，没有强大的品牌做背书③。那么中小企业如何根据自身的特点制定一套合适的创业模式呢？这成为本文的研究重点。

由于现有关于中国中小企业创新模式的探讨还比较少，本文采用案例分析的方法，从创新的视角探讨中小企业的创业模式。所选案例企业在创新方面，构建了一条"技术创新＋品牌国际化"与社会资本整合相结合的混合型自主创业道路，从而全面提升了自己的市场竞争力。本文期望通过对案例企业内部环境

---

①　刘静，熊一坚. 基于创业导向的我国中小企业创业支持体系研究［J］. 创新企业，2011，12：32.

②　陈晓红，谭颖. 我国中小企业创业环境的实证研究［J］. 中南财经政法大学学报，2009，4：18.

③　袁红林. 小企业成长阶段的战略匹配与控制［J］. 经济管理，2008，2：41.

因素和外部环境因素的归纳与还原，找出企业创业成功的关键点以及可复制推广的适用范围，供具有类似特征的企业借鉴研究。

2. 案例分析

本文所选案例是一个小型广电设备制造商——CG公司从无到有的创业案例。之所以选择这个案例，基于以下理由：第一，该公司是民营中小企业，对处于初期发展阶段的中小企业具有广泛的代表性；第二，该公司成立仅一年时间，但创下的业绩相当可观，迅速成长扩张且具有高投资回报率的特点，具有典型的研究价值；第三，该公司所处行业为广播电视设备制造业，行业技术含量高，属于高端制造业，标准规范，准入制度严格，行业环境噪音小。基于以上原因，CG公司作为案例企业既有其行业特殊性，便于定性研究；也有中小型企业的普遍特点，便于归纳总结。

2.1 企业背景及经营状况

国内广播电视设备行业具有一定特殊性。由于政治宣传需要，国家对广播电视安全要求特别高，从而对产品质量要求非常苛刻，但对于产品的价格敏感度则相对较低，这就使得长期以来占据各电视台、广播电台、应急通信领域的主流产品均为进口产品。欧洲尤其是英国、瑞典的厂商差不多垄断了广电小型卫星地面站传输设备行业。反映在市场上就是该行业对品牌要求高且进入门槛高，这无疑给CG公司的发展带来了一定的难度。

CG公司成立于2010年，正式运营时间为2011年初。成立CG公司的设想于2009年产生，之后用了大约一年的时间筹备和规划，公司正式投产，并在国内外市场创下了当年资产增值10倍的纪录，一年时间在英国、中国、美国成立多家分公司和办事处，全面拓展全球市场。2010年第四季度，CG公司销售收入为720万元人民币，拥有员工12人，资产总额600万元人民币；2011年第一季度，公司销售达到1560万元，员工仅增加2人，资产达1592万元；第二季度，虽然未增加员工，销售额却提升为2880万元，资产总额达到3128万元；第三季度，销售额为600万元，资产总额增至3360万元，员工数仍未增加；第四季度，销售额达到1920万元，员工数再次增加2人，达到16人，资产增值到5080万元（具体数据见表1）。

表1

CG公司业绩数据

时间	2010年				2011年			
	1季度	2季度	3季度	4季度	1季度	2季度	3季度	4季度
销售收入（万元人民币）	0	0	0	720	1560	2880	600	1920
员工人数	5	5	8	12	14	14	14	16
资产总额（万元人民币）	500	200	100	600	1592	3128	3360	5080

资料来源：CG公司财务报表。

2010年，在公司成立之初，产品主要面向中国大陆市场，当年销售6台设备。2011年起，CG公司以中国大陆市场为重点销售目标努力推广，实现全年销售33台（其中上半年30台，下半年3台）；当年又逐步开拓了北美、非洲等多个非常有潜力的海外市场，并于2011年上半年在北美销售设备7台，下半年在非洲销售18台。2012年，计划上半年和下半年分别向南美和欧洲拓展，预计销售设备分别为6台和10

台。CG公司小型便携式卫星地面站产品从投产到热卖，不过一年的时间，但这一年的成果超过了全球所有工厂在中国五年销售小站数量的总和（具体数据见表2）。

表2   **CG公司市场拓展范围表（实际及计划）**

区域	中国	北美	非洲	南美	欧洲
2010年	6台				
2011年上半年	30台	7台			
2011年底	3台		18台		
2012年上半年（预计）	10台			6台	
2012年下半年（预计）	12台				10台

资料来源：CG公司财务报表、2012年销售计划。

2.2 企业发展之路

作为国内的中小型企业，CG公司为了扬长避短并降低成本，采取了"国内技术+国际品牌包装"这一营销策略。CG公司通过技术创新构建产品优势，同时利用品牌国际化打开了国际市场，继而通过社会资本整合，实现了全方位的自主创新，走出了一条与众不同的混合型自主创新道路。通过自主创新，CG公司从一个仅有几名创业者的小公司，发展为一个产品遍布全球主流通信设备市场、年销售额上千万元的新兴企业。

2.2.1 技术创新构建产品优势

CG公司的初创者有多年的行业积累，了解产品和技术，也了解客户的需求和市场销售渠道。在公司成立之初，他们敏锐地觉察到当今社会，人们越来越多追求信息的实时性，人们需要实时了解地球上任何一个角落发生的事情，因此将CG公司的主打产品定位为卫星传输产品，但对于技术的追求仍然要综合考虑实现的可能性以及相关成本等问题。

CG公司的初创者在寻找开发广电新产品之际发现国内存在大量技术成果有待商业转化，而多数企业又缺乏技术创新的自主研发能力的现象，于是资源整合的思路初步形成——与科研院校进行合作。CG公司的初创者们通过市场调研，首先选定了几所航空、邮电类院校作为合作伙伴，有偿使用科研院校已有的技术成果，将其投入到新产品的设计和研制中。同时，寻找国内优质的碳纤维模具供应商，利用国内低廉的劳动力资源，在极短的时间内，第一批产品——小型便携式卫星地面站试制成功。该产品具有超便携（小于32kg，根据IATA标准可随身携带不必托运）、快速准确对星、广播级图像传输质量高的特点，与国际一流产品相比，达到高端产品的品质，但又保持了国产产品的低成本，有着绝对的性价比优势。

2.2.2 品牌国际化打开市场局面

CG公司小型便携式卫星地面站产品作为国产广电设备，在激烈的行业竞争中（对技术和品牌同时注重的行业）是没有太大的生存空间的。为了与国际品牌抗衡，CG的初创者们又采用了市场营销经典战略——品牌国际化。这种国际化不是注册个洋名字、换个洋包装简单的"国际化"，而是从定位、营销到品牌管理的彻头彻尾的国际化。首先，公司并未在国内注册，而是直接在世界顶级广电设备厂商云集的英国注册总公司，设立欧洲总部。接下来，产品的所有研发、设计、管理均以欧洲总部的名义开展，直到推向市场，该产品的定位就是欧洲顶级品牌。

在产品研制过程中，凭借长期代理销售同类产品的经验，明确国内产品与国外品牌比没有竞争力这一概念，直接将该产品定位进一步细化为英国高端品牌。这样做的原因在于选择广电设备高端品牌云集的英国作为总部，从源头便与国际一流品牌并驾齐驱，从而"赢在起跑线上"。CG 公司管理层大胆启用外国专家管理公司运营，先设立英国总部，再设立中国办事处和工厂，在营销过程中时时、处处、事事不忘树立品牌形象。

2.2.3 社会资本整合走出发展之路

CG 公司的管理层经过总计 10 多年在广电行业的社会资本积累，对产品和技术有着深刻的认识，并拥有大量优质的客户资源以及丰富的业内人脉资源，因此社会资本整合正是 CG 公司这样的小型初创型企业快速发展的基础和保障。

公司设立之初，管理层通过对行业整体市场环境的调研，预计小型便携式卫星地面站产品的市场需求将越来越大，从而选定了该产品作为研发方向；又通过特有的人脉资源，与科研单位合作，成功转化国内科研成果；与国际顶级工程技术及管理人员合作，共同在英国设立 CG 总部，共同创建 CG 品牌。在品牌创立后，运用多年积累的营销和市场运作经验，首先开辟了中国最有影响力的国家级客户，在签下第一笔大额订单后，通过客户的影响力和国内的网络覆盖，将产品销售给国内各个地市级广电客户。而对于国外市场的开发，仍然是利用中国在国际市场上日益提升的国际影响力，通过在国内市场的销售实战业绩，以及代理、销售国外品牌的销售经验和销售团队，拓展了该产品在国际市场的销售，成功走出了一条自主创新之路。

3. 研究发现

CG 案例为我们展示了一套全新的自主创新模式。从技术创新角度看，这是一种原发性的创新活动，CG 公司掌控了 CG 小站产品从设计到研制和制造的全部过程。从品牌运作角度看，CG 公司通过高端的品牌定位，将市场竞争提前纳入考虑，从工厂的创建、品牌的设计、管理等各个流程全面立体打造国际品牌形象，最终在短短一年的时间内取得了销售业绩的成功，也走出了中国品牌国际化的特色之路。从社会资本整合角度看，CG 公司充分调动了各方的能动性，并重新配置了资源，创造了市场价值，同时创造了自身的市场竞争力。将 CG 案例理论化，更值得借鉴的是，CG 公司有关社会资本整合与技术创新的交互和社会资本整合与品牌国际化的交互，见图 1。下面本文将对这两方面进行详细的理论解释。

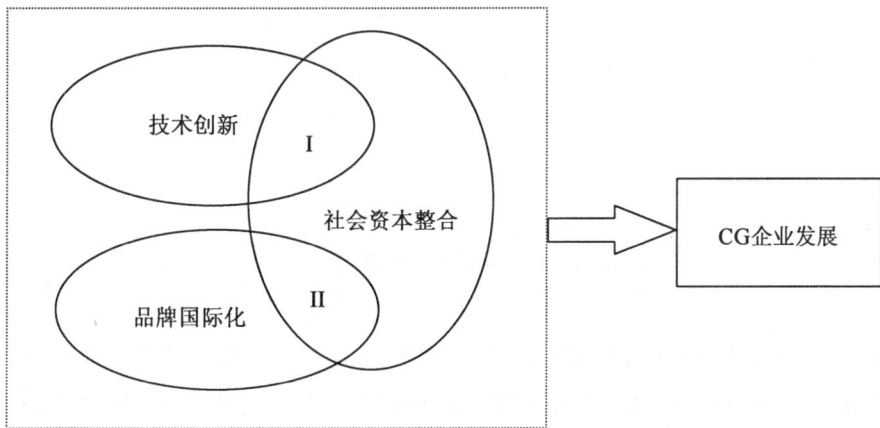

图1　CG 公司商业模式——混合型创新

对于"社会资本"概念，尚没有为人们普遍认同的定义。从其基本内涵看，社会资本是相对于经济资本和人力资本的概念，是指个人或团体之间的关联，是人们在社会结构中所处的位置给他们带来的利益。反映为社会主体(包括个人、群体、社会甚至国家)间紧密联系的状态及其特征，其表现形式有社会网络、规范、信任、权威、行动的共识以及社会道德等。社会资本存在于社会结构之中，是无形的，它通过人与人之间的合作提高社会的效率和社会整合度(Margolis and Walsh，2003；Starr and Fondas，1992；Webb，Mohr and Harris，2007；姜彦福、张帏，2005)。

中国社会是一个关系本位的社会。重视非正式的社会关系和制度安排、忽视理性化的正式制度和规范的建立，可以说是中国传统文化的重要特征之一。CG公司基于对中国社会企业文化以及技术创新现状的认知，整合了公司管理层、相关科研单位以及广电设备用户的社会资本，在社会资本整合的基础上促进和实现了技术创新，将科研技术转化为生产力，并开拓了公司品牌的国际化之路。

3.1 社会资本整合与技术创新

技术创新是始于对技术的商业潜力的认识而终于将其全部转化为商业化产品的整个行为过程，将新的或改进的产品、过程或服务引入市场。从经济学的视角分析，可以根据排他性和竞争性这两个特点，将科技资源分为三类：一是公共资源，它既无排他性又无竞争性，那些基础性强、共性强的科学知识、文献及技术成果属于公共资源，需要政府来提供或干预；二是私人资源，其既具有排他性又具有竞争性，企业、科研院所进行研究开发活动，目的是获得形成竞争优势所需的技术和其他资源，一般都以专利、专有技术的形式对其予以保护，属于"私人资源"；三是准公共资源，又称共有资源，其有竞争性但无排他性，介于应用研究与产品开发之间的科技资源属于"准公共资源"，需要企业、学校、科研院所、中介机构和政府特别是地方政府的参与。

CG公司正是充分利用了准公共资源的特质，以极低的成本，通过化整为零的合作协议，从多家院校取得了CG小站产品关键技术的使用权，从而完成了自主设计、研制、开发该产品的过程。通过资源整合，打造出CG小站产品，并最终取得了市场销售的成功(见图2)。

CG公司通过整合社会资本，降低了研发成本，增强了自身的技术实力，从而加快了新产品的上市，对于企业自主创新具有十分重要的意义和价值，对于同类型企业也有借鉴作用。

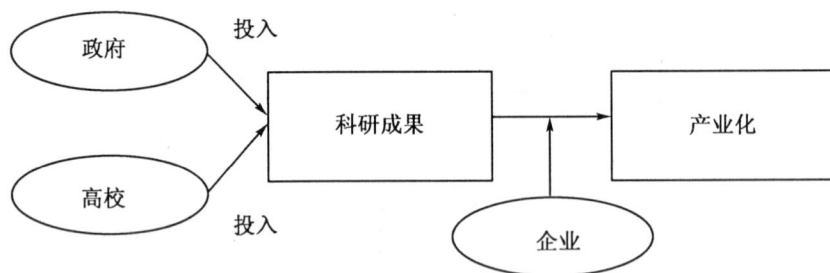

图2　社会资本整合与技术创新

中国在科研项目上的经费支出巨大，但由于体制限制等因素，大量的科技成果有待转化，更大量的科技资源没有得到恰当的配置和利用，这就形成了科研产能过剩。闲置和剩余科研成果转化为生产力，产生商业价值，需要政府、科研院所和企业共同努力来实现①。在当前社会环境下，作为独立存在的经济

① 周彩红，李廉水. 政策供给与我国中小高科技企业的发展[J]. 科学学与科学技术管理，2003，11：53.

单位——企业，所能做的就是发挥自己的资源优势，有的放矢地去寻找适合自己的科研资源，加以整合和利用。

CG 公司与科研院校的合作是整个产品研发过程取得成功的关键一步，这使得 CG 公司能够以较低的成本、较短的研发周期，取得高质量的科技资源。而对科研院校而言，这是大量闲置和剩余科研成果转化为生产力的有效途径，也是它们愿意见到的结果。可见，企业与科研院校的合作是双赢的。对企业来说，能够节约研发成本，缩短研发周期，提高自主创新的能力。

3.2 社会资本整合与品牌国际化

社会资本整合对于品牌国际化具有促进作用，CG 公司的管理者正是充分调动了管理层在行业内多年沉淀积累的国际客户、供应商、人脉等多种资源，从而实现了品牌从创立、推广到管理等全程运作的国际化。

品牌国际化是指使品牌成为国际品牌，即在国际上有较大影响力的品牌的行为过程。品牌国际化的常用方式及特殊方式有两种：一是国内生产，但产品销往国外，如国内多数低端消费品市场；二是在国外也设立分公司，实现全方位的扩张，如海尔、耐克等跨国公司。

从立足中国市场的角度看，多数国外品牌国际化扩张的模式与耐克相近，在国内或其他发展中国家建厂，即生产国在中国，利用当地低廉的劳动力资源降低成本，贴牌后销往欧美发达国家以及发展中国家的富裕地区，即消费国是外国发达国家和其他发展中国家的富裕地区，从而获得品牌带来的高额收益。这是一种从外向内的扩张模式。国内大品牌扩张，则多数是国内建厂，即生产国是中国，首先在国内销售，在具备一定规模和实力后，向海外拓展，从而打入国际市场，即消费国是从中国到外国。这是一种由内向外的扩张模式(见表3)。

表3   品牌国际化方向对比

国别	品牌	生产国	消费国	扩张方向
美国	耐克	中国	外国—中国及其他发展中国家和发达国家	外→内
中国	海尔	中国	中国—外国	内→外
中国	CG	中国	外国—中国—外国	外→内→外

不管是由内向外，还是由外向内，首要条件是树立品牌，只有大品牌，才有机会拓展市场。CG 公司尝试了一条独特的品牌国际化道路——由外向内再向外的模式，即从一开始就将品牌定位为国际品牌，然后利用初创者们在国内的行业和客户资源优势，首先将产品卖到中国最高端的广播电视机构，再借助中国广电高端市场在国际上的影响力向外扩张，先后打开国内外两个市场，一举跃居国际品牌行列。

CG 公司靠资源整合实现了由外向内再向外的品牌国际化模式，具体可分析归纳为如下两点：

第一，品牌国际化定位的重要性。CG 公司从战略高度认识到品牌国际化的重要性。在公司品牌国际化的进程中，CG 公司管理层多年的国际品牌代理经验，对国际高端产品的营销渠道以及国内市场需求的透彻理解无疑起到了很大的作用，这正是社会资本整合的灵活运用。在广电设备销售的网络结构中，CG 公司的管理者意识到占领国内市场的前提是拥有国际水准的技术和品牌，而广电行业的需求特点决定了国际化品牌是提升竞争力的基础，同时多年的国际产品代理销售经验使 CG 公司决定创立自有的国际化品牌。

CG 的管理者在产品研制过程中就预见到品牌的重要性，并且将品牌定位为欧洲品牌，英国制造，一举奠定了该小站产品国际一流品牌的基础，从而使竞争的起点直接从金字塔的顶端开始，因而能够最大限度地获利。当然这需要强大的产品品质作为保证，只有这样才能确保品牌地位是稳固且持续的。

第二，品牌国际化定位的合理性。品牌国际化需要合理化的过程。首先，在英国设立 CG 总部，共同创建 CG 品牌，发挥品牌原产地效应。其次，公司高层和销售代表均为英国当地业内专家和精英以及具有跨国公司背景的专业人员，有着丰富行业经验，使品牌形象有着充分的说服力。另外，产品在中国生产，出口英国贴牌后再销售到国内及全球其他国家，具备正规的国际品牌身份。正是通过对一系列细节的合理准确定位，才保证了整个品牌国际化过程的合理性，才成就了 CG 公司的创业模式。

4. 结论与研究局限

中小企业在中国具有重要的战略地位，同时又具有自己的典型特征。本文所选 CG 公司自主创新的范围涵盖研发、生产、营销、管理等各个环节，是中小型技术企业创业的典型案例。CG 公司凭借多年的行业经验积累，成功从系统集成商转为制造商，并在当年实现了高额利润。CG 的成功，构建了一条"技术创新＋品牌国际化"与社会资本整合相结合的混合型自主创业道路，揭示了将资源整合、技术创新和品牌国际化结合在自主创新过程中的重要性。具有重要的理论和实践意义：

第一，社会资本整合加快技术创新。技术创新是企业自主创新的基础，CG 公司通过技术创新，开发自主产品，奠定了从集成商向制造商转变的产品基础，并且保证了产品的品质达到世界高端水平。社会资本整合将科学研究转化为生产力。本文所选案例，借助高校科研资源，从多家院校取得了 CG 小站产品关键技术的使用权，从而完成了自主设计、研制、开发该产品的过程，将科研成果转化成生产力。

第二，社会资本整合促进品牌国际化。多数企业有提升自主创新能力的需要，很多企业家也意识到资源整合的重要性，更多的企业非常重视品牌营销，但极少人意识到在恰当地整合资源的同时，强化品牌国际化带来的巨大经济效益。中国作为"世界工厂"，一直以出口低端、低附加值产品为主，重量而不重质，因此品牌口碑差。案例企业完全利用国内技术、原材料等资源，生产出高端产品并推向国际市场，走出了一条与众不同的国际化道路。CG 公司通过充分调动自身的社会资源，利用海外销售网络和研发管理团队的积累，创立了国际品牌，进行了全面的社会资本整合。

但是，由于本文采取的是个别案例分析的方法，案例企业的特殊性决定了这种创业模式在一定程度上可复制。这种特殊性主要在于 CG 公司虽然为广电行业新成立的公司，但创业者在行业内的资源积累，为公司创立后在营销网络上迅速拓展奠定了良好的基础。此外，案例企业与业内客户的良好关系也是企业得以快速发展的关键。面对这些特殊性，同类型企业要区别对待，审慎地判断自身所处的形势和可利用的资源，这样才有可能依赖案例企业的方式，坚持走自主创新的道路，取得创业的成功。中国作为一个新兴而庞大的经济体，在市场经济环境下，发展速度快，市场机会多，对产品的需求是多种多样的，满足市场需求，要有对热点敏锐的触觉和一往无前的魄力。这也是创业者需要具备的基本素质。

（作者电子邮箱：lochisum@ rogers. com）

◎ **参考文献**

[1]姜彦福，张帏．创业管理学[M]．北京：清华大学出版社，2005．

[2]刘静，熊一坚．基于创业导向的我国中小企业创业支持体系研究[J]．创新企业，2011，12．

[3]袁红林．小企业成长阶段的战略匹配与控制[J]．经济管理，2008，22．

[4]周彩红，李廉水．政策供给与我国中小高科技企业的发展[J]．科学学与科学技术管理，2003，11．

[5]Christensen, and Clayton, M.. *The innovator's dilemma*: *When technologies cause great firms to fail* [M]. Boston: Harvard Business School Press, 1997.

[6]Doutriaus, J.. Emerging high-tech firms: How durable are their comparative start up advantage[J]. *Journal of Business Venturing*, 1992, 7(4).

[7]Lussier, R. N.. Startup business advice from business owners to would be entrepreneurs[J]. *SAM Advanced Management Journal*, 1995, 127.

[8]Margolis, J. D. , and Walsh, J. P.. Misery loves companies: Rethinking social initiatives by business [J]. *Administrative Science Quarterly*, 2003, 2.

[9]Pasternack, Bruce, A. , and Albert J. Viscio. *The center corporation*: *A new model for transforming your organization for growth and prosperity*[M]. New York: Simon & Schuster, 2000.

[10]Sarathy, Ravi, and John Edmunds. The international marketing strategies of New England high-technology firms[J]. *Journal of the Academy of Marketing Science*, 1983, 6.

[11]Starr, J. A. , and Fondas, N.. A model of entrepreneurial socialization and organization formation [J]. *Entrepreneurship*: *Theory and Practice*, 1992, 17(1).

Business Model for Small and Medium-sized Enterprises(SMEs): Case Study Based on Independent Innovation

Lu Zhisen

(Economics and Management School of Wuhan University, Wuhan, 430072)

Abstract: Independent innovation is the driving force for the development of enterprises, especially small and medium-sized enterprises (SMEs) . This paper studies a small radio and television broadcasting equipment manufacturer called CG's entrepreneurial journey, and analyzes the company's "technological innovation + brand internationalization + social capital integration" entrepreneurial model. The study finds that this mixed independent innovation model can enhance a company's independent innovation capacity and competitiveness, so it can occupy the market quickly. The research findings can provide something positive for SMEs in developing countries to draw on.

Key words: SMEs; Entrepreneurial model; Independent innovation; Brand internationalization; Social capital integration

体制失范、监管失灵、治理失衡与国企管理腐败

● 文炳洲

（西安科技大学管理学院　西安　710054）

【摘　要】国有企业管理腐败涉及人数多、金额大、时间长，严重损害国家利益与政府形象，破坏社会和谐，防碍民生改善。研究发现，全民所有体制滋生管理腐败，行业行政垄断加剧管理腐败，政府监管不力助长管理腐败，治理结构失衡方便管理腐败。治理国企管理腐败应从改革现行体制入手，系统设计，分步实施。短期看应加强监管，违法必究；长远看应深化改革，政企分开。

【关键词】国有企业　管理腐败　行政垄断　监管失灵　治理失衡

国有企业管理腐败指企业管理者尤其是企业高级管理者利用手中的权力获取未经委托人许可的个人私利的行为，主要有管理者自肥交易、无偿占有企业资产、贪污受贿、挪用私分企业资金等违法行为。此外，擅自进行重大决策、违规操作资产、财务造假、过度职务消费、损害职工权益等行为也属于管理腐败。按照北京师范大学中国企业家犯罪预防研究中心发布的《2012 中国企业家犯罪媒体案例分析报告》，国企高管犯罪前三大罪名依次为受贿罪、贪污罪和挪用公款罪。

1. 体制漏洞催生管理腐败

1.1　产权所有者缺位，企业控制权廉价

我国国企资产的委托人是全国人民代表大会，初始委托人为不能承担民事责任的抽象主体——全体人民。所谓国家所有就是全民所有，表现为"人人是主人，人人不关心；人人都所有，人人不负责"。"所有者缺位"导致所有者约束弱化及国有产权代表者控制权廉价。

改制后的国有公司表面上与西方公司相同，实际上并没有公司制企业的内核。正常情况下，先有董事会（资产所有者）后有董事长（法人代表，选举产生），但国有企业往往先有董事长（政府任命）后有董事会。董事会对董事长从一开始就丧失监督制衡功能，董事会权力被架空，监事会对董事会和经理人丧失监督作用。

在国外，公司董事、监事是出资人，为红利而来，他们和经理人是雇佣关系。监督者与被监督者若产生矛盾，"用脚表决"的是经理人员。董事、监事如对一个企业不满意，可以卖掉股权，转而购买另一家公司的股份，照样享受红利；股份若大，照样做董事、监事。国有企业的董事、监事没有出资，没有"剩余索取权"，做董事、监事对于他们来说是一种养家糊口的职业，需要细心呵护。在国有公司，经理

人员由政府任命，除董事长外，其余董事、监事地位实际上都比总经理低，也低于副总经理。政府在选配班子时，关键是配好正职，即董事长和总经理，其次是副职，即副董事长和副总经理，再次才是一般董事、监事。没有行政性职位的董事、监事，在国有公司里说话是不算数的。况且我国国有独资公司"董事会成员中应当有职工代表"、股份有限公司"监事会由股东代表和适当比例的公司职工代表组成，具体比例由公司章程规定"。让这种没有经济和政治地位的董事、监事对经理人员进行监督，如妨碍了经理人员利益，与经理人员发生矛盾冲突，最后失败的可能不是经理人员，而是董事、监事。经理人员尤其是总经理若与一般董事、监事发生矛盾，董事、监事若拿不出经理人员尤其是总经理违法犯罪的确凿证据，而用一般的道德标准和机会主义理由控告总经理，政府一般容忍经理人员继续任职。国有公司里的一般董事、监事同经理人员尤其是总经理比起来，相当于传统国有企业的一个中层干部，按照我国组织人事管理制度惯例，组织上一般是不会安排企业中层干部去别的单位工作的，况且现在企业中层人员的使用权在企业，政府对中层以下人员的任用一般不会干涉。企业一般人员是不能调入政府的，到其他企业重新就业也困难重重。

无论在企业内部还是在企业外部，董事、监事人员均处于劣势地位，从自利性出发，同时基于自我保护的需要，董事、监事极有可能产生道德风险和机会主义行为，而国有企业对董事、监事工作尚缺乏切实有效的监督考评机制。我国《公司法》对董事的要求是："应当遵守公司章程，忠实履行职务，维护公司利益，不得利用在公司的地位和职权为自己谋取私利。"对监事的要求是："应当依照法律，行政法规，公司章程，忠实履行监督职责。"《公司法》中对董事、监事只是纲领性地提出要忠实履行职务，怎么制约董事、监事去履行义务，怎样考核董事、监事履行义务的情况，法律上没有明确规定，实际中只能"凭良心办事"。

1.2 政企不分，产权代理人有权无责

国有公司法人治理结构具有特殊性。首先，以巩固和发展公有制为前提，职工广泛参与和监督。其次，坚持党管干部原则，"按照管理权限，依法选派、推荐国有资产产权代表和企业经营负责人"。再次，国有公司坚持党的政治领导，强调发挥党员的先锋模范作用和党组织战斗堡垒作用。最后，作为新生事物又处在"摸着石头过河"的改革阶段，允许公司治理结构参差不齐。企业替政府分忧，政府替企业决策。国有企业作为国家行政机构的附属物，把保证国家安全、维护社会稳定、纠正市场偏差、维护公平正义、保障充分就业、促进经济增长置于首位，盈利则是第二位的，有些企业甚至不追求盈利目标。在政府父爱主义(paternalism)庇护下，预算约束的软化(financial constraint budget)使得企业经营亏损或资金紧张时容易得到国家的补贴和支持。在这种自我封闭、缺少竞争压力的环境下派生的领导班子只有一个目的，即充分利用政府无偿给予的平台，合情合理地吃"最后的晚餐"。

全国政协委员陈振东分析得出，国企腐败案件有五大特点：涉案人数持续上升；涉案金额巨大；贪污受贿占主流；罪行复杂"窝案"多；垄断行业大案频出。他认为，越来越多掌握国家经济命脉、位高权重的国企及央企老总滑入腐败泥潭危害更大——身兼"准官员"和"准企业家"的双重身份，一方面很容易避开党政官员行政纪律的监督，另一方面又利用官方的"保护色"游离于市场规则的约束之外，形成巨大的"监管空洞"。

2. 行政垄断加剧管理腐败

2.1 垄断排斥公平竞争，攫取超额租金

垄断是指以单独或合谋等方式，凭借其经济优势，限制、支配他人的生产经营活动，在一定范围内限制竞争的有效开展，损害他人或社会利益的行为。垄断是官商不分的产物，不仅滋生腐败、败坏社会

风气，而且损害政府形象，故垄断经济被称为"强盗经济"。

国有垄断主要有两种模式，一是国有独资公司模式，二是国有控股公司模式。国有独资公司模式，即在原有国有企业的基础上改制成为国有独资有限公司。国有独资公司治理结构的主要特点如下：一是产权结构单一，国有独资全资；二是不设股东会，由政府代行所有者权益，股东大会的职能由政府和董事会共同行使；三是董事会、监事会成员由政府任命，经理层的人事安排也主要由政府完成；四是董事会、经理层、党委会交叉任职，几乎是"三套班子，一套人马"，监事会则在其领导之下。可见，垄断行业的国有独资公司只是设立了与公司制度相适应的机构，而协调运转、有效制衡并未实现，"形似而神不似"，实质上与公司制改革以前差别不大。国有控股模式是在公司化改革过程中，通过国有股减持的方式，向企业内部职工、社会团体和个人出售的企业股份，由单一投资主体逐渐转变为多元投资主体，但国有股仍然保持控制地位。垄断行业国有控股有限责任公司主要通过两种途径产生：一种是股本总额和向社会公开募集的股本额达到法定资本最低限额，股权结构分散，依此设立股份有限公司；另一种则是引进外资或民间资本，通过合资合作的方式成立的有限责任公司。

我国垄断行业本质是国有资本对行业的垄断和控制，是一种产权资格垄断，或者说是公权垄断。垄断行业"一股独大"，在治理上必然"一股独霸"，在绩效上往往"一股独差"，形成独资、独治、独占、独享的"四独"局面。

由于国有企业和政府有千丝万缕的联系，二者"同谋"，合法地赋予了国有企业在某些行业的行政垄断权，以政府的规章制度、命令等各种形式维持国有企业在这些行业的垄断地位，并导致国企高管角色错位。如土地矿产、资源能源、交通通信、水电油气、金融保险、医疗教育等行业，仍旧处于国有企业的垄断控制之下，资源没有进行市场化的公平分配。国有企业对经济资源的掌握和控制，使企业的管理者获得了类似于政府官员的经济控制力，从而具有了利用这种控制力进行设租和寻租的条件。而当其他市场经济主体想要获得相应经济资源时，便产生了对国企高管行贿的动机。两者结合，为国企管理腐败提供了得天独厚的土壤。

以银行业为例，2011年全行业存款增长乏力，贷款增长也很有限，但利润畸高。2012年初某银行负责人深有感触地说："我们的全年利润增长超过了80%。不瞒你说，上半年利润同比就增长了60%，下半年如果不压一压，利润高得确实都不好意思说。所以60%的利润增长还是'调控'后的数字，结余部分留待今年初来继续调控，现在想少赚钱都不容易。"显然，"利润高得不好意思说"、"想少赚钱都不容易"的银行业，逾万亿元的利润并不仰仗自身经营管理水平高、创新能力强。牌照垄断、行政性定价形成利差保护及体系内外价格双轨制的共同作用，使银行业的议价"说一不二"，利润创历史新高。同样，纵观近年评选的效益最佳国企不难发现，其赢利模式要么"卖身"（卖资产）要么"卖血"（卖资源），所谓骄人业绩主要源于产品或服务的行政垄断，与领导者能力及企业创新能力关系不大。

借助市场垄断地位，既可以减少经营管理的压力，又可以显示出优异的业绩，合法地获得个人收益甚至是超额收益的增长。政企合一体制下企业盈利目标和政府公共服务目标在垄断性行业被混在一起，使国有资产监管部门难以有效监管。长期垄断还会挤压政府调控能力，造成经济结构失衡。国有企业行政性垄断是一种腐败行为，垄断性行业的高利润在很大程度上是侵蚀了其相关上下游生产行业用户和直接消费者的利益得到的，行政性垄断造成了社会福利和消费者利益的净损失。国有企业的高额利润并没有上缴，上万亿元利润又成为我国近年投资率过高的一个原因。行政性垄断行业的国有企业的投资行为，在一定程度上削弱了政府宏观调控的有效性。

2.2 垄断破坏社会正义，加剧贫富差距

纵观连续4年的企业家犯罪报告，八九成以上国企领导的犯罪集中在贪腐方面。其中，很多企业家出

自垄断性行业，"一个人垄断大的经济活动"。这些国企领导，既拥有独一无二的生产资源，又享有国家的政策扶持；既有一定的行政级别，又没有纯行政官员那么多的制度约束。如此种种，一旦涉案，必定是天文数字。

吴敬琏（2010）在《中国贫富差别扩大的首要原因是腐败和垄断，根子在政治体制》一文中写道："现在中国也存在另一个怪圈：权贵们太厉害、太霸道了，于是，一些人就支持加强政府的强力控制，想以此来遏制权贵。殊不知政府的行政力量越强大，寻租的机会就越多，到头来还是加强了权贵量。所谓垄断能迅速壮大国力根本是子虚乌有的事，反而在现有体制下，因为缺少有效监管。垄断实实在在是损害了广大人民群众的切身利益。这也是现在贫富差距越来越大的根本原因，不同企业之间的工资收入竟然相差几十倍，国企普通员工和领导工资收入甚至相差几百倍等现象比比皆是。"与民营企业"利润侵蚀工资"不同，国有企业的"工资侵蚀利润"触目惊心。

长期以来，在政府垄断经营的体制下，一方面一些行业被当作公益性产品对待，价格偏低；另一方面部分行业价格偏高，原因是成本中存在大量的不合理因素。一些不该计入的费用计入了成本，包括行业的高工资。按就业人员平均劳动报酬计算，2008 年全国各行业平均值为 28898 元，电信行业为 45745 元，航空运输业为 76331 元，石油和天然气开采业为 45712 元，远远高于全国各行业平均水平，存在成本偏高成分。正因为成本偏高，才导致价格扭曲，资源错配现象严重。人力与社会保障部劳动工资研究所发布的数据显示，我国收入最高和最低行业的差距已扩大到 15 倍，而这种差距约 1/3 是垄断因素造成的。根据北京师范大学发布的《2011 中国上市公司高管薪酬指数报告》，2007—2010 年，中石油公开的管理层人均薪酬分别是 96.29 万元、89.23 万元、86.18 万元和 110.22 万元。在这样的"重赏"下，业绩却差强人意，企业实际营业利润率逐年分别为 8.90%、7.46%、7.38% 和 2.50%。报告认为其收入和业绩不成正比。

改革开放以来，我国产业格局虽有变化但成效不大。联合国《1996 年人类发展报告》列出五种有增长而无发展的状况：无工作的增长、无声的增长、无情的增长、无根的增长以及无未来的增长。"五无"状况在中国表现得较为严重，而垄断行业的长期存在无疑加剧了这种状况。

参加 2012 年"两会"的许多人大代表、政协委员表示，像中石油中石化这样的垄断国企，卖的是国家的资源，赚的钱应该让全国人民受益，而不是揣入自己的腰包。"他们实际上是在利用国家的资源、利用人民赋予他们的权力给自己谋私利。这于情于理都不能接受，也引发强烈的社会不满。"

琼斯·鲁道夫（Jones Rudolph）指出："垄断者提供的只是平淡的生活、低劣的质量以及不文明的服务。"垄断创造超额利润。垄断不仅阻挠公平竞争和创新，而且亵渎法律和正义，剥夺公民正常的福利。面对去年冬季以来笼罩全国的雾霾天气，专家指出其根源之一在于我国汽车用油长期不达标，"两桶油"是元凶。中国移动用户抱怨，从国内打国际长途单位话费比从第三国通过国际漫游向同样目的地通话的单位话费高出近两倍。所以，落实国民待遇、建设一个公正的资源供给体系迫在眉睫。

3. 监管弱化助长管理腐败

3.1 监管缺乏独立性，难有作为

近年来，关于国企高管携巨款外逃或突然人间蒸发的报道不绝于耳。按照北京师范大学中国企业家犯罪预防研究中心发布的《2012 中国企业家犯罪媒体案例分析报告》，国企高管头三宗罪依次是受贿罪、贪污罪及挪用公款罪。受贿罪，在 39 例涉及该罪的企业家犯罪案件中，32 例报道涉及了犯罪所得。其中，犯罪所得最少的为 8 万元，最多为 4747.99 万元，犯罪所得金额共计 20311.7984 万元。贪污罪，在

24 例涉及贪污罪的企业家犯罪案件中，22 例案件报道涉及了犯罪企业家的犯罪所得。在 22 例案件中，犯罪所得最少的是 3.98 万元，最多为 6500 万元，犯罪所得金额共计 26743.8630 万元。挪用公款罪，在 8 例涉嫌挪用公款罪的案件中，8 例案件都提及了涉案金额，其中涉案金额最小为 10 万元，最大为 6500 万元。加拿大温哥华、多伦多、蒙特利尔等城市成为国内腐败分子公认的移民天堂。

首先，每一桩国企腐败案背后牵扯的利益关系特别是政商关系都错综复杂。由于现阶段政府与市场的边界不够清晰，政府部门或地方政府直接掌握和控制着土地、矿产资源、税收优惠、行业准入、公共基础设施建设等一系列重要经济资源与制度资源，企业家经营活动对政府权力的依赖，导致官商伴生犯罪高发。其次，国企高管通常拥有令人敬畏的光环和社会地位。在 2012 年度 107 例国企高管犯罪或涉嫌犯罪的案件中，至少有 11 位企业家获得过很高的政治地位或荣誉。一旦立案调查，前期"扫清障碍"就耗时费力，"热闹开场，悄然结束"也就不足为怪了。2012 年 4 月 5 日，国务院发展研究中心企业所副所长张文魁接受《华夏时报》专访时说，利益格局的固化和先天的政商连接，潜藏着巨大的道德风险，最后要么通过国家动用行政力量排斥竞争来维持生存，要么通过国家动用公共资源来救助。所以国企对于国民的意义就是，它们赚钱的时候与你无关，它们亏本的时候要你输血。这显然有悖于建设社会主义和谐社会的理想。

3.2 监管者被利益俘获，得过且过

俘获理论（capture theory）指出，本来以规制某种产业为目的而建立起来的规制机构最后会被某种产业自身所俘获，这意味着规制增加了产业利润而不是社会福利。这一理论从另一个侧面揭示了国企管理腐败有禁不止的根源。

显然，面对国企高管腐败蔓延的现实，政府监管部门作而不为难咎其责，但背后的制度性弊端也发人深省。首先，与国际通行的"高薪养廉"相比，国企监管者收入远远低于监管对象，导致监管者心理失衡。其次，就双方地位而言，监管者好比"饲养员"，监管对象好比"猪"。"猪"要想不被宰杀，只有取悦"饲养员"，"听话""守规"。再次，按照监工理论，当被监督者给予监工的"好处"远远大于监工本身的收益时，容易助长监工的道德风险——更倾向于选择"比较收益"。况且，监管虽然增加了社会整体福利，但与监管者个人利益并无直接关系。"损失是国家的，收益是个人的。"于是，尊重人性、换位思考、利益共享成为彼此心照不宣的"潜规则"。调研发现，国有资产监督管理部门对国企高管的考评标准是双方反复协商甚至妥协的产物。当国有资产监督管理部门年初确定薪酬时，国企高管自信满满，豪气冲天，对经营指标大夸海口，力保高薪只升不降。而当岁末绩效考评时，国企领导又以"指标过高、负担过重、困难过大"为借口，要求降低标准，考核达标。这种博弈每年都在上演，几乎成了固定套路。而且，由于国企腐败案件错综复杂，督办人员深受"问题不明决心大，问题一明没办法"之苦，多一事不如少一事，见好就收成为明智抉择。如此反复，给许多国企领导以"暗示"：犯罪成本很低，"不贪白不贪，贪了也白贪"。

全国政协委员陈振东提议推行国有企业负责人经济责任审计制度和国企负责人收入财产申报制度，国企负责人必须公开招聘、竞争上岗、公示评议。同时，深化党政分离，取消行政级别待遇制度；加强培育国企老总廉洁职业观，依法严惩国企贪腐高管。

4. 治理失衡方便管理腐败

4.1 治理结构畸形，权力约束弱化

公司治理结构（corporate governance）是现代公司企业最基本的组织特征，是关于公司股东、董事、经

理及监事(或所有者、经营者及监督者)各方权利与义务关系的制度性安排。其本质是建立一种既相互依托又相互制衡的机制,确保公司能够存在并稳定发展。

公司治理的重要性在于:一可最大化地激励投资者并使投资升值,同时使无效的"寻权"活动最小化;二可最小化事后讨价还价的无效率;三可最小化治理风险。有效的公司治理结构是最适合公司发展、能促成公司价值最大化的治理架构,是对投资者的公开承诺。在一个科学的国企法人治理结构中,合理而有效的制约机制及其作用的发挥,应产生三个效果:企业决策的合理倾向、企业经营的合理行为、职工对企业利益的合理要求。

国企治理结构畸形表现在治理结构失衡、董事会徒有虚名以及内部人控制严重。

现行体制没有确立董事会在公司经营管理中的中心地位。在股东大会、董事会和监事会这三个机构的关系上,究竟是层层隶属关系,还是彼此相互制约关系,这是设计公司治理结构的一个基础性问题。在我国,国企法定代表人大权独揽,无所不能。法律规定法定代表人由董事长1人担任、董事长可以兼任公司总经理,这使得董事会的权力、公司经营管理的权力集中于法定代表人一身。这种设计为个人独断专行、侵占公司资产和利益、损害股东权益大开方便之门。《公司法》还规定,公司董事会可以授权董事长行使董事会的部分权力,这等于说董事长在一定情况下就是董事会,导致董事会家庭化,董事长就是家长。这种权力结构既不能激发活力、推动创新,又不能互相制衡、促成廉洁。

董事会、经理层乃至党委会交叉任职,成员几乎由同一群体构成,也不符合公司制度的基本原则。同时,监事会由党委副书记、工会主席、财务负责人、职工代表组成,处于董事会领导之下;再加上董事会行使股东会部分职权,由此形成了国有独资企业公司治理结构的独特现象,即在政府授权的条件下,"自己聘任自己,自己监督自己,自己审议自己"。

徒有虚名的法人治理结构难以实现对企业家的监督,给企业家犯罪提供了制度空间。研究2012年企业家犯罪报告收集的贪污侵占案件发现,企业家的权力范围包括财务管理、人事管理及行政管理,但在企业内部没有任何的约束,"一把手"监督失控的现象普遍存在,其贪污侵占行为的实施几乎没有任何障碍。

国企高管对自身作为国有资产管理者角色的错误认识,将委托其管理的国有企业当作个人谋取私利的工具。由于国有体制中固有的产权问题和委托代理关系,高管利益可能与企业利益不一致,国企高管利用其对国企的实际控制权,谋取个人利益,实际上是将国家利益变相私有化。"决策一言堂,办事一挥手,用人一句话,花钱一支笔。""上项目时拍脑袋,要资金时拍胸脯,遇到反对时拍桌子,投资失败时拍屁股。"中国民营经济研究会会长保育钧在出席2012年度博鳌论坛时指出:"现在的国有企业没有成为真正的国企,而是少数人控制的企业,和老百姓没有关系。"所以,那些把国企视为民族工业化身或参与国际竞争主体的观点是片面的。

4.2 不良风气蔓延,漠视管理腐败

企业高管腐败存在补偿心理、侥幸心理以及从众心理。部分高管认为自己对企业有付出,正当的工资收入仅能够维持正常的消费水平,无法与其所处的地位相匹配,只有靠一定程度的灰色收入才能得到补偿。受此心理支配,将各种灰色收入视为正常的和不可避免的。侥幸心理指个体明明知道行为本身是属于违法乱纪的,并且一旦败露将受到严厉的制裁,但仍然寄希望于侥幸过关而不被发现。侥幸心理的产生,主要源于三种情况:一是在过往经历中,有过违法行为却未被发现;二是周围群体中有违法行为而未被惩处,形成一定的逆向激励;三是其职权的合法性可以掩盖其违法行为。而从众心理是受外部环境特别是社会不良风气的影响,有些并无腐败意向的人也堕落腐败。耳濡目染,部分人诚信经营的信念

动摇，转而透支信用资源，迷恋行业"潜规则"，企业家精神日渐稀缺。

社会不良风气对管理腐败有推波助澜的作用。发展市场经济，打破旧规的同时新规尚未健全，形成一定的"规则断层"，使社会陷入阶段性迷失。由于对商品经济缺乏全面认知，资本主义消极的东西乘虚而入，金钱至上、唯利是图的不良风气大肆蔓延，信仰缺失、道德滑坡、伦理失范愈演愈烈。美国"中国通"龙安志（Laurence J. Brahm）认为："中国已从意识形态主宰一切、不存在任何物质主义的状态转变为物质至上、不讲意识形态和价值观的状态。"为了金钱，一些人不择手段，铤而走险。造假贩假、坑蒙拐骗、渎职犯罪屡见不鲜。虽然官场腐败猖獗，但由于惩治不力，民众"有看法，没办法"，只好事不关己，高高挂起，抑或感叹自己"时运不济"。长此以往，权力腐败愈演愈烈，民众对腐败熟视无睹。查阅2012年度企业家犯罪报告发现，国企高管犯罪案发原因主要是相关机构介入调查，而民企案发的最主要原因是被害人报案。于是，虽然政府每年都在加大反腐工作力度，但查处的案件还是呈现"三多"：腐败官员数量多，涉案金额多，高级领导干部多。许多企业家或政府官员在捞足资本后悄然移民海外，享受富足生活，为其他腐败分子树立了"榜样"。要想遏制腐败，挽回社会诚信，必须建立健全法律法规、严格执法，提高违法成本，而不能主要靠道德约束。

5. 结语

国企管理腐败既影响企业健康发展，也损害党和政府形象。十八大之后，我国经济社会进入新的历史时期，党和政府加大了反腐倡廉工作力度。针对国企腐败案件易发多发的严峻形势，河南省委曾下发《关于进一步加强和改进国有及国有控股企业反腐倡廉建设的若干意见》，完善国企防治腐败体系。主要内容包括：国企领导必须向职工公开薪酬和职务消费情况，不得自定薪酬、兼职取酬、参与下属企业分配、下挂薪酬分配关系及滥发补贴、津贴、奖金。不得入股关联企业，退休3年内不得参加与原企业经营业务相关的经营活动。国企领导的薪酬和职务消费情况必须向职工公开，要将职务消费预算纳入企业年度预算，并作为经济责任审计和企业内部审计的重要内容。领导不得超预算消费，不得将履行工作职责以外的费用列入职务消费。不得违规购买或更换小汽车、公务包机、装修办公室、添置高档办公设备，不得违规使用信用卡、签单等形式进行职务消费。同时，国企领导在任和离任前必须接受审计。

综上所述，治理国企管理腐败，一要建章立制，强化监督，违法必究；二要深化改革，政企分开，公平竞争。

（作者电子邮箱：wbz@mail.xjtu.edu.cn）

◎ 参考文献

[1] Andy Xie. 对中国经济与商业的调查与评论[R]. 经济学家，2004，3(20).

[2] 北京师范大学中国企业家犯罪预防研究中心. 中国企业家犯罪媒体案例分析报告[R]. 法制日报，2013，1(21).

[3] 陈新英，文炳洲. 治理结构、价值创造与市场信用[J]. 宁夏社会科学，2006，5.

[4] 郭锋. 投资者权益与公司治理——为投资者的权利而斗争[M]. 北京：经济科学出版社，2003.

[5] 国伟. 国有企业经理道德风险程度的决定因素[J]. 经济研究，1999，2.

[6]过勇，胡鞍钢. 行政垄断、寻租与腐败——转型经济的腐败机理分析[J]. 经济社会体制比较，2003，2.

[7]胡鞍钢. 中国：挑战腐败[M]. 杭州：浙江人民出版社，2001.

[8]胡鞍钢，过勇. 从垄断市场到竞争市场：深刻的社会变革[J]. 改革，2002，1.

[9]何增科. 中国转型期腐败与反腐败问题研究（上）[J]. 经济社会体制比较，2003，2.

[10]侯觉非，韩龙. 我国反腐败工作的现状和进展[J]. 经济社会体制比较，2006，2..

[11]黄群慧. 管理腐败新特征与国有企业改革新阶段[J]. 中国工业经济，2006，11.

[12]李成言，刘庄振. 廉政发展[M]. 北京：北京大学出版社，2004.

[13]李伟，徐亮. 试论国有企业改革进程中的反腐败问题[J]. 大视野，2008，10.

[14]刘宁，陶学禹. 国有企业经营者管理腐败问题研究[J]. 管理现代化，1999，02.

[15]刘炳旭. 遏制国有企业腐败需要监督和惩治双管齐下[J]. 中共山西省委党校学报，2008，01.

[16]洛伊宁格尔. 第三只眼睛看中国[M]. 太原：山西人民出版社，1993.

[17]倪子靖，史晋川. 规制俘获理论述评[J]. 浙江社会科学，2009，5.

[18]倪星. 腐败与反腐败的经济学研究[M]. 北京：中国社会科学出版社，2004.

[19]乔尔·赫尔曼. 转型经济中对抗政府俘获和行政腐败的策略[J]. 叶谦，译. 经济社会体制比较，2009，2.

[20]钱小虎. 国有企业改制中的腐败问题研究[D]. 复旦大学硕士学位论文，2008，4.

[21]曲亮，任国良. 高管政治关系对国有企业绩效的影响[J]. 经济管理，2012，1.

[22]吴敬琏. 中国贫富差别扩大的首要原因是腐败和垄断，根子在政治体制[J]. 中国改革，2010，11.

[23]文炳洲，牛振喜. 国有企业改革的理论与实践——对28年国有企业改革的反思[J]. 开发研究，2007，1.

[24]文炳洲，虞青松. 薪酬管制、在职消费与控制权收益综述及其引申[J]. 改革，2006，6.

[25]王荣利. 年度中国企业家犯罪案例报告[R]. 法人，2013，1.

[26]项兵. 公司治理结构：中国的实践与美国的经验[M]. 北京：中国人民大学出版社，2002.

[27]叶国平. 职务犯罪案为何高发？边缘腐败存在十种表现[J]. 瞭望，2003，38.

[28]杨瑞龙. 企业理论：现代观点[M]. 北京：中国人民大学出版社，2005.

[29]郑旭. 美国公司管理层的腐败问题与启示[J]. 现代经济探讨，2003，4.

[30]张维迎. 企业的企业家—契约理论[M]. 上海：上海三联书店，上海人民出版社，1995.

[31]张维迎. 企业理论与中国企业改革[M]. 北京：北京大学出版社，1999.

[32]中国社会科学院社会学研究所. 中国社会心态研究报告2012—2013[R]. 北京：社会科学文献出版社，2013.

[33]Coase，R. H.. The problem of social cost[J]. *Journal of Law and Economics*，1960，10.

[34]David，N. g.. The impact of corruption on financial markets[J]. *Managerial Finance*，2006，32（10）.

[35]Demsetz，H.. Toward a theory of property rights[J]. *American Economic Review*，1967，5.

[36]Donald E. Campbell. *Incentives：Motivation and the economics of information*[M]. Cambridge：Cambridge University Press，1995.

[37]Shleifer，A.，and Vishny，R.. A survey of corporate governance[J]. *Journal of Finance*，1997，2.

[38]Weber，and Max. *The theory of social and economic organization*[M]. Parsons. Glencoe：Free Press，1947.

Institution Anomaly, Regulation Failure, Governance
Imbalance and the Management Corruption of State-owned Enterprises

Wen Bingzhou

(School of management of Xi'an University of Science and Technology, Xi'an, 710054)

Abstract: The state-owned enterprises' management corruption damages national interests and the government's image, obstructs social harmony and people's livelihood. There are many factors involved in the management corruption, such as the economic system, industry monopoly, regulation failure, governance imbalance, etc. In order to govern the management corruption, the government should reform the current system and strengthen supervision in a short-term, and government functions should be separated from enterprise management for a long-term.

Key words: State-owned enterprises; Management corruption; Administrative monopoly; Regulation failure; Governance imbalance

珞珈管理评论［2013 年卷 第 1 辑（总第 12 辑）］　　　　　Luojia Management Review No. 1, 2013（Sum. 12）

公司内部利益攫取与 R&D 投资强度的研究述评[*]

● 彭中文[1,2]　熊炬成[3]　李 力[4]

（1，3，4 哈尔滨工业大学深圳研究生院　深圳　518055；2 湘潭大学商学院　湘潭　411105）

【摘　要】本文梳理了国外有关公司内部利益攫取与 R&D 投资的最新研究文献，首先分析了利益攫取的内涵及其对 R&D 投资影响研究的起源；然后分别研究了大股东和高管的利益攫取对公司 R&D 投资强度的影响，包括大股东持股比例、终极控制者的性质、高管的年龄与任期、股权激励等影响因素，得出一些相关结论；最后针对该领域现有研究存在的局限性，指出进一步的研究方向。

【关键词】利益攫取　大股东　高管　R&D 投资

1. 利益攫取的内涵及其对 R&D 投资影响研究的起源

现代公司治理的基本目标是保护投资者利益，而保护投资者利益的核心就是防止内部人（大股东和高管）对外部投资者（股东和债权人）的"掠夺"。利益攫取的内涵源于公司委托代理问题，公司内部的利益攫取行为主要分为大股东对中小股东的利益攫取行为、高管对所有者的利益攫取行为（Shleifer，1997；LLSV，1999，2000）。大股东利益攫取通常表现为两种形式：一种形式是大股东通过自我交易从公司直接转移资源，如直接的偷窃和舞弊、利己的资产销售价格和各种合同的签订；另一种形式是控制股东可以不必从企业转移资产而增加自身对企业的所有权，如通过发行股票稀释其他股东权益、冻结少数股权、渐进的收购等各种财务交易行为（Shleifer 等，1997）。高管利益攫取通常也表现为两种形式：一种形式是通过出卖公司的商业秘密或内部信息进行外部交易，换取私人收益；另一种形式是直接控制公司资源的用途，将有效的资源投入到能增加企业当期绩效的短期投资项目中，而不是长期的 R&D 投资项目等。公司高管在不具有公司剩余价值索取权的情况下，经常会利用自身职务之便谋取私利。因此，利益攫取是指公司大股东或高管利用自身对公司的实际控制力，通过各种合法或非法的方式从公司转移资产和利润以谋取私利的行为，主要包括直接的资源攫取和股份收益权的非公平转移，这种行为是对企业相关主体的利益攫取。产生上述利益攫取行为的主要原因在于公司治理中所有者的缺位或公司管理者控制权与剩余价值索取权的不匹配、大股东控制权私有收益与获取成本的不对称、缺乏有效的内部监管机制等。

---

　*　本文为国家自然科学基金项目"基于学习成本的技术学习战略研究：路径、方式与产业选择"（项目批准号：71103154）和博士后基金项目"知识整合与创新绩效：高端装备制造企业创新网络研究"（项目批准号：2012M511452）的阶段性成果。

最早关于公司内部利益攫取对 R&D 投资产生影响的研究文献来源于 Jensen 和 Meckling(1976)的解释股权结构如何影响公司价值的文章，他们指出高管由于利益攫取动机的影响，倾向于增加有利于提高当期公司绩效的短期投资，而减少投资期长、风险大的 R&D 投资；同时提出高管持股可以弱化其利益攫取动机。高管出于对自身利益的追求，会尽可能地在自身任期内，或退休前采取更多的利益攫取行为。Hill 和 Snell(1988)研究指出，出于对自身利益的考虑，高管通常属于风险规避者，对于高风险性 R&D 投资决策持保守态度，在利益攫取动机面前，他们倾向于减少 R&D 投资。早期的研究多是从行为理论的角度来研究高管利益攫取动机如何通过年龄、任期、风险偏好等个人特质对公司 R&D 投入产生影响的，缺乏有效的实证研究基础。研究公司内部的利益攫取行为对 R&D 投资强度的影响，有利于公司采取有效的措施来监督和规范公司大股东和经营者的经营决策行为，在保证公司整体利益的基础上，对利益攫取行为进行监管和控制是实现公司有效管理的关键。

2. 大股东利益攫取与公司 R&D 投资强度

公司的大股东和终极控制人不同于一般的中小股东，他们由于持有绝对优势的公司股份而获得了对公司的控制权，这种控制权使得他们能够对公司各种资源的配置具有直接的决策权，决定其直接用途，但成本却由所有股东承担。在利益攫取动机之下，公司大股东的持股比例以及大股东的类型差异都会对公司 R&D 投资决策产生不同的影响。

2.1 大股东持股比例、利益攫取与公司 R&D 投资强度

当大股东控制了公司的实际运营权，获得了以低成本攫取高额私人收益的可能性时，更倾向于将公司资金用于扩大公司控制性资产的投资中，从而获得不为中小股东所共享的私有收益(Shleifer 和 Vishny，1997)。大股东的存在可以加强对公司经营者的监督，但是由于各大股东之间利益的差异，其经营决策也可能出于对自身私利的考虑，尤其是在 R&D 投入方面的决策①。随着公司大股东持股比例的增加，大股东与中小股东之间的利益趋于一致，因为私有收益成本的大部分由控股股东承担，所以能减少大股东的利益攫取行为，此时大股东会将重点放在公司经营方面而不是自身私利的攫取，会更加重视有利于公司长远发展的投资决策(Lee 和 O'neill，2003)；另一方面，大股东持股比例的增加，也可以促进大股东对公司管理层的监管，减少管理层利益攫取行为的产生；同时大股东会更加关注公司的长期回报，有利于克服管理层的短视行为，促使他们更加倾向于增加公司的 R&D 投入(Hosono 等，2004；Van，2009)。然而，也有学者认为大股东持股比例的增加，使其更有动机利用所有权与现金流权的分离以及自己的控制力来转移公司资源，从而获取私人收益(Baysinger，2001；Yafeh 和 Yosha，2005)。

家族式企业股权结构具有与一般上市公司不同的特征，其股权结构对 R&D 投资强度的影响越来越受到学者们的关注。有学者发现随着家族对公司持股比例的增加，由于家族内部目标的分歧，各种利益攫取行为会增加，公司 R&D 投资强度下降(Chen，2009；Block，2012；Ronald 等，2012)。

2.2 终极控制人性质、利益攫取与公司 R&D 投资强度

终极控制人概念的首次提出源于 La Porta 等(1999)的研究，他们通过对公司单个股东持股份比例进行分析，发现现代公司多以股权集中形式存在，在金字塔的股权结构中存在最终控制人。在有关国有公司

---

① Johnson, S., La Porta, R., Lopez de Silanes, F., and Shleifer, A. A.. Tunneling [J]. *American Economic Review Papers and Proceedings*, 2000, 90(5): 22-27.

与民营公司的 R&D 投入方面的研究中，学者们发现国有企业的实际控制权在官员手中，由于官员不具有分享公司红利的权利，所以相比于提升公司价值的高风险性且投资周期较长的 R&D 投资而言，他们更加注重自身的政治目标的实现与经济利益的获取，但来自政府的 R&D 投资补助却会使国有企业的 R&D 投资增加；而民营企业的管理者没有政治目标与经济利益这些顾虑，他们更多地关注公司长期竞争力的提高和利润的最大化，倾向于增加公司的 R&D 投入（Shleifer 和 Vishny，1997）。另一方面，政府作为控股股东有利于其加强对公司经营者利益攫取行为的监督，能在一定程度上减轻利益攫取对公司 R&D 投资的挤占①。

在机构持股和个人持股方面，Bushee（1998）从公司控制人利益攫取角度分析了机构持股对公司 R&D 投入的影响，指出当机构持股者持股比例越高时，其越有动力引导公司经营者降低 R&D 投资强度，选择那些周期短、收益更快更稳定的投资项目。但也有学者认为，公司大股东为机构持股对公司的 R&D 投入具有正面的影响，机构持股方通过提供有效的管理监督的方式来直接影响公司 R&D 投资决策（Harley 和 Roy，2002；Wahal，2008）。当控股股东为银行机构时，一些学者认为银行会加强对公司经营的干预和控制，反而导致管理者采取更强烈的利益攫取行为，减少 R&D 投入（Blass，Yafeh 和 Yosha，1998）。Tribo 等（2007）对西班牙 3638 个公司进行实证研究指出，当大股东是银行机构时，对 R&D 投资有负面影响；当大股东是非金融类机构时，对 R&D 投资有正面影响。一些学者认为，个人持股与公司 R&D 投资关系并不显著，也就是说个人持股对公司 R&D 投资决策的影响不大（Baysinger，Kosnik 和 Turk，1991；Tribo 等，2007），但 Hill 和 Snell（2001）研究认为个人持股比例与公司的 R&D 支出成高度的正相关性。

针对公司大股东持股比例和终极控制股东的不同类型，应采用不同的激励方式、监管机制促使控股股东减少利益攫取行为，增加有利于公司长期发展的 R&D 投资，从而提高公司整体价值。

3. 高管利益攫取与公司 R&D 投资强度

在经营权和所有权分离的现代公司中，管理者被认为是短视的，他们更多地从自身利益而不是公司长远利益出发。通常而言，公司 R&D 投资是一项资金投入大、回收期长且风险较高的投资项目，若投资失败会对公司短期经营业绩造成直接的不利影响，公司高管可能面临被董事会解聘的危险，因此他们不愿意投资长期且高风险的 R&D 投资项目。

3.1 高管年龄和任期、利益攫取与公司 R&D 投资强度

由于任期或年龄的限制，高管在利益追求方面与公司股东是不一样的。对于高管自身来说，他们比较关心其任期内项目投资所带来的绩效提高，从而为自己谋取高额报酬。由于年龄的增长，高管体力和精力有限，会相应地增加利益攫取活动，倾向于将资金用于能提升短期经营绩效的固定资产投资，减少用于 R&D 项目的资金，尤其是当高管临近退休时，这种短视行为会更加明显，即高管的年龄与公司的 R&D 投资强度成负相关关系（Child，1974；Dechow 和 Sloan，1991；Leonard，2002）。但也有学者认为随着高管年龄的增加，他们对个人私利的攫取会慢慢减少，而注重通过提高企业价值来维护自身名誉，相应地增加公司 R&D 投入。高管任期的长短会影响其利益攫取行为的频率，引起公司 R&D 投资强度的变化。当高管的任期较短时，他们热衷于在任期内提高公司的当期效益来获取自身的高额报酬，增加利益攫取行为来谋取私利，相应减少公司长期的 R&D 投资；而当高管的任期较长时，其利益攫取行为会有所

---

① Boutchkova, M., and Megginson, W.. Privatization and the rise of global capital markets[J]. *Financial Management*, 2000, 29(6): 31-76.

放缓，对 R&D 投资的负面影响有所降低，但是由于过长的任期会导致高管对工作逐渐失去新鲜感，对公司外部环境的变化缺乏敏感度，投资疲软而不利于公司 R&D 投资的增加（Bushee，2002；Barker，Muller，2002）。Mezghanni（2010）以法国公司为例，高管的任期和年龄与 R&D 投资存在"∩"形关系，即任期和年龄在某个临界点前，高管倾向于增加 R&D 投资来增加公司整体收益；但过了该临界点后，其利益攫取动机进一步加强，将减少公司的 R&D 支出。Cazier（2011）通过实证研究指出年长的 CEO 倾向于减少 R&D 投资，但是对于同一个 CEO，在其接近任期时并没有削减 R&D 投资；同时指出，R&D 密集型行业的企业倾向于聘请年轻的 CEO 以克服 CEO 年龄对 R&D 投资的负向影响。

高管的年龄与任期长短都会影响其利益攫取动机的强弱，进而影响公司 R&D 投资强度。频繁更换高管或长期不更换高管都会对其利益攫取动机产生一定的影响，最终影响高管对于 R&D 投资的积极性，不利于公司 R&D 投入的增加，将对公司的长期稳定发展产生负面影响。

3.2 高管股权激励、利益攫取与公司 R&D 投资强度

现代公司中，高管的报酬通常是工资加奖金的短期激励方式，他们不拥有公司剩余价值的最终索取权，而公司 R&D 投资带来的长远收益归全体股东所有，这严重影响了高管从事 R&D 投资的积极性。Murphy（1990）、Barker（2004）、Coles 等（2006）认为给予高管一定的股份是减少其利益攫取行为的有效方式，高管所持股份越多，其利益与公司利益越一致，对提高公司长远利益的责任感也就越强，他们也就更加愿意进行 R&D 等风险性项目投资。

高管持股类型不同对公司 R&D 投资同样具有不同的影响。高管持股主要有限制性股票、纯股票和股票期权等多种方式。前两者遵循收益共享、风险共担的原则，将高管的收益与公司全体股东的收益联系起来，一方面制约了其攫取私利的倾向，另一方面也使其投资决策相对保守，将对公司的 R&D 投资产生负面影响；而对于股票期权方式，高管不用担心个人风险的问题，他会重视公司价值的远期提升，更加倾向于风险型 R&D 项目投资（Ryan 和 Wiggins，2002；Wu 和 Tu，2006，2007）。在解决公司高管利益攫取问题方面，增加对高管的股权激励是非常有效的手段，但应注意不同类型的股权激励方式对公司 R&D 投入强度的激励作用是不一样的。Dong 和 Gou（2010）对制造业公司进行实证研究发现，随着公司高管持股数量的增加，公司 R&D 投资强度在开始的时候会降低，然后沿着一个倒抛物线形状增加；随着公司治理和股权激励计划的进一步改进以及长期股票投资者数量的增加，最终可能提升公司整体创新能力。Eric（2010）研究指出，报酬支付程度会影响 CEO 对公司 R&D 投资的决策，在研发投入大的产业中，CEO 的报酬一般相对较少。此外，与所有者为 CEO 的公司相比，外聘 CEO 的薪酬由于相对较少，其利益攫取动机会更加强，导致公司 R&D 支出的减少。Driver 等（2012）以英国大型企业为样本，通过实证研究指出，CEO 所持股份越大的公司，R&D 投资也越大，CEO 持股数达到 1% 这个临界值时表现出更加积极的促进作用，股权激励能够有效提高 CEO 独立和自主所带来 R&D 投资。

总之，公司高管是否持股以及持股比例大小都将影响其利益攫取行为，对公司的 R&D 投资强度产生重要影响。因此，有必要给予高管一定的股权激励，将其报酬与公司长期利益联系起来，以克服高管规避投资风险的短视行为，合理安排股东与公司高管之间的股权配置是保证公司有效进行 R&D 投资、提升公司价值的必要手段。

4. 小结及未来研究展望

在现代公司治理中，大股东和高管的利益攫取行为严重影响公司长期稳定发展。我们梳理了大股东与高管两方面的利益攫取行为与公司 R&D 投资强度之间关系的相关研究文献，得出以下结论：

第一，公司大股东的持股比例会对其是否采取利益攫取行为产生影响。当利益攫取收益大于成本时，大股东就会加强私人利益的攫取，而减少公司的 R&D 投资；反之，则增加 R&D 投资。

第二，国有公司的管理者会出于自身政治利益和经济利益的考虑而减少公司 R&D 投资，但政府的 R&D 投资补贴会对公司 R&D 投资产生正面影响；而民营公司在 R&D 投资方面动力更足一些。

第三，机构持股者可能更关注投资公司的长远发展，注重对公司决策的监管，攫取私利的动机相对较小，对公司 R&D 投资有正面的影响。但如果银行等金融机构持股会将自身投入资金的回收期看得更重，注重短期内的收益和私利的攫取，减少较长期且风险大的 R&D 投资。

第四，高管会从自身年龄和任期来考虑自身利益攫取行为。随着高管年龄的增大，其利益攫取行为可能增加也可能减少；高管的任期过短或过长都有可能导致其利益攫取行为的增加，不利于公司 R&D 投资的增长。

第五，高管持股能有效地将高管个人收益与公司收益统一起来，一定程度上弱化其攫取私利的动机，促进公司 R&D 投入的增加。

大股东和高管攫取私利的方式有很多，控制公司 R&D 投资强度就是一种有效的方式，他们通过减少 R&D 投资行为来最大化自身的利益，不断地侵占公司利益相关者的收益。若要有效解决以上问题，就需要加强对公司大股东和高管的外部监督，同时通过有效的内部激励机制来统一公司大股东与中小股东、所有者与高管的利益目标，如有效安排公司股权结构，完善公司高管的选拔机制，调整高管的年龄结构与任期，给予高管一定的股权激励等，通过这种内、外结合的管理机制，有效地防止利益攫取行为的发生。

与发达国家相比，我国上市公司 R&D 投资强度和研发水平普遍偏低，同时我国政府对上市公司的管理和公司内部治理机制还不够完善，公司大股东和高管的利益攫取行为也比较严重，利益攫取与上市公司 R&D 投资强度以及如何防范及监管公司大股东和高管利益攫取行为等方面的研究是我国学者未来研究的一个重要课题。现有的理论研究还没有形成一致的结论，在很多方面甚至完全相悖；同时数据的获取、来源以及企业类型不同可能导致实证研究出现不一样的结果。今后的研究应注重理论与实证的结合，在理论方面进行更加细致深入研究的同时，注意对我国上市公司类型进行细分，在实证研究中更加注重所获得数据的准确性，采用更有效的研究方法来克服样本中的数据偏差，同时要考虑我国宏观政策环境对公司大股东和高管等主体决策行为的影响。

（作者电子邮箱：pengzhongw66@163.com）

◎ 参考文献

[1] Aghion, Philippe John Van Reenen, and Luigi Zingales. Innovation and institutional ownership [R]. *CEP Discussion Paper*, 2009, 911.

[2] Amit Goyal, and Sunil Wahal. The selection and termination of investment management firms by plan sponsors [J]. *The Journal of Finance*, 2008, 56(4).

[3] Andrei Shleifer, and Robert W. Vishny. A survey of corporate governance [J]. *Journal of Finance*, 1997, 52 (2).

[4] Asher Blass, Yishay Yafeh, and Oved Yosha. Corporate governance in an emerging market: The case of Israel [J]. *Journal of Applied Corporate Finance*, 1998, 10(4).

[5] Basma Sellami Mezghanni. How CEO attributes affect firm R&D spending? New evidence from a panel of

French firms[R]. *Crises et Nouvelles Problématiques de la Valeur*, Nice: France, 2010.

[6] Barker Ⅲ. Vincent, L., and Muller George, C.. CEO characteristics and firm R&D spending [J]. *Management Science*, 2002, 48(5).

[7]Boutchkova, M., and Megginson, W.. Privatization and the rise of global capital markets[J]. *Financial Management*, 2000, 29(6).

[8] Brian J. Bushee. The influence of institutional investors on myopic R&D investment behavior [J]. *The Accounting Review*, 1998, 73(1).

[9] Eric A. Fong. Relative CEO underpayment and CEO behavior towards R&D spending [J]. *Journal of Management Studies*, 2010, 47(6).

[10] Harley E. Ryan, Jr., and Roy A. Wiggins. The interactions between R&D investment decisions and compensation policy[J]. *Financial Management*, 2002, 33(1).

[11] Hosono Kaoru, Tomiyama Masayo, and Miyagawa Tsutomu. Corporate governance and research and development: Evidence from Japan[J]. *Economic innovation new technology*, 2004, 13(2).

[12] Hsiang-Lan Chen, and Wen-Tsung Hsu. Family ownership, board independence, and R&D investment [J]. *Family Business Review*, 2009, 22(4).

[13]Jeffrey L. Coles, Naveen D. Daniel, and Lalitha Naveen. Managerial incentives and risk-taking[J]. *Journal of Economics*, 2006, 79(3).

[14] Jing Dong, and Yan-nan Gou. Corporate governance structure, Managerial discretion, and the R&D investment in China[J]. *International Review of Economics & Finance*, 2010, 19(2).

[15]Jianfeng Wu, and Rungting Tu. CEO stock option pay and R&D spending: A behavioral agency explanation [J]. *Journal of Business Research*, 2007, 60(2).

[16]Joern H. Block. R&D investments in family and founder firms: An agency perspective[J]. *Journal of Business Venturing*, 2012, 27(2).

[17] Johnson, S., La Porta, R., Lopez de Silanes, F., and Shleifer, A. A.. Tunneling [J]. *American Economic Review Papers and Proceedings*, 2000, 90(5).

[18]Peggy M. Lee, and Hugh M. O'Neill. Ownership structures and R&D investments of US and Japanese firms: Agency and stewardship perspectives[J]. *The Academy of Management Journal*, 2003, 46(2).

[19]Ronald C. Anderson, Augustine Duru, and David M. Reeb. Investment policy in family controlled firms[J]. *Journal of Banking & Finance*, 2012, 36(6).

[20]Richard A. Cazier. Measuring R&D curtailment among Short-horizon CEOs[J]. *Journal of Corporate Finance*, 2011, 17(3).

Companies' Benefit Snatch and R&D Investment Intensity: A Literature Review

Peng Zhongwen[1,2]   Xiong Jucheng[3]   Li Li[4]

(1, 3, 4 Shenzhen Graduate School, Harbin Institute of Technology, Shenzhen, 518055;

2 Business School of Xiangtan University, Xiangtan, 411105)

Abstract: This paper studies the recent literatures about the company's benefit snatch and the R&D investment. Firstly we explain the meaning of benefit snatch and its effect on the R&D investment from original research. Then we study the benefit snatch of large shareholders and high-ranking manager effect on company's R&D investment which are influenced by some facts including the proportion of large shareholders holdings, the nature of ultimate controller, the age and turner of high-ranking managers, stock incentive et al. , and draw some conclusions. At last, we point out the further research directions according to the limitations of the present research in this field.

Key words: Benefit snatch; Large shareholders; High-ranking managers; R&D investment

企业公民与公司治理述评及关系研究*

● 施生旭[1]　郑逸芳[2]

（1, 2　福建农林大学人文社会科学学院　福州　350002）

【摘　要】随着经济的发展与全球化进程的推进，企业社会责任思想发展为企业公民概念，并与相关利益者理论相结合，逐渐成为一种发展趋势。公司治理是伴随着现代企业的诞生而产生的，治理理论与目标也从实现股东利益最大化向相关利益者理论进行演变。企业公民与公司治理之间存在着相关利益者纽带与企业社会责任的共同内核，企业社会责任、公司治理与企业绩效之间存在相关关系和理论假说，其中，正相关与协同正假说为主要结论。

【关键词】企业公民　企业社会责任　公司治理　股东利益最大化　相关利益者

传统主流理论认为，公司治理的理论与实践所关注的是公司经济责任，即遵循"股东至上"逻辑，研究与解决对经营者的激励与约束问题，使经营者的目标函数与股东的目标函数存在一致，以实现自身利润最大化，进而实现股东利益最大化[1]。与传统的企业角色观不同，20 世纪 50 年代正式提出的企业社会责任理论和 20 世纪 90 年代正式提出的企业公民理论则主张，企业的目标是多元的，除追求经济绩效最大化之外，还应提升企业的社会绩效，即在确保股东利润最大化的同时，也应实现其他相关利益者的绩效最佳化。

1. 企业公民概念的演进

自 1953 年 Bowen 在《商人的社会责任》中首次提出"公司社会责任"（Corporate Social Responsibility, CSR）的概念以来，管理学、经济学、社会学、伦理学、法学、哲学等相关学者对此进行了广泛的研究并展开激烈的争论。"企业公民"（Corporate Citizenship, CC）[2]作为一个新兴的概念，代表一种组织性、群体性的公民[3]，它的核心是"公民权"。随着经济的发展与世界经济的全球化，从企业社会责任思想延伸和发展到企业公民概念，逐渐成为一种发展趋势。

与企业社会责任概念不同，国外对企业公民的认识是先从企业实践产生的。如 1979 年美国强生公司

---

* 本文为教育部人文社会科学规划基金项目"中国农业品牌的品牌结构优选模型研究"（项目批准号：11YJC860007）的阶段性成果。

① 张兆国等. 公司治理研究的新发展：公司社会责任[J]. 武汉大学学报(哲社版), 2008, 1(5): 631-635.

② 关于这个概念，英文为 company, 汉译为公司；但 corporate 还有更为广泛的社会性含义。国内学者对此的翻译有两种：一是公司公民，二是企业公民。本文采用第二种翻译即企业公民。

③ 龚天平. 企业公民、企业社会责任与企业伦理[J]. 河南社会科学, 2010, 18(4): 75-78.

（Johnson & Johnson）和1982年美国麦道公司（McDonnell Douglas）等在公司理念中指出，公司各项事业的发展必须遵守道德的原则，支持良好的行为以及慈善实业，缴纳应该承担的税赋，并鼓励员工为他们所在的社区服务。随后，这些理念得到了政府的大力技持，如1996年在美国华盛顿乔治敦大学召开的"企业公民会议"与设立的"美国总统奖"，1999年美国国务院设立的"公司杰出奖"。这些政府企业公民活动极大地推动了它的发展，也促进了企业公民概念的全球化。之后，企业公民理念逐渐被全球大型企业所接受，如2002年在纽约世界论坛上，可口可乐公司、德意志商业银行、麦当劳公司、飞利浦集团、瑞士联合银行等34家跨国公司（MNCs）共同签署了《全球企业公民——对企业CEO和董事会的挑战》。2003年，全球CEO世界经济论坛发布了"企业公民"的四个标准：企业基本价值观、对利益相关群体负责、对环境的责任、对社会发展的贡献。

而学术界对企业公民概念的关注与研究是伴随着企业的实践应用和政府或组织的推广得到展开的。许多国家成立了企业公民研究机构与组织，如美国的波士顿大学企业公民研究中心、英国的沃里克大学企业公民研究中心、美国企业公民商会商务中心、哥本哈根企业公民研究中心、非洲企业公民研究所、中国企业公民委员会与中国21世纪企业公民研究中心等。美国波士顿大学企业公民研究中心认为企业公民是一个公司将社会基本价值与日常商业实践、运作和政策相整合的行为方式；公司的成功与社会的健康和福利密切相关，需要考虑对雇员、客户、社区、供应商与自然环境等所有相关利益者的影响。英国企业公民公司认为企业公民有以下四点内涵：一是企业是社会的一个主要部分；二是企业是国家的公民之一；三是企业有权利，也有责任；四是企业有责任为社会的一般发展做出贡献①。一些研究中心和咨询机构还创办了诸如《企业公民》等学术系列刊物，一些研究中心举办了企业公民获奖评比等活动，极大地促进了企业公民在企业中的建设与发展。

企业公民思想在中国的发展也表现出了和西方社会类似的特征：先从企业界的实践行为开始，发展到政府的重视与支持，因此激发学术界的研究。1999年壳牌（中国）公司率先发布第一份企业公民报告书，2005年底发布企业公民报告的企业仅为7家。随着国家经济发展政策的"经济快速发展"逐步转向"科学发展观"与"和谐社会"，越来越多的企业开始重视与发布企业公民报告。根据中国社会科学院统计，2006年底，中国发布企业公民报告的企业仅为32家，但到2010年底，已经有710家企业发布了企业公民报告，4年时间增长了22倍。

虽然企业公民概念得到了政府、企业、组织与学者的关注与研究，但是其概念涉及管理学、经济学、伦理学等多个学科，对企业公民至今未有清晰与明确的理论界定。企业公民是什么，其与企业社会责任有什么异同，企业公民行为如何衡量，企业公民与公司治理的关系如何等都是有待学者进一步探讨与研究的问题。

2. 企业公民与企业社会责任之间的关系

2.1 企业社会责任思想

产生于20世纪初的企业社会责任思想，很快成为一个挑战传统主流理论、改变人们对企业性质与目的以及管理者受托责任的认识的重要思潮。随着社会经济与企业治理的发展，这一思想经历了狭义的企业社会责任、企业社会回应、企业社会表现、与相关利益者理论的结合等发展阶段。

---

① 李洪彦. 中国企业社会责任研究[M]. 北京：中国统计出版社，2006：120.

2.1.1 狭义的企业社会责任

根据 Carroll(1999)的总结，相关学者对企业社会责任概念的定义很多，有重要贡献的定义就达 30 多种。Bowen(1953)的《商人的社会责任》被认为标志着现代企业社会责任概念构建的开始。他认为企业社会责任需要包括三方面内容：强调承担企业社会责任的主体是现代大公司；明确企业社会责任的实施者是管理者；明确企业社会责任的原则是自愿。该观点得到后来学者 Manne(1972)、Sheikh 等(1997)的进一步阐述与论证。Carroll(1999)对此给予了很高的评价，认为 Bowen 是"企业社会责任之父"①。Davis(1960)站在管理学的角度，借用 Bowen 提出的"商人"概念，认为企业社会责任是指"商人的决策和行动至少有一部分不是出于公司直接的经济和技术利益"②。Davis 认为企业社会责任具有经济性与非经济性，提出了"责任与权利形影相随"的观点；在这一基础上，Davis(1967)发展出了"权利—责任模型"和"责任的铁律"。同时，一些官方和民间机构为了促进企业社会责任的建设与发展，也提出了相关的定义，其中以美国经济发展委员会和欧盟为代表。美国经济发展委员会(1971)出版的《商业企业的社会责任》一书提出企业社会责任具备三个同心圆：外层、中层与内层，各个层次落实与建设不同社会责任。2001 年 7 月 18 日欧盟发布"推动欧洲的公司社会责任框架"的绿皮书(Green Paper：Promoting a European Framework for Corporate Social Responsibility)，将公司社会责任定义为："公司在自愿的基础上，将社会和环境问题与公司经营活动结合在一起，与公司和相关利益者的合作结合在一起。"同时，企业社会责任反对者也对此进行了探讨，其中以 Friedman 等(1962，1970，1989)为代表，他们认为企业社会责任就是在遵守法律的前提下要尽可能地多赚钱。

2.1.2 企业社会回应

20 世纪 60—70 年代由肯尼迪总统签署《消费者权利法案》而引发的"消费者运动"，以及由能源危机产生的"环境保护运动"使得狭义的企业社会责任思想转变为企业如何满足社会需求与社会预期、应对社会压力和社会管理的企业社会回应思想。Ackerman(1973)较早地提出企业对社会需求的回应过程包括三个阶段：认识、专人负责与组织参与阶段；并与 Bauer(1976)合著《企业社会回应》，对企业社会回应与企业社会责任作了清晰的区分。Preston 与 Post(1975)在《私人管理和公共政策》里明确地提出企业社会回应的思想，指出其是个人或群体适应社会环境的过程。这本书也得到了相关学术界对企业社会回应研究的推崇。Frederick(1978)认为企业社会回应是企业与社会领域研究的"第二个阶段的发展"，可以代替充满争议的企业社会责任概念，并将其定义为"企业回应社会压力的能力"③。而 Carroll(1979)认为企业社会回应无法作为企业社会责任的替代概念，它只是社会管理领域的一个阶段。由于企业社会回应本身的缺陷，它只能作为一个与企业社会责任相互补充的概念，无法代替企业社会责任概念。

2.1.3 企业社会表现

企业社会表现概念是在 20 世纪 80 年代提出的，并迅速成为当时广义企业社会责任思想的主要观点。Carroll(1979)在《管理学会会刊》发表的《企业表现的三维概念模型》论文中构建了企业社会表现的三维概念模型：第一维度包括经济责任、法律责任、伦理责任和自愿责任；第二维度为社会问题管理；第三维度为企业社会回应④。Wartick 和 Cochran(1985)对企业社会表现下了清晰的定义：企业社会表现反映了公司社会责任准则、社会回应过程和用于解决社会问题的政策之间的根本性的相互作用。而 Wood(1991)则

---

① Carroll，Archie，B.. Corporate social responsibility：Evolution of a definition construct[J]. *Business & Society*，1999，38(3)：268-295.

② Davis，Keith. Can business afford to ignore social responsibilities[J]. *California Management Review*，1960，2：70-76.

③ Frederick，William C.. From CSR1 to CSR2[J]. *Business and Society*，1994，33(2)：150-164.

④ Carroll，Archie B.. A three-dimensional conceptual model of corporate performance[J]. *Academy of Management Review*，1979，4(4)：497-505.

对 Carroll 提出的三个维度进行修正，并在 Wartick 和 Cochran 提出的概念基础上，重新对企业社会表现进行定义：企业社会表现是一个企业组织的社会责任原则、社会回应过程与政策和方案的构成，以及当它们与企业社会关系相联系时所产生的可以观察的结果。

2.1.4 与相关利益者理论的结合

相关利益者理论被认为是评估企业社会责任最有支撑力的理论，从 20 世纪 90 年代开始呈现与企业社会责任、公司治理结合发展的趋势。利益相关者理论最早由哈佛法学院 E. Merrick Dodd（1932）在驳斥 Adolf Berle 发表的论文时提出，他认为公司董事必须成为真正的受托人，不仅要代表股东的利益，而且要代表员工、消费者和社区整理等其他利益主体的利益。斯坦福研究所于 1963 年首先提出"stakeholder"一词，指经营者阶层进行生产经营决策时应该给予关注的某些群体。Edward Freeman（1984）在《战略管理：相关利益者理论》一书中提出相关利益者及其理论，使该术语被广泛使用。Wood（1991）指出相关利益者理论可以回答企业应该为谁承担责任的问题，其相关利益者管理被看成是企业社会回应与环境评估和社会问题管理相并列的三大支柱。Carroll（1991）、Brenner 和 Cochran（1991）、Clarkson（1991、1995）、Donaldson 和 Preston（1995）、Jones（1995）、Harrison（1999）等人都对企业社会责任与相关利益者的结合与辩证发展关系进行了研究，并认为相关利益者理论为企业社会责任研究带来了三方面的变化：明确了企业社会责任的定义；找到了衡量企业社会责任的正确方法；为企业社会责任提供了一种理论基础。同时，Lerner 和 Fryxell（1988）、Peter A. Stanwick 和 Sarah D. Stanwick（1998）、Clarkson（1991）从企业社会责任角度得到相关利益者理论的实证检验依据。

2.2 企业公民概念的发展

从企业社会责任思想到企业公民概念的发展，是时代发展的一种趋势；企业社会责任为企业公民概念提供了重要的思想基础，企业公民概念则是企业社会责任运动发展的必然结果。企业公民与传统自然人意义上的公民存在不相同但又密切的关系，是由"企业"与"公民"两个概念组成的。"公民"概念的核心是公民权；企业公民是一种组织性、群体性的公民，而不是个体性的公民，是权力与业务的有机统一体。从法学角度来说，企业公民是指在一个国家或地区进行了正式注册登记，并根据该国法律，享有企业权利并承担企业责任和业务的法人。对于企业公民是否意味着企业可以像自然人一样拥有公民身份，不同学者有不同看法，主要有三种：第一种，企业就是公民，如 Logsdon 和 Wood 等（2002）认为企业具有保持它在社会中的身份和边界所必需的权力与业务①。第二种，企业像公民，如 Mood 等（1991）认为从法律地位来看，企业和公民一样参与社会治理，与政府和社会组织合作并管理个人公民权利。第三种，企业是公民权的管理者，如 Matten 等（2005）认为企业公民描述了企业管理个人公民权利的作用。企业公民的权利就是企业的权利，包括财产权利、生产经营权利、法律保护权利、信息披露与使用资源权利等；其业务就是企业社会责任，包括经济责任、法律责任、道德责任和公益责任等。企业公民的实质就是企业在生产与社会活动中应当被赋予什么样的权利与承担什么样的业务，是一个公司将社会基本价值与日常经营实践、运作与策略相整合的行为方式，要把谋利与社会责任有机统一起来，求得二者的和谐一致。

同时，企业公民概念不仅以企业社会责任作为思想基础，还深化了企业社会责任承担的原因。企业社会责任的实践与发展，为企业公民概念的演进提供了前提；企业公民思想的提出与发展也是企业社会责任思想运动发展的必然结果，二者的概念与内涵存在密切的关系，Matten（2003）将其归纳为代表性的三大观点：一是企业公民局部观，以 Epetein 等（1989）为代表，认为企业公民是企业社会责任概念的一部

---

① Logsdon, Jeanne M., and Wood, Donna, J.. Business citizenship: From domestic to global level of analysis[J]. *Business Ethics Quarterly*, 2002, 12(2): 28.

分，企业承担着某一部分责任。二是企业公民等同观，以 Carroll（1998）、Ferrell 等（2000）为代表，认为企业公民与企业社会责任一样具有经济、法律、道德与慈善责任等四个方面的责任。三是企业公民延伸观，包括：企业公民整合观，以 Fombrun（2000）与 Waddock（2004）为代表，将企业公民与相关利益者理论融合在一起；企业公民营销观，以 Maignan（2001）与 Lindgreen 和 Swaee（2005）为代表，认为企业公民是一种有效的营销工具；企业公民战略投资观，以 Gardbeng 和 Fombrun（2006）为代表，认为企业公民项目是类似 R&D 与广告的战略性投资。企业公民的延伸观是对管理学、经济学与社会学的应用，也超越了传统的企业社会责任特征，全面体现了"公民权"理念。

3. 公司治理理论的演进

3.1 公司治理产生的背景与概念

公司治理（Corporate Government，CG）理论的发展是随着西方企业的发展而发展的。19 世纪 70 年代以前西方企业的所有权与经营权是合一的，几乎不存在治理问题；19 世纪 70 年代至 20 世纪 20 年代，由于企业规模的扩张，企业所有者逐渐将经营权移交给职业经理人。20 世纪 30—70 年代，科技革命在推动现代公司发展的同时，促进了企业所有权与经营权分离的发展并使其达到了高潮，资本的价值形态同实物形态相分离，企业经营者的控制权不断扩大，公司治理问题引起人们的关注；公司治理问题被 Berle 和 Means（1932）在其《现代公司与私人产权》中提出，涉及所有权与控制权的分离问题①。20 世纪 80 年代至今，经理人员权力过度扩张、膨胀，所有者与经营者之间的矛盾开始加剧，特别是以安然（Enron）、世界通信（WorldCom）为代表的西方企业财务报告丑闻频频出现，使我们不得不反思即便是在美国这样一个法律制度十分完善的国家，公司治理也还需要进一步完善。

公司治理与企业管理不完全相同，它解决的是管理者的选择、任用与激励问题。对公司治理的理解可以通过三个方面来解释：第一，狭义上的公司治理，是企业所有者与管理者之间的监督和制衡机制，被称为"代理理论"。Shleifer 和 Vishny（1986）认为公司治理要解决的出资者应该怎样控制经理，以使他们为自己的利益服务的问题，这实际上是一种股东利益至上的治理观点。第二，广义上的公司治理，是通过一套内外部制度或者机制来协调管理者与相关利益者之间的利益相关，被称为"相关利益者理论"。第三，泛广义上的公司治理，还包括公司的人力资源管理、股权激励制度、企业发展战略、企业文化等一切与企业高层管理者控制有关的制度。随着制度经济学的发展，人们开始运用交易成本理论来分析现代公司中的治理问题，Williamson（2000）认为不同的交易频率和交易成本决定了治理机制的选择结果，"公司治理就是限制针对事后产生的准租金分配的种种约束方式的总和"，公司治理是改善公司经营绩效的制度安排②。麦肯锡将公司治理的核心定位在监管层上，提出公司治理除了依赖于股权结构调整、树立良好的法治秩序和商业规范、引导投资者关注公司治理之外，还要建立公司内部监督、证券市场参与者监督、政府监督、司法监督、民间审计机构监督、社会媒体监督等体系。

---

① 有关学者认为，公司治理问题的提出最早可追溯到亚当·斯密的《国富论》一书：作为其他人所有的资金的经营者，不要期望他会像自己所有的资金一样获得精心照顾（Adam Smith，1776）。但也有学者认为《现代公司与私人产权》（Berle & Means，1932）的提出，涉及所有权与控制权的分离问题，才标志现代公司治理研究的开始。

② Williamson, O. E.. The new institutional economics: Taking stock, looking ahead [J]. *Journal of Economic Literature*, 2000, 38(3): 595-613.

3.2 公司治理研究的发展趋势

在学术界，公司治理研究涉及的内容极为广泛，相关文献也不胜枚举。它们包括企业公司治理基本问题（如 Shleifer 和 Vishny，1997；Becht、Bolton 和 Roel，2002），企业内部治理模式（如 Grossman 和 Hart，1986；Kaplan 和 Minton，1990；Claessens 和 Fan，2003；LLSV，1999，2000，2002；Claessens 等，2000；Faccio 和 Lang，2002；Shleifer 和 Vishny，1986；Holderness，2003），企业间治理模式（如 Allen 和 Gale，2000；LLSV，2000；Khanna 和 Yafeh，2007；Morck，2008），社会层面影响因素（如 LLSV，2000；Roe，2000，2003，2006；Pagano 和 Volpin，2005；Perotti 和 von Thadden，2006；Haber 和 Perotti，2008），以及公司治理具体机制（如 Andrade、Mitchell 和 Stafford，2001；Hermalin 和 Weisbach，2003；Gillan 和 Starks，1998）等，学者们对上述问题进行了详细的研究。相关学者对企业公司治理有了较完善的分析，但随着东南亚金融危机与安然等事件的发生，公司治理领域呈现出新的发展趋势：第一，研究理论从股东利益最大化转向相关利益者理论（如 Berman，1999；沈艺峰、沈洪涛，2008；张兆国，2008）。第二，研究对象由发达国家（美、英、日、德等）扩展到发展中国家（中、印尼等东南亚国家）（如 Denis 和 McConnell，2003）。第三，伴随着研究对象的变化，研究视角由企业内部层面转移到企业间或企业集团之间（如 Morch、Wolfenzon 和 Yeung，2005；Morck，2008）。第四，研究层面由董事会结构、经理层薪酬等微观层面和控制权市场、经理人市场等中观层面逐渐转变到法律、政治、文化、历史、社会等宏观层面（如 La Porta 和 Lopez-de-Silanes，2008；宁向东，2006；郑志刚，2007；高闯，2009）。

4. 公司治理研究的新发展：企业公民

4.1 公司治理与企业公民的纽带：相关利益者

公司治理问题随着 20 世纪初现代企业的产生而出现（韵江、高良谋，2005），最早在 Berle 和 Means（1932）《现代公司与私人产权》中被提出，涉及所有权与控制权的分离问题，但真正引起学术界的重视是在 20 世纪 80 年代以后。在现代企业产生之前，企业的产权结构是单一的，所有权与管理权、控制权是统一的，即体现古典经济学所描述的企业的特点。传统的古典经济学观念认为企业的目标与责任是要尽可能地赚钱，追求股东利益最大化。而随着现代企业的诞生，企业的产权结果不再是单一的，所有权与管理权、控制权是分离的；企业股东为了更好地管理企业，创造经济价值，不再直接经营管理企业，而是委托管理者来经营管理，为股东追求利益。作为企业股东，他们的出发点仍然是以股东利益最大化为目标。但由于股份制、资本市场与金融等的迅速发展与成熟，各类资本的投入，企业董事会、证券会等结构的设置，公司治理成为企业管理的重要的理论与实践问题。这时的公司治理机制，也逐渐由先前的股东利益最大化目标转向相关利益者目标，以实现企业利益最佳化，而不是之前的股东利益最大化。

企业公民也是伴随着企业的产生与发展而出现与发展的。Bowen(1953)的《商人的社会责任》被认为标志着现代企业社会责任概念构建的开始。现代企业的诞生为企业社会责任提供了承担主体，因为之前的企业是企业主个人的企业，其责任主要为企业主个人的责任，而非企业的责任。企业公民从狭义的企业社会责任、企业社会回应、企业社会表现发展到广义的企业社会责任，再逐渐发展到现在的企业公民思想，也是伴随着企业目标的改变而不断发展的，经历了股东最先委托管理者代理的股东利益最大化追求目标向相关利益者协调发展目标的过渡。

现代企业为公司治理与企业公民提供了载体，企业公司治理过程要考虑企业公民或企业社会责任，是因为现代的企业越来越需要考虑除股东以外的相关利益者的利益，要实现企业的经济责任、社会责任、道德责任与慈善责任，而不能以简单的股东经济利益为唯一目标，只追求企业经济责任；企业公民或企业社会责任在建设的过程中，也要求公司治理从内部治理转向内、外部治理结合，考虑法律、环境、文化等许多微观层面，更好地实现企业公民的功能。在企业公民建设与企业公司治理的过程中，相关利益者成为二者密切联系的纽带。

4.2 公司治理与企业公民的共同内核：企业社会责任

公司治理与企业公民共同起源于现代企业的诞生，二者具有共同的理论源头和相关利益者的纽带，更重要的是，它们还具有企业社会责任的共同内核。从公司治理的起源与发展历程来看，公司的委托代理制在现代企业的经营管理里有着很重要的作用，在股东委托职业经理人对企业进行管理经营及获取企业利益的过程中，所有权与经营权的分离使受托责任更加突出。公司治理就是要考虑企业受托人的利益，只是职业经理人在不同的阶段考虑为谁负责的侧重点不同而已。随着现代企业的发展与成熟，公司治理已经不能仅仅只考虑股东利益，还应该考虑除股东之外的员工、消费者、债权人、社区、环境、政府等其他相关利益者的权益，相关的责任也从企业经济责任增加到企业法律责任、企业道德责任和社会公益责任等。因此可以说，公司治理是围绕着企业责权利的制衡而发展的，所以企业社会责任是其不断发展与建设的内核。

企业公民经历了狭义企业社会责任、企业社会回应、企业社会表现、与相关利益者理论的结合、企业公民等各个发展阶段。在不同的发展阶段中，虽然各个责任所表达的内容不尽相同，但"责任"一直是企业公民重要的内涵，处于核心地位，企业公民思想的概念与发展也都是围绕着"责任"展开的，由原来股东追求的利益最大化企业经济责任，不断地向企业社会责任、企业道德责任和企业环境责任过渡，并且向相关利益者目标转变。

4.3 企业公民行为对公司治理的影响：企业绩效

长期以来，公司治理的理论和实践关注的是公司的经济责任，即遵循"股东至上"的逻辑思想；但是这样的治理模式会导致公司忽视其他责任，损害其他相关利益者的利益。新古典经济学派的追随者们认为，公司管理者没有权力将企业所有者的财富花费在无利可图的目标和利益上，承担社会责任是要付出代价的，因此他们反对公司承担社会责任。对于公司社会责任的拥护者而言，如何有效地反击上述的言论是至关重要的，如果能证明公司社会责任可以增加股东财富，则可以有力地说服公司社会责任思想的反对者。鉴于此，学者们开始实证分析企业社会责任与公司治理之间的关系，引入企业绩效的假设；其实证研究涉及两方面的内容：一是企业社会责任与公司治理、企业业绩之间是否存在因果关系——正相关、负相关与不相关；二是企业社会责任与公司治理之间因果关系的方向，是公司治理影响企业业绩从而影响企业社会责任，还是企业社会责任影响公司治理、从而影响企业业绩，或者企业社会责任与公司治理、企业业绩之间只存在协同关系。Lee 和 Bannon（1997）将这些不同观念归纳为五种理论假说：社会影响假说；权衡假说；资金供给假说；管理者机会假说；协同效应假说①。同时，学术界对这些假说进行了大量经验数据实证分析：Ronald 和 Tsoutsoura（2004）、Gary 和 Kohers（2002）、Pasaribu（2002）、Margolis 和 Walsh（2001）、Roman（1999）、Hayibor 和 Agle（1999）、Griffin 和 Mahon（1997）等对这些实证研究论文进行了回顾与分析，认为存在不同的结论，但是企业社会责任与公司治理、企业业绩之间的正相关与协同正假说为主要结论。

---

① Preston Lee, E., and Douglas P. O. Bannon. The corporate society financial performance relationship a typology and analysis [J]. *Business and Society*, 1997, 4: 148.

我国相关学者也对"企业社会责任对公司治理的影响"进行了研究探讨，如沈洪涛（2005）认为我国上市公司社会责任与财务业绩之间在不同行业的公司社会责任表现方面，存在显著的差异并有显著正相关关系，我国公司社会责任与财务业绩之间互为因果、彼此影响、互相促进。施生旭、唐振鹏（2012）以我国涉农上市企业数据验证企业公民行为与公司治理及财务业绩之间的关系。胡铭（2009）研究农业企业社会责任与经营绩效存在的密切关系，主要体现在企业顾客满意度上。王怀明（2010）通过面板数据的固定效应模型分析，认为公司治理与企业业绩为正相关关系。王长义（2007）指出公司治理对企业社会责任的影响主要表现在：第一，不同治理模式影响企业社会责任程度的高低；第二，股东目标的多样化影响企业社会责任；第三，股东结构的变化影响企业社会责任；第四，股东权利的变化影响企业社会责任。吕立伟（2006）得出我国上市公司股本结构状况与其税收、保值等社会责任履行有显著的正相关关系，与公司违规次数及比重有显著的负相关关系；公司董事会规模结构状况与其税收、保值和信息披露等社会责任履行有显著的关系。辛焕平（2006）通过农业类上市公司治理结果与信息披露分析得出公司治理良好有利于履行企业社会责任的结论。仇书勇（2004）分析了产品市场、经理人市场、劳动力市场、资本市场、控制权市场对企业履行社会责任的治理作用，提出了如何通过外部治理加强企业社会责任的思路和建议。但也有相关学者研究认为企业社会责任与公司治理、企业绩效之间存在负相关关系，比如谭宏琳和杨俊（2009）。

通过文献回顾，我们可以看到，公司治理与企业社会责任、企业业绩之间的关系十分复杂，主要受到公司的盈利状况、经营规模、市场竞争程度、制度环境等许多控制性因素变量的影响。总体上看，企业社会责任对公司治理与企业业绩有着积极的影响，企业社会责任的履行有利于提升公司治理的效果，即提高企业绩效。但企业公民不仅包括企业社会责任，还包括企业权利；关于企业公民对公司治理及绩效的影响问题还缺乏相关的实证检验，主要因为企业公民的变量设置较难，且相关数据的衡量与分析也较难，它们的影响关系还有待进一步研究与探索。

5. 结束语

企业公民概念不只是企业社会责任的一个时髦新词，还是对企业社会责任思想的继承、发展与突破。随着企业公民的建设与发展，公司治理理论也从股东利益最大化向相关利益者理论演变，这越来越要求公司治理的过程不仅要考虑内部治理，还要考虑与外部治理的结合。虽然企业公民的概念还不太成熟，相关利益者理论也不够完善，无法完全取代传统股东利益最大化理论的主流地位，但其适应了社会与时代的发展，二者的融合与发展也将更加密切。

（作者电子邮箱：fzdxssx@163.com）

◎ 参考文献

[1]陈仕华，郑文全. 公司治理理论的最新进展：一个新的分析框架[J]. 管理世界，2010，2.

[2]冯梅，等. 中国企业公民建设研究[M]. 北京：经济科学出版社，2011.

[3]龚天平. 企业公民、企业社会责任与企业伦理[J]. 河南社会科学，2010，18（4）.

[4]李洪彦. 中国企业社会责任研究[M]. 北京：中国统计出版社，2006.

[5]焦晓波，孔大超. 企业公民理论与实证研究动态[J]. 阜阳师范学院学报（哲社版），2011，1.

[6]沈洪涛. 公司社会责任与公司财务业绩关系研究[D]. 厦门：厦门大学博士论文，2005.

[7]沈洪涛，沈艺峰. 公司治理理论的现代演变[J]. 经济经纬，2008，6.

[8]施生旭，吴声怡．我国现代企业社会责任建设的思考[J]．郑州航空工业管理学院学报，2010，28（5）．

[9]施生旭，唐振鹏．企业公民行为研究中的几个理论问题[J]．现代经济探讨，2012，3．

[10]施生旭，唐振鹏．企业公民行为与公司治理及财务业绩的关系研究[J]．江西财经大学学报，2012，4．

[11]张兆国，等．公司治理研究的新发展：公司社会责任[J]．武汉大学学报(哲社版)，2008，61(5)．

[12] Ackerman, and Robert, W.. How companies respond to social demands[J]. *Harvard Business Review*, 1973, 51.

[13] Aupperle, K. E., Carroll, A. B., and Hatfield, J. D.. An empirical examination of the relationship between corporate social responsibility and profitability[J]. *Academy of Management Journal*, 1985, 28(2).

[14] Carroll, Archie, B.. Corporate social responsibility: Evolution of a definition construct[J]. *Business & Society*, 1999, 38(3).

[15] Carroll, Archie, B.. A Three-Dimensional conceptual model of corporate performance[J]. *Academy of Management Review*, 1979, 4(4).

[16] Davis, Keith. Can business afford to ignore social responsibilities[J]. *California Management Review*, 1960, 2.

[17] Davis, and Keith. Understanding the social responsibility puzzle: What dose the businessman owe to society[J]. *Business Horizon, Winter*, 1967.

[18] EU Commission. *Green Paper: Promoting a European Framework for Corporate Social Responsibility*[R], 2001.

[19] Freedom, and Philanthropy. An interview with milton friedman[J]. *Business & Society Review*, 1989, 71.

[20] Frederick, and William, C.. From CSR1 to CSR2[J]. *Business and Society*, 1994, 33(2).

[21] Logsdon, Jeanne M., and Wood, Donna, J.. Business citizenship: From domestic to global level of analysis[J]. *Business Ethics Quarterly*, 2002, 12(2).

[22] Matten, Dirk Crane, and Andrew. Corporate citizenship: Toward a extended theoretical conceptualization[J]. *A cade my of Management Review*, 2005, 30(1).

[23] Preston Lee, E., and Post James, E.. Private management and public policy[J]. *Prentice-Hall, Inc.*, 1975, 3.

[24] Preston Lee, E., and Douglas P. O. Bannon. The corporate society financial performance relationship a typology and analysis[J]. *Business and Society*, 1997, 4.

[25] Shleifer, A., and Vishny, R.. Large shareholders and corporate control[J]. *Journal of Political Economy*, 1986, 94.

[26] Wartick, Steven, L., and Cochran Philip, L.. The evolution of the corporate social performance model[J]. *Academy of Management Review*, 1985, 10(4).

[27] Wood, and Donna, J.. Corporate social performance revisited[J]. *Academy of Management Review*, 1991, 16(4).

[28] Wood, and Donna, J.. Corporate social performance revisited[J]. *Academy of Management Review*, 1991, 16(4).

[29] Williamson, O. E.. The new institutional economics: Taking stock, Looking ahead[J]. *Journal of Economic Literature*, 2000, 38(3).

A Relationship Research on the Review of Corporate Citizenship and Corporate Governance

Shi Shengxu[1]   Zheng Yifang[2]

(1, 2 School of Humanities and Social Science of Fujian Agriculture and Forestry University, Fuzhou, 350002)

Abstract: With the development and globalization of economic, from the idea of corporate social responsibility to the concept of corporate citizenship, and the combination with stakeholder theory, is becoming a trend. The generation of corporate governance is accompanied by the birth of modern enterprise. The theory and objective of governance is also developing from to maximize the shareholders' benefits to stakeholder theory. There are tie of stakeholder and common core of corporate social responsibility between corporate citizenship and corporate governance, and there are correlation and theoretical hypothesis between corporate social responsibility, corporate governance and corporate performance, one of which, positive correlation and the hypothesis of synergism are the main conclusions.

Key words: Corporate citizenship; Corporate social responsibility; Corporate governance; Maximization of shareholders' benefits; Stakeholder

沉没成本和转售知觉对消费者感知价值的影响
——一个禀赋效应的研究框架

● 毛　娟[1]　张广玲[2]　易　澄[3]

（1，2，3　武汉大学经济与管理学院　武汉　430072）

【摘　要】建立于新古典经济学基础之上的传统消费理论认为，在进行消费决策时，消费者会综合考虑各种信息与方案，理性地做出决策。但是，在实际的消费行为中，某些心理效应还是会导致消费者做出非理性的决策，比如禀赋效应。本研究通过情景模拟实验法，以禀赋效应探讨沉没成本及转售知觉对消费者感知价值的影响。

【关键词】沉没成本　转售知觉　消费者感知价值　禀赋效应

1. 引言

在过去的研究中，禀赋效应（endowment effect）主要是针对行为经济学领域，多见于对传统拍卖行为或者交换行为的探讨（Van Dijk 和 Van Knippenberg，1996；Strahilevitz 和 Loewenstein，1998；Loureiro，Umberger 和 Hine，2003；Tom，2004），然而禀赋效应本身在消费者日常生活中是普遍存在的。

对于消费者来说，一方面，是否会因为购买前准备程度的大小而产生禀赋效应呢？很多情况下，消费者在获得商品之前，会持续地投入大量的货币成本和时间、努力等非货币成本，称之为沉没成本（sunk cost）或者承诺续扩（escalation of commitment）；另一方面，随着科学技术的发展，商品购后处置行为也有所改变，消费者线上转售行为变得越来越普及。在这样的活动中，消费者相继扮演了需求者（买家）和供应者（卖家）这两个角色，那么，是否有可能因为认识到商品可在未来转售获得金钱回馈，从而影响目前对购买商品的价值感知呢？

消费者在进行购买行为时总是倾向于减少风险、规避损失，总是希望做出符合自身利益最大化或者满意最大化的决策。作为一种相对稳定的个体偏好[1]以往的研究较少提及沉没成本是否直接或者间接作用于禀赋效应；除此之外，随着互联网的发展，有必要探讨消费者对某一商品产生的禀赋效应是否受到 C2C 市场上转售知觉的影响。因此，本文主要研究，对于禀赋效应的产生，消费者投入沉没成本的高低是否会影响到禀赋效应的强度；拥有商品后，转售知觉是否会使禀赋效应受到影响。

---

①　Daniel Kahneman，Jack L. Knetsch，and Richard H. Thaler. The Endowment Effect，Loss Aversion，and Status Quo Bias [J]. *The Journal of Economic Perspectives*，1991，5（1）：193-206.

2. 文献回顾

2.1 禀赋效应

禀赋效应是一种消费者的感知偏差，具体指的是消费者在拥有商品时会由于某些因素导致主观上的价值判断偏差，即消费者一旦拥有了某项商品后，一方面对该项商品进行的价值评价比未拥有时高，另一方面放弃该商品所愿意接受的价格（WTA）也要高于买方所愿意支付的价格（WTP）①。

自禀赋效应正式提出以来，在三十多年的研究发展中，诸多的学者曾试图解释其产生的原因，具体来看，主要有以下几种观点：基于前景理论（prospect theory）的框架提出损失规避机制，认为人们面对相同金额损失与利得的时候，损失的痛苦远大于利得所带来的满足，以此来解释禀赋效应②；将损失规避引入无风险情形下，通过损失规避解释禀赋效；认为人们会对具有所有权的商品评价高，对不具有所有权的商品会评价低，即用所有权效果来解释禀赋效应（Loewenstein 和 Adler，1995；Pierce，Kostova 和 Dirks，2003）；认为人们价值的评定取决于记忆的提取过程，导致拥有者和未拥有者对同一商品的估价存在差异，即用查询效果来解释禀赋效应③。

在禀赋效应作用下，决策者在进行选择或是交易的时候，会出现很多的非理性行为。也就是说人们可能对损失的敏感程度升高，可能对拥有的物品产生情感，也有可能出现不同的记忆提取（卢远新和梁贺红，2008）。这些都将导致拥有者对商品的感知价值高过未拥有者，具体体现在两个方面——价格评定的不同和属性评价的不同。

将禀赋效应置于消费者行为研究中举例来看，产品更换购买决策情形下尤其典型。产品更换购买决策（product replacement decisions）指的是消费者在放弃旧商品所有权的同时转而购买新商品的决策④。在禀赋效应影响下，拥有者放弃旧商品的心理成本和痛苦指数会显著上升，导致价格的损失厌恶。此外，拥有者和未拥有者在属性方面也会出现不一致。同时，2005 年通过实验发现，新产品的拥有者对旧商品的价格评定和属性评价会高于新产品的未拥有者；相对于未拥有者，拥有者对同一产品积极的属性会给予较高的评价，对消极的属性会给予较低的评价⑤。

2.2 沉没成本现象

沉没成本最先是在 1985 年提出的，指的是决策者对于任何一件事情所投入的大量时间、金钱、努力等不可回收的支出。尽管沉没成本是一种历史成本，一个完全理性的决策者在进行未来决策时不应当将

① Richard Thaler. Toward a positive theory of consumer choice[J]. *Journal of Economic Behavior & Organization*，1980，1（1）：39-60.

② Daniel Kahneman, and Amos Tversky. Prospect theory：An analysis of decision under risk[J]. *Econometrica*，1979，47（2）：263-292.

③ Johnson，Eric J.，Haubl，Gerald，and Keinan，Artat. Aspects of endowment：A query theory of value construction[J]. *Journal of Experimental Psychology-Learning Memory and Cognition*，2007，33（3）：461-474

④ Okada，EM. Trade-ins，mental accounting，and product replacement decisions[J]. *Journal of Consumer Research*，2001，27（4）：433-446.

⑤ Nayakankuppam，D.，and Mishra，H.. The endowment effect：Rose-tinted and dark-tinted glasses[J]. *Journal Of Consumer Research*，2005，32（3）：390-395.

其考虑在内，但是在日常生活中沉没成本还是会带来很多非理性的偏差行为①。沉没成本现象则是一种有关非理性选择的认知偏差，是指决策者一旦在某一方面投入了时间、金钱、努力，就倾向于继续加大投入（刘欢、梁竹苑和李纾，2009）。

2.3 消费者转售行为

随着电子商务 C2C 模式的进一步发展，越来越多的消费者同时扮演买家与卖家，线上转售成为消费者商品购买后的又一种处置行为。特别是，进行在线转售商品的消费者可能在转售行为的影响下产生与购买、消费商品的消费者不一样的购买思考模式或者行为，因此转售行为的影响层面应当不仅仅局限于对商品购后的处置上②。

2.4 禀赋效应与沉没成本以及转售知觉的关系

禀赋效应所产生的主要影响在于，消费者对于某个商品在拥有前和拥有后各自做出的评价是不一致的，并且拥有后的评价往往要高于拥有前，其解释机制主要体现在三个方面：损失规避、拥有权和查询效果。如果在未拥有商品前，消费者就已经投入了大量的时间和努力成本来搜寻商品，会不会对拥有商品后的禀赋效应起到正向的强化作用呢？另外，已投入沉没成本的商品拥有者，进一步受到转售知觉的影响时，又会做出怎样的评价呢？这两个问题构成了本研究的核心内容，下文将提出具体研究框架与相关假设。

3. 研究框架及假设

3.1 沉没成本对禀赋效应带来的影响

消费者在拥有商品前花费大量金钱、时间和努力进行搜寻，容易导致承诺升级或者承诺续扩，并且随着成本投入的不断增加，这种嵌陷的决策将产生很多风险与问题。

图 1 说明的是价值曲线上点的移动（庄锦英，2005）。具体来看：如果从 A 点位置移动到 B 点位置，$|OF| > |OE|$，表示投入的成本在增加；$|OD| > |OC|$，表示损失的价值也在增加，但是 B 点相对于 A 点来说，损失的价值曲线要平缓一些，意味着在 B 点单位损失给消费者带来的不愉快感没有在 A 点单位损失所带来的不愉快感强烈。如果从 B 点位置移动到 A 点位置，$|OE| < |OF|$，表示投入的成本在减少；$|OC| < |OD|$，表示损失的价值也在减少，但是 A 点相对于 B 点来说，损失的价值曲线要陡峭一些，意味着 A 点单位损失给消费者带来的不愉快感比 B 点要更强烈。

换言之，消费者投入大量的金钱、时间和努力来获取某个商品，在获得商品后会因为过度重视之前所投入的不可回收的成本、希望避免产生过多后悔情绪，而想要维持一致性选择，导致提升对商品的感知价值③，由此推出：

假设 1：沉没成本会影响商品拥有者对于商品的价格评定和属性评价。

---

① Hal R. Arkes, and Catherine Blumer. The psychology of sunk cost[J]. *Journal of Consumer Research*, 1985, 35(1): 124-140.

② Chu, H., and Liao, S.. Exploring consumer resale behavior in c2c online auctions: Taxonomy and influences on consumer decisions[J]. *Academy of Marketing Science Review*, 2007, 11(6): 1-27.

③ Carmon, Z., and Ariely, D.. Focusing on the forgone: How value can appear so different to buyers and sellers[J]. *Journal of Consumer Research*, 2000, 27: 360-370.

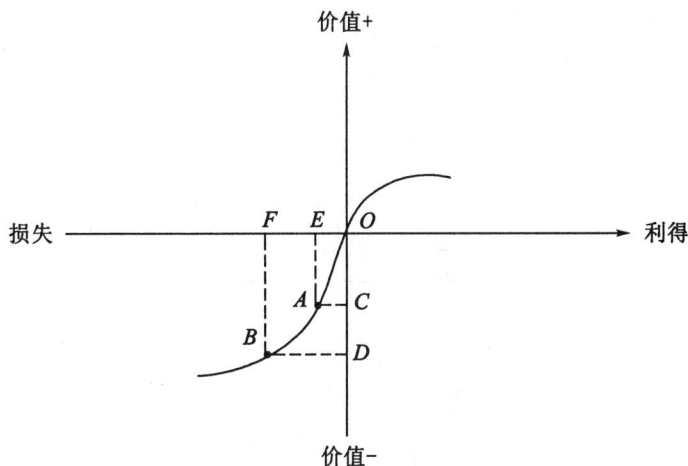

图1　价值曲线之点的移动

H1a：沉没成本较高者的价格评定会高于沉没成本较低者的价格评定。

H1b：沉没成本较高者的属性评价会高于沉没成本较低者的属性评价。

3.2　转售知觉的作用

损失规避具有参照依赖性的特征，也就是说损失和利得是相对于某一个参照点来看的。当参照点发生变化时，感知价值也随之发生改变。转售知觉较高，在一定程度上可以反映出别人对于此商品的认同程度较高，从而使消费者对拥有物品的感知价值进一步提升①。图2说明的是受转售知觉的影响，价值曲线向右发生偏移，具体意味着的是：面对相同大小的损失 $|OE|$ ， $|OC| > |OD|$ ，表示损失的价值在增加。由此推出：

假设2：高低转售知觉会影响沉没成本对于商品的价格评定和属性评价。

H2a：当转售知觉较高时，沉没成本较高者给予的价格评定会高于沉没成本较低者给予的价格评定。

H2b：当转售知觉较高时，沉没成本较高者给予的属性评价会高于沉没成本较低者给予的属性评价。

H2c：当转售知觉较低时，沉没成本较高者给予的价格评定会高于沉没成本较低者给予的价格评定。

H2d：当转售知觉较低时，沉没成本较高者给予的属性评价会高于沉没成本较低者给予的属性评价。

在一定程度上，转售可能性可以看做商品的某种属性。低转售知觉意味着消费者感知到未来无法从他人手中获得补偿收益，对已有商品的认同感会有所削弱。低转售知觉所带来的影响，比高转售知觉带来的影响更为严重②。由此推出：

假设3：低转售知觉对于商品价格评定和属性评价的影响程度大于高转售知觉对于商品价格评定和属性评价的影响程度。

H3a：当转售知觉低时，被试的价格评定差会高于转售知觉高时的价格评定差。

H3b：当转售知觉低时，被试的属性评价差会高于转售知觉高时的属性评价差。

---

① Franciosi, R., Kujal, P., Michelitsch, R., Smith, V., and Deng, G.. Experimental test of the endowment effect [J]. Journal of Economic Behavior and Organization, 1996, 30(11)：215-226.

② Ahluwalia, RS.. Tolerance analysis in process planning [J]. *International Journal of Industrial Engineering—Theory Applications And Practice*, 2002, 9(4)：334-342.

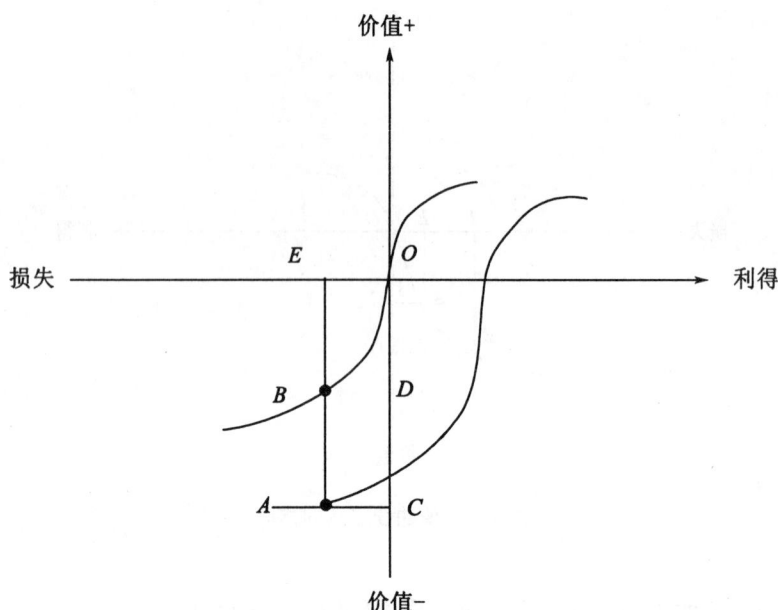

图2　价值曲线之线的移动

4. 研究设计

本研究分两个实验去探讨沉没成本以及转售知觉与禀赋效应之间的关系：实验一探讨的是沉没成本对于禀赋效应的影响，采用一变量三水平（高沉没成本/低沉没成本/无沉没成本）、三组被试的方式分开测量；实验二在实验一的基础之上加入了转售知觉变量，看禀赋效应是否会受到其影响。

4.1　前测试

本研究进行前测试的目的是界定变量沉没成本的高低，通过采用开放式问卷填写的调查方法来进行，具体操作是询问被试为了拥有明星演唱会的门票，愿意花费多少时间成本，借此来衡量沉没成本的水平。调查结果显示，被试认为购买某位明星的演唱会门票所花的时间成本算高，最大值为 50 天，最小值为 10 天，平均值为 15 天，因此可以取 15 天作为高沉没成本水平；被试认为购买某位明星的演唱会门票所花的时间成本算低，最大值为 10 天，最小值为 1 天，平均值为 3 天，因此可以取 3 天作为低沉没成本水平。

4.2　正式实验

4.2.1　实验产品和实验对象的选择

综合考虑商品的相关性、熟悉度、使用频率等因素，本研究在实验产品的选择上使用的是一款无品牌效应、造型中性的手机。

为了保证较高的同质性，在实验对象上选择的是普通在校大学生，为此广泛征求和动员了所在高校不同年级、不同系别的学生参与到本次实验研究中。

4.2.2　测量工具

（1）沉没成本的测量，定类尺度，指的是消费者在拥有某个商品前，用来搜寻商品所花费的时间，以天为单位，区分为高沉没成本（消费者在拥有某个商品前，搜寻了多家实体店和网店均无法获得，最终是通过国外的朋友代购，花费了 15 天的时间）、低沉没成本（消费者在拥有某个商品前，搜寻了几家实体店或网店后购买得到，花费了3天时间）、无沉没成本（消费者在拥有某个商品前，没怎么搜寻就从实体店或网点购买得到，花费了1天时间）①。

（2）转售知觉的测量，定类尺度，指的是消费者在拥有商品后感知到转售的可能性，区分为高转售知觉和低转售知觉。

（3）感知价值的测量，包括价格评定和属性评价两个方面。价格评定：定比尺度，指的是消费者对商品价格的描述。属性评价：定距尺度，指的是消费者对商品属性的描述，采用5点李克特量表，从1到5分别代表完全不同意、不太同意、不确定、比较同意、非常同意。

4.2.3　实验过程

实验一设置高/低/无沉没成本的三种情境，三组被试看完情景描述后，访问他们对于该款手机的价格评定和属性评价；实验二设置2（高/低转售知觉）×3（高/低/无沉没成本）六种情境，六组被试看完情景描述后，访问他们对于该款手机的价格评定和属性评价，价格评定采用直接填写金额的方式，而属性评价则采用五点的量表②。

5. 数据分析及假设检验

5.1　问卷结构效度和信度分析

本研究采用因子分析的方法对问卷的结构效度进行检验，主要采用主成分分析方法抽取因素和最大方差旋转法进行旋转；以 Kaiser 准则挑选因子数目，即选取特征根大于1的因子；选取测量项目的因素负荷标准是0.45，即只有因素负荷高于0.45，才认为该测量项目从属于这个因子。数据分析结果显示，KMO 检验值为0.900，说明取样适当；巴特利特球体检验中近似卡方统计值的显著性概率为0.000，小于0.01，说明数据相关系数矩阵不是单位阵，符合研究要求，适合做因子分析。属性评价的6个测量问项萃取成一个因子，因子负荷均高于0.7，累计解释总体方差变异显示为67.315%，测量的构思效度符合研究要求。

对于问卷的内部一致性信度的分析，本研究采用的是 Cronbach's α 系数，认为 α 值介于0.65~0.7是可接受的最小信度值，而 α 值介于0.7~0.8是相当好的，α 值大于0.8是非常好的。经过检验，属性评价因子的 Cronbach's α 系数为0.877。

5.2　假设检验

针对沉没成本水平的高低进行单因素方差分析（one factor analysis of variance），分析结果显示，单因素方差分析的 p 值为0.001，小于0.05，达到显著性。通过 Scheffe 事后两两比较发现，沉没成本水平高的被试在对所拥有商品进行价格评定时，与沉没成本水平低的被试以及无沉没成本的被试相比较，有显著的差异。也就是说，被试如果在拥有某个商品前投入的沉没成本越高，在拥有商品后对其的价格评定也会越高，从而假设 H1a 得到验证。

在对属性的评价中，发现沉没成本水平高的被试给予的平均属性评价为3.749分，沉没成本水平低的

①　Hsuchi Ting, and Thomas S. Wallsten. A query theory account of the effect of memory retrieval on the sunk cost bias [J]. *Psychonomic Bulletin & Review*, 2011, 18(4): 767-773.

②　Laura A. Peracchio, and Alice M. Tybout. The Moderating Role of Prior Knowledge in Schema-Based Product Evaluation [J]. *Journal of Consumer Research*, 1996, 23(3): 177-192.

被试给予的平均属性评价为 3.750 分，而无沉没成本的被试给予的评价属性评价为 3.752 分，但是单因素方差分析的 p 值为 0.167，大于 0.05，即无显著性，这也意味着被试在购买拥有某件商品后，无论之前所投入的沉没成本有多少，在属性评价上并不存在太大的差异，其原因可能在于消费者对于新拥有的商品都会给予较高的属性评价，从而假设 H1b 没有得到验证。

对于高转售知觉下的价格评定和属性评价，单因素方差分析的 p 值均小于 0.05，达到显著水平。通过 Scheffe 事后比较法进行两两对比，发现沉没成本水平高的被试如果知觉到较高的转售可能性时，相对于沉没成本水平低和无沉没成本的被试，在价格评定上要高，并且存在显著差异，从而假设 H2a 得以验证。而在属性的评价上，沉没成本水平低的被试相对于无沉没成本的有显著差异，但与高沉没成本的被试之间并无明显差异，从而假设 H2b 部分得到验证。

对于低转售知觉下的价格评定和属性评价，通过单因素方差分析，发现其 p 值都大于 0.05，不存在显著性，表示消费者转售知觉低时，感知价值也低，从而假设 H2c 和假设 H2d 都没有得到验证。

通过两两比较的方式，探讨低转售知觉、高转售知觉对于消费者价格评定和属性评价的干扰作用是否有差异，具体操作步骤是：用高转售知觉下的价格评定、属性评价减去原始价格评定、原始属性评价，比较低转售知觉下的价格评定、属性评价减去原始价格评定、原始属性评价，进行独立样本 T 检验，见表 1。

表 1　　　　　　　　　　　　高转售知觉和低转售知觉影响程度的比较

		高转售知觉下评价差	低转售知觉下评价差	t 值	p 值
高	价格	387.05 (391.61)	887.24 (805.00)	4.180	0.000
	属性	0.45 (0.37)	1.49 (1.07)	6.898	0.000
低	价格	662.50 (659.76)	1103.62 (775.30)	3.290	0.001
	属性	0.52 (0.44)	1.36 (0.93)	6.265	0.000
无	价格	758.49 (721.93)	775.80 (688.90)	0.136	0.650
	属性	0.49 (0.39)	1.41 (0.76)	8.152	0.000

结果表明，低转售知觉的影响程度，无论是在价格评定差异方面，还是在属性评价差异方面，均大于高转售知觉所带来的影响。从而假设 H3a 和 H3b 得到验证。

6. 研究结论与讨论

6.1　研究结论

本研究基于禀赋效应的研究框架就沉没成本和转售知觉对消费者感知价值的影响进行了探讨。研究通过两个实验，得出以下结论：

首先，消费者在获得商品前的参与，即所投入的时间、努力等沉没成本，会提高消费者的禀赋效应程度，会让消费者更加关注损失和利得。也就是说，当沉没成本水平上升时，消费者往往强调以更多的收益作为补偿，从而赋予已经拥有的商品更多的价值，以尽量减少支出带来的不愉快感①。这也正是研究中沉没成本水平高的消费者在获得商品后对价格的评定相对较高的主要原因。而消费者在获得商品后对属性的评价，不会过多地考虑之前的沉没成本水平，都会给予高度评价，则是因为受到拥有权效果中的主观所有权影响。正如 Reb 和 Connolly 在 2007 年的研究中所探讨的那样，无论合法所有权如何，具有主观所有权的消费者对商品产生的偏好与期望会比没有主观所有权的消费者高②。

其次，研究还讨论了消费者在拥有物品后，转售知觉对禀赋效应带来的影响。当知觉到转售的可能性很高时，沉没成本水平高的消费者产生更强的禀赋效应。这是因为处置效应的作用，在转售行为越来越普及的今天，在一定程度上转售可能性也可以看做产品的一种属性，转售可能性高表示已经付出的金钱、时间等成本在未来可以从他人手中获得弥补，转售可能性高也折射出他人对商品的认可，会让拥有者觉得商品很抢手且具有竞争力，从而提升了消费者的正面评价，产生禀赋效应。而当知觉到转售可能性很低时，处置效应的作用便无法发挥，此时，无论沉没成本水平如何，消费者对商品价格和属性的感知都不高③。

6.2 研究贡献与局限

研究的主要贡献体现如下：

首先，本研究基于消费者购买决策模型来探讨禀赋效应是否存在于消费者购后的评估环节。在以往的研究中，禀赋效应多见于行为经济学领域，比如讨论拍卖问题。事实上，禀赋效应是日常生活中普遍存在的客观现象，在消费者行为方面对其进行探讨，是非常有意义的。

其次，本研究考察了两个因素——购买前的沉没成本和购买后的转售知觉对这种禀赋效应会起什么样的作用和影响。已有的文献在对禀赋效应影响因素进行讨论的时候，主要涉及的有认知因素、动机因素、商品因素和情绪因素等，远没有达成一致意见，因此本研究在一定程度上丰富了研究视角。

再次，本研究从两个方面——价格评定和属性评价的差异来呈现禀赋效应的特征。也就是说，禀赋效应的特征不仅仅体现在价格的过高评估上，也可能通过属性的过高评价来反映。

最后，较少研究提及转售可能性可以作为产品的一种重要属性。企业在开展营销实务时，可以将其作为卖点之一，通过提高消费者的转售知觉，降低消费者购买商品前对价格的敏感程度和对损失的敏感程度，以此增强溢价意愿。不过，购买商品后高水平的转售知觉，也会让消费者产生更强的禀赋效应。

同时，本研究也是存在着局限性的。在研究方法上，本研究选取的是实验法，且被试基本来自于所在高校的普通大学生，样本同质性较高，因此相对于其他方法而言，在外部效度上可能难以完全保证。而在研究对象上，本研究选取的是有形电子商品，沉没成本重点考察的又是搜寻时间和努力成本，对于消费者参与服务的情形没有进行考虑。

（作者电子邮箱：glzhang@whu.edu.cn）

---

① Morewedge, C. K., Shu, L. L., Gilbert, D. T., and Wilson, T. D.. Bad riddance or good rubbish? Ownership and not loss aversion causes the endowment effect[J]. *Journal of Experimental Social Psychology*, 2009, 45：947-951.

② Jochen Reb, and Terry Connolly. Possession, feelings of ownership and the endowment effect[J]. *Judgment and Decision Making*, 2007, 2(2)：107-114.

③ Robin L. Soster, Ashwani Monga, and William O. Bearden. Tracking costs of time and money：How accounting periods affect mental accounting[J]. *Journal of Consumer Research*, 2010, 37(4)：712-721.

◎ 参考文献

[1] 刘欢，梁竹苑，李纡．行为经济学中的损失规避[J]．心理科学进展，2009，17(4)．

[2] 刘腾飞，徐富明，张军伟，蒋多，陈雪玲．禀赋效应的心理机制及其影响因素[J]．心理科学进展，2010，18(4)．

[3] 卢远新，梁贺红．禀赋效应研究述评[J]．湖北经济学院学报(人文社会科学版)，2008，11．

[4] 庄锦英．关于成本沉没效应的实验研究[J]．应用心理学，2005，11(1)．

[5] Ahluwalia, R. S.. Tolerance analysis in process planning[J]. *International Journal of Industrial Engineering-Theory Applications And Practice*, 2002, 9(4).

[6] Carmon, Z., and Ariely, D. Focusing on the forgone: How value can appear so different to buyers and sellers[J]. *Journal of Consumer Research*, 2000, 27(3).

[7] CA Kogut. Consumer search behavior and sunk costs[J]. *Journal of Economic Behavior and Organization*, 1990, 14(3).

[8] Chu, H., and Liao, S.. Exploring consumer resale behavior in c2c online auctions: taxonomy and influences on consumer decisions[J]. *Academy of Marketing Science Review*, 2007, 11.

[9] Daniel Kahneman, and Amos Tversky. Prospect theory: An analysis of decision under risk[J]. *Econometrica*, 1979, 47(2).

[10] Daniel Kahneman, Jack L. Knetsch, and Richard H. Thaler. The endowment effect, loss aversion, and status quo bias[J]. *The Journal of Economic Perspectives*, 1991, 5(1).

[11] Franciosi, R., Kujal, P., Michelitsch, R., Smith, V., and Deng, G. Experimental test of the endowment effect[J]. *Journal of Economic Behavior and Organization*, 1996, 30(11).

[12] George Loewenstein, and Daniel Adler. A Bias in the Prediction of Tastes[J]. *The Economic Journal*, 1995, 105(431).

[13] Hal R. Arkes, and Catherine Blumer. The psychology of sunk cost[J]. *Journal of Consumer Research*, 1985, 35(1).

[14] Hsuchi Ting, and Thomas S. Wallsten. A query theory account of the effect of memory retrieval on the sunk cost bias[J]. *Psychonomic Bulletin & Review*, 2011, 18(4).

[15] Johnson, Eric J., Haubl, Gerald, and Keinan, Artat. Aspects of endowment: A query theory of value construction[J]. *Journal of Experimental Psychology-Learning Memory and Cognition*, 2007, 33(3).

[16] Jochen Reb, and Terry Connolly. Possession, feelings of ownership and the endowment effect[J]. *Judgment and Decision Making*, 2007, 2(2).

[17] Laura A. Peracchio, and Alice M. Tybout. The Moderating Role of Prior Knowledge in Schema-Based Product Evaluation[J]. *Journal of Consumer Research*, 1996, 23(3).

[18] Loureiro, M. L., Umberger, W. J., and Hine, S.. Testing the initial endowment effect in experimental auctions[J]. *Applied Ecomomics Letters*, 2003, 10(5).

[19] Morewedge, C. K., Shu, L. L., Gilbert, D. T., and Wilson, T. D.. Bad riddance or good rubbish? Ownership and not loss aversion causes the endowment effect[J]. *Journal of Experimental Social Psychology*, 2009, 45.

[20] Nayakankuppam, D., and Mishra, H.. The endowment effect: Rose-tinted and dark-tinted glasses

[J]. *Journal Of Consumer Research*, 2005, 32(3).

[21] Novemsky, N. , and Kahneman, D. . How do Intentions affect loss aversion? [J]. *Journal of Marketing Research*, 2005, 42.

[22] Okada, E. M. . Trade-ins, mental accounting, and product replacement decisions[J]. *Journal of Consumer Research*, 2001, 27(4).

[23] Pierce, J. L. , Kostova, T. , Dirks. The state of psychological ownership: Integrating and extending a century of research[J]. *Review of General Psychology*, 2003, 7(1).

[24] Richard Thaler. Toward a positive theory of consumer choice [J]. *Journal of Economic Behavior & Organization*, 1980, 1(1).

[25] Robin L. Soster, Ashwani Monga, and William O. Bearden. Tracking costs of time and money: How accounting periods affect mental accounting[J]. *Journal of Consumer Research*, 2010, 37(4).

[26] Strahilevitz, M. A. , and Loewenstein, G. . The effect of ownership history on the valuation of objects[J]. *Journal of Consumer Research*, 1998, 25(3).

[27] Tom, G. . The endowment-institutional affinity effect[J]. *Journal of Psychology*, 2004, 138(2).

[28] Van de Ven, N. , Zeelenberg, M. , and Van Dijk, E. . Buying and selling exchange goods: Outcome information, curiosity and the endowment effect[J]. *Journal of Economic Psychology*, 2005, 26(3).

Sunk Costs and Resale Perception Perceived Value to Consumers
——An Endowment Effect Research Framework

Mao Juan[1] Zhang Guangling[2] Yi Cheng[3]

(1, 2, 3 Economics and Management School of Wuhan University, Wuhan, 430072)

Abstract: Traditional consumer theory which based on the New Classical Economics, contends that consumers would considerate varies information and solutions comprehensively and reach to rational decisions. However, in the actual consumer behavior, some kinds of psychological effects such as the endowment effect still may lead to irrational decisions. In this study, We explore the influence of sunken costs and resale perception to the consumer's perceived value from the endowment effect perspective through the scenario simulation method.

Key words: Sunk cost; Resale perception; Consumer perceived value; Endowment effect

来源国形象如何影响企业的国际市场绩效*

——基于制度理论的合理性溢出效应视角

● 牟宇鹏[1]　　汪　涛[2]　　周　玲[3]

（1，2 武汉大学经济与管理学院　武汉　430072；3 湖南大学工商管理学院　长沙　410082）

【摘　要】来源国形象一直在国际营销以及消费者行为研究领域里得到广泛重视。但是，有关来源国形象如何作用于企业在东道国的国际市场绩效的现有研究结论既未达成一致共识，又缺乏与部分现实的相关性以及对部分现象的解释力。本研究将制度理论引入来源国研究，基于合理性溢出效应视角，探讨了一种新的来源国形象的作用机制——合理性溢出效应。两个实验的结果表明：来源国形象作为一种大范围合理性，会对国际化企业及产品的合理性产生溢出效应，从而影响消费者对该企业的支持；来源国能力形象和暖性形象在合理性溢出效应中具有不对称性，暖性形象调节能力形象对消费者支持的影响。

【关键词】来源国形象　企业合理性　合理性溢出效应　消费者支持

1. 引言

如今，由于来源国效应的存在，强有力的国家形象已成为国际企业争夺经济资源与消费市场的一种辅助手段。所谓来源国效应，就是指对某个国家的总体印象和感知会正向影响消费者对该国企业或产品的判断。众多国内学者均指出，囿于国际市场对"中国制造"所持的负面来源国形象，中国企业及其品牌在国际市场的发展步履维艰。所以，若要更好地促进中国企业的国际化进程，就需要对来源国形象如何制约企业国际化市场绩效有深刻和全面的了解。

综合而言，现有文献对来源国效用的解读大多是视来源国形象为一项重要的、用于判断产品感知质量的外在线索来探讨其对消费的影响，认为消费者基于对某国的形象认知来推断来自于该国的产品的属性，进而作出消费判断。这种解释虽然一定程度上有助于我们理解消费者为什么更愿意购买发达国家的产品或者更不愿意购买欠发达国家的产品，但它忽视了来源国形象对于消费者而言所具有的社会意义，因此缺乏对部分现实问题的解释力。比如，Ettenson 和 Klein 的研究发现，法国产品因其良好的来源国形象而享誉全球，但澳大利亚消费者却因为法国在南太平洋制造核弹实验，对法国产品坚决进行抵制①；与

---

* 本文是国家自然科学基金"　　"（项目批准号：71272226）、武汉大学人文社会科学"70 后"学者学术团队建设计划、武汉大学"985 工程"三期建设项目、湖南大学青年教师成长计划资助项目的阶段性成果。

① Ettenson, R., and Klein, J. G. The fallout from French nuclear testing in the South Pacific：A longitudinal study of consumer boycotts. *International Marketing Review*，2005，22(2)：199-224.

此相反，Samiee 指出，受制于负面"Made-in-China"形象的中国产品仍畅销无阻①。虽然不否认其中有消费者经济状况、文化因素等的综合影响，但法国和中国产品在国际市场的不同遭遇却均说明：来源国形象并非只是简单地通过产品评价作用于企业在东道国的国际市场绩效。

Verlegh 和 Steenkamp 的研究显示，来源国形象对于消费者来说除了意味着产品实用价值外，还包含对消费者的约束力，这种约束力可能来源于制度、规范等②。如果来源国形象并非只是通过影响产品感知价值评价这一中介机制来作用于消费者，那么它到底还会通过什么样的机制来影响到国际化企业在东道国的市场绩效呢？为了进一步了解来源国形象对于国际化企业市场绩效的影响，我们必须进一步扩宽该领域的理论基础。

本文将制度理论引入来源国研究，基于合理性溢出效应的理论视角，探讨了来源国形象对国际化市场绩效的影响，通过 2 个实验揭示了：来源国形象作为一种大范围合理性，会对国际化企业及产品的合理性产生溢出效应，从而影响东道国消费者对该企业及产品的支持；来源国能力形象和暖性形象在合理性溢出效应中具有不对称性，暖性形象会制约能力形象对消费者支持的影响。

2. 理论基础与假设演绎

2.1 来源国形象的作用机制

来源国形象是企业家或消费者对某特定国家之产品的图像、声誉与刻板印象，这种形象是由代表性产品、国家特性、经济与政治背景、历史以及传统等变数造成的。它不仅是消费者对某国的整体性认知，还往往代表了消费者对某一产品来源国一系列认知、情感、规范和意动的国家刻板印象。来源国效应就是指某个国家的来源国形象会影响到消费者对该国产品及品牌的判断。

追溯到 20 世纪 60 年代开始的国际化营销文献，来源国效应已经在 300 多篇研究文献中得到考察。尽管这些研究证实了来源国效应的存在，但有关来源国形象如何影响消费者感知和购买行为，研究结论却不一致。已有文献已经运用信号假说、独立属性假说、概构模型、弹性模型四大模型对来源国形象的作用机制作出了解读。这四大模型对来源国效应的作用机制持不同的观点，均证实了来源国形象在新兴经济企业树立竞争优势方面有着举足轻重的影响。但另一方面，它们大多是视来源国形象为一项重要的产品外在线索，与其他属性一起影响消费者的产品评价、感知价值、感知质量等判断，进而影响消费者的购买意愿。

这种局限于产品因素自身的认识忽略了产品来源国形象背后所依附的社会制度、规则、文化等因素，而这些因素往往又能左右消费者对产品的认知。所以，如果仅将来源国形象视为评价产品质量的一种外生属性，限制了来源国相关理论对部分现实中部分问题的解释力。为了拓展对来源国效应的认知，我们必须进一步扩宽该领域的理论基础，寻找来源国效应作用于东道国消费者购买行为这个过程中，除却产品评价、感知价值和感知质量等产品维度之外的中介机制——这也是本文的研究目标。而制度理论，尤其是其中的合理性理论，为分析企业以及周围环境之间的关系提供一个很好的理论视野。

---

① Samiee, S.. Advancing the country image construct- a commentary essay [J]. *Journal of Business Research*, 2010, 63: 442-445.

② Verlegh, P. W. J., and Steenkamp, J. B. E. M.. A review and meta-analysis of country-of-origin research [J]. *Journal of Economic Psychology*, 1999, 20(5): 521-546.

2.2 合理性溢出效应

合理性(legitimacy)是指在一个由社会构建的规范、价值、信念和定义的体系中,一个实体的行为被认为是可取的、恰当的、合适的一般性的感知和假定。进入某一市场的企业必须服从规则和标准,采用一些行动(如捐款、声明、发展网络)来增强其合理性。如此,企业才能获得一个合理性的保护伞,才可能获取如高管、高质员工、财务资源、技术、顾客、网络和政府支持等其他资源和机会。

企业合理性的获取不是一个企业自身单独作战的过程,而是企业所在的某个群体的影响溢出的过程,单个企业的小范围合理性会受到其所属某大类企业的大范围合理性的影响。为什么存在大范围合理性制约小范围合理性的这种合理性溢出效应呢?制度理论认为企业和消费者等社会主体镶嵌于经济和制度环境之中,这些社会主体在采取行动时,不仅会有从经济性角度的成本收益思考,也会考虑涉及一个社会或社区相关的文化、含义、理想和可接受的社会规范在内的制度环境。据此推论,消费者的决策和满意不仅受到他们自身对企业的小范围感知合理性的影响,也会受到其对所在的更广范围的社会环境对某一企业所属类别的大范围的合理性感知的制约。因此,东道国涉众对某特定企业/产品的合理性的判断,会基于该企业所属国家的所有企业/产品的合理性(即来源国形象)而做出。如德赛(2011)所指出的,只有当大范围合理性存在的情况下,小范围合理性才能促进企业和东道国消费者(或其他涉众)之间的良性互动;而反之,当大范围合理性缺失或低迷时,对于小范围企业的合理性感知也会降低。

2.3 来源国形象的合理性溢出效应

跨国经营的企业在东道国往往会面临"外国者劣势",即因为面临纯本土经营公司所没有的特定成本,在获取合理性的投入上要高于本地企业。相比本土企业,外国企业在许多方面都会面临不同的合理性标准,必须付出更多的成本通过支持本地社区等方式来塑造他们的声誉和善意。这些包含建立和维持合理性在内的成本使外国企业处于一种竞争劣势之中。

Kostova 和 Zaheer(1999)的研究表明,处于外国者劣势下的外国企业由于不能有效地嵌入东道国信息网络之中,其自身和东道国都缺少正确了解、分析和评价对方的必要信息。此时,消费者及公众不能找到过去的绩效记录来对企业进行准确的公正的评价,信息的缺乏会导致东道国的消费者、供应商、政府和总体公众会基于他们感知的国家性的符号和刻板印象及其他非理性标准而非效益等客观标准来更严苛地对待外国企业。因此,外国企业在东道国面临的劣势主要就来自于国家性的符号和刻板印象,而这种刻板印象的一个主要来源,就是东道国常年累积的、理所当然的对该企业的来源国的印象。

所以,在企业陷入外国者劣势的情况下,来源国形象作为一种大范围的合理性感知,会泛化为东道国消费者及公众认知企业及其产品这种小范围合理性的重要标准之一,通过这种合理性溢出效应而影响消费者对该国企业及产品的支持。而已有研究中,众多来源国研究领域的学者基于菲斯克(2002)的 SCM (Stereotype Content Model)模型,将来源国形象分为感知能力和感知暖性两大维度,其中能力形象主要涉及消费者对某国是否称职、聪慧、自信、有效率、竞争力强和独立的感知,而暖性形象则涉及消费者对某国是否友好、善良、真诚、本质好、温暖和值得信任的感知。

因此,我们可以推论,当消费者感知某个特定国家具有较高的提供其所需产品的能力(或者具有较好的商业伦理、国际关系和善意)时,他们会给予该国的企业和产品正面的支持,因为这种较好的来源国能力形象(或暖性形象)会溢出到消费者对该产品的小范围合理性感知上。但反之,如 Maher 和 Carter(2011)的研究所示,消费者更不可能购买来自于他们所感知形象差的国家的产品,这既可能是因为他们认为该国经济发展水平而不可能生产出质量过硬的产品(即能力形象较差),也可能是因为他们认为该国的制度不完善或者在政治等表现上不利于他国福利(即暖性形象较差)。因此,消费者会基于来源国形象形成对该国企业及产品小范围合理性的判断，进而决定对企业及产品采取何种支持态度和行为(购买、口传或抵制)。如果消费者对某国的来源国形象的大范围认知越好，那么其对属于该国的某特定企业或产品的合理性感知也越高，对该企业或产品的支持也就会越高；反之，则越低。综合上述，提出假设 H1 和假设 H2：

H1　来源国形象会正向影响消费者对该国某企业的支持，具体而言：

H1a　相对于差来源国能力形象，好来源国能力形象会导致消费者对该国某企业以更高的支持；

H1b　相对于差来源国暖性形象，好来源国暖性形象会导致消费者对该国某企业以更高的支持。

H2　企业或产品的合理性中介于来源国能力形象和暖性形象对该国某企业的消费者支持的影响。

Roberts 和 Greenwood(1997)、Grayson 等(2008)等制度理论研究者认为：制度环境中的社会性规范高于实用性考虑，企业和消费者并不是基于技术考虑的纯理性产物，制度环境中的一系列制度规范都会使得他们更多考虑绩效之外的问题。而阿诺德等(1999)对于零售店的调查结果也显示：当考虑到一个零售商为社区所作的贡献(暖性形象)时，如地理便利性、性价比和有益的广告等实用性因素对于消费者的零售店选择的影响就会减弱。汪涛等(2012)的扎根理论研究结果也表明：即使中国企业及产品已经具有较好的产品品质等实用性表现，但如果中国的文化和制度规范得不到外国消费者的认可，那么外国消费者对中国制度和规范的猜疑和诟病同样会传递为对企业及产品合理性的质疑。因此，来源国能力形象和暖性形象不仅会分别直接影响消费者对中国企业/产品合理性的判断，消费者对来源国暖性形象的认知还会影响到来源国能力形象对整个中国企业/产品合理性所产生的影响。所以，提出假设 H3：

H3　来源国暖性形象正向调节来源国能力形象对消费者支持的影响。

3. 实验

实验采用 2(来源国能力形象：好 vs. 差)×2(来源国暖性形象：好 vs. 差)的组间实验设计，以具体考察来源国能力形象和来源国暖性形象所组成的四种具体来源国形象类型对消费者支持的影响，以及其中企业合理性的中介作用，以验证本研究中所提出的假设。武汉五所高校一共 154 名本科生和硕士生参与了该实验($N=154$；年龄为 21 ~ 26 岁；55% 为女性)，以平时成绩分 5 分作为参与实验的报酬。

3.1　实验操作和程序

我们在实验一中虚拟了"World 公司"为一家普通服装(非高端)作为实验材料，并对该企业的规模、国际化经验、经营产品类型、产品外观价格等属性信息做了简单描述。实验中虚拟了 A、B、C、D 国 4 种实验情境。

实验流程具体如下：首先呈现实验指导语，引导被试了解实验者身份、实验的纯粹学术研究目的等信息。然后呈现实验材料，让被试阅读一些有关 World 公司及产品的相关信息。在回答一系列与本实验变量无关的问题后，让被试阅读 World 公司来源国的相关信息。紧接着，让被试针对消费者支持的量表做出回答($\alpha=0.65$)。接下来，让被试对企业合理性的量表做出回答($\alpha=0.73$)。在问卷的最后部分，让被试对实验中所呈现的 A 国(或者 B、C、D 国)来源国形象量表($\alpha=0.83$)进行评分，以考察来源国形象的类型是否被成功操纵。最后，研究者收集了被试的人口统计特征。

3.2　操纵检验

首先，本文采用了 2(来源国能力形象：好 vs. 差)×2(来源国暖性形象：好 vs. 差)的 ANOVA 检查，来考察来源国形象的操纵效果。如预期那样，好来源国能力形象组中来源国能力形象的得分要显著高于低来源国能力形象组，即 A、C 两国材料组的来源国能力形象得分要显著高于 B、D 两国（$M_{能力A和C}$ = 5. 64，SD = 1. 43 vs. $M_{能力B和D}$ = 2. 38，SD = 1. 32；$F(1，150)$ = 4. 37，$p<0.05$）；同样，好来源国暖性形象组的来源国暖性形象得分要显著高于差来源国暖性形象组，即 A、D 两国材料组的来源国暖性形象得分要显著高于 B、C 两国（$M_{暖性A和D}$ = 5. 72，SD = 1. 55 vs. $M_{暖性B和C}$ = 2. 21，SD = 1. 92；$F(1，150)$ = 6. 04，$p<0.05$）。此外，好来源国能力形象组的能力形象得分显著高于量表的中位数（$t(76)$ = 9. 54，$p<0.01$），而差来源国能力形象组的能力形象得分显著低于量表的中位数（$t(74)$ = 8. 26，$p<0.01$）。好来源国暖性形象组的暖性形象得分显著高于量表的中位数（$t(74)$ = 8. 45，$p<0.01$），而差来源国暖性形象组的暖性形象得分显著低于量表的中位数（$t(76)$ = 7. 97，$p<0.01$）。

除此之外，在好来源国能力形象的情况下，不同来源国暖性形象情境下的来源国能力形象得分并无显著差异，即 A 国材料组和 C 国材料组两个组之间的来源国能力形象得分并无显著差异（$F(1，150)$ = 3. 12，$p>0.05$）；同样，在好来源国暖性形象的情况下，不同来源国能力形象情境下的来源国暖性形象得分并无显著差异，即 A 国材料组和 D 国材料组两个组之间的来源国暖性形象得分并无显著差异（$F(1，150)$ = 2. 33，$p>0.05$）。差来源国能力形象情境下，来源国能力形象的得分在好、差两种来源国暖性形象情境中的得分也无显著差异，即 B 国材料组和 D 国材料组两个组之间的来源国能力形象得分并无显著差异（$F(1，150)$ = 3. 18，$p>0.05$）；差来源国暖性形象情境下，来源国暖性形象的得分在好、差两种来源国能力形象情境中的得分也无显著差异，即 B 国材料组和 C 国材料组两个组之间的来源国暖性形象得分并无显著差异（$F(1，150)$ = 3. 13，$p>0.05$）。

以上结果表明对来源国能力形象和暖性形象的操纵是有效的。

3.3　假设检验

H1 是假设来源国能力形象和来源国暖性形象均会正向影响消费者对该国某企业的支持，H2 提出的是企业合理性的中介作用，而 H3 提出的是来源国暖性形象和来源国能力形象的交互效应，因此本研究遵循巴伦和肯尼（1986）验证有中介和调节效应的程序，采用三个步骤来展开分析：第一步，建立消费者支持对来源国能力形象、来源国暖性形象以及两种形象交互效应的回归，如表 1 的模型 1 所示，证实来源国能力形象和来源国暖性形象对消费者支持的主效应，结果显示：来源国能力形象（β = 0. 37，t = 4. 39，$p<0.001$）和来源国暖性形象（β = 0. 44，t = 5. 36，$p<0.001$）和两者交互（β = 0. 20，t = 2. 23，$p<0.05$）均会显著正面影响消费者支持，H1a 和 H1b 得到支持。第二步，建立企业合理性对来源国能力形象、来源国暖性形象以及两者交互的回归，表 1 中的模型 2 证实了来源国能力形象（β = 0. 28，t = 3. 21，$p<0.01$）、来源国暖性形象（β = 0. 31，t = 3. 87，$p<0.001$）和两种形象交互（β = 0. 16，t = 2. 12，$p<0.05$）对企业合理性的直接正向影响，H3 得到支持。第三步，模型 3 中将企业合理性、来源国能力形象、来源国暖性形象和两种形象交互一起作为自变量，来考察它们对消费者支持这一因变量的影响。此时，来源国能力形象（β = 0. 14，t = 1. 94，$p>0.10$）和两种形象交互项（β = 0. 08，t = 1. 30，$p>0.05$）对消费者支持的影响则变得不再显著。来源国暖性形象（β = 0. 25，t = 3. 16，$p<0.05$）对消费者支持的影响显著性降低，而企业合理性对消费者支持的正面效应高度显著（β = 0. 36，t = 4. 43，$p<0.001$；Sobel z = 2. 48，$p<0.001$）。这一结果部分支持了 H2，即企业合理性充当了来源国形象对消费者支持影响的部分中介。以上三个步骤的分析表明：(1)企业合理性完全中介于来源国能力形象、两种形象交互对消费者支持的影响，但部分中介于来源国暖性形象对消费者支持的影响，因为来源国暖性形象对消费者支持的影响系数在模型 3 中仍然显著；(2)企业合理性中介于来源国能力形象和暖性形象的交互。

表1　　　　　　　　　　　　　　企业合理性的中介效应分析结果

	路径	Beta	t 值	p 值
模型1	P–CS	0.37	4.39	p<0.001
	S–CS	0.44	5.36	p<0.001
	P×S–CS	0.20	2.33	p<0.05
模型2	P–L	0.28	3.21	p<0.01
	S–L	0.31	3.87	p<0.001
	P×S–L	0.16	2.12	p<0.05
模型3	P–CS	0.14	1.94	p>0.10
	S–CS	0.25	3.16	p<0.05
	P×S–CS	0.08	1.30	p>0.05
	L–CS	0.36	4.43	p<0.001

备注：P=来源国能力形象，S=来源国暖性形象，CS=消费者支持，L=合理性。

为了验证中介效应，采用了均值之间 t 检验来检查 β 系数减少的情况，所有 p 值均小于0.05。Sobel 检验也证实了来源国暖性形象对消费者支持影响系数的显著降低（$z=2.48$，$p=0.01$）。

模型1中的结果已经证明来源国暖性形象和能力形象两者交互对消费者支持有显著的影响。为了更为具体地观察 H3 中来源国暖性形象的调节作用，本文将四种来源国形象下的消费者支持得分均值在图1中标出。结果表明，所得消费者支持从高到低排列的来源国类型依次是：来源国能力形象和暖性形象皆好的 A 国（$M_A=5.72$）、暖性形象好能力形象差的 D 国（$M_B=3.56$）、暖性形象差能力形象好的 C 国（$M_B=3.34$）、来源国能力形象和暖性形象皆差的 B 国（$M_B=2.53$）。相对于差来源国暖性形象情境而言，好来源国能力形象在好来源国暖性情境中会相比平均水平（主效应）导致更高的消费者支持。相比处于差来源国暖性形象组的被试，好来源国暖性形象组中被试对某企业的支持的增长幅度会随着来源国能力形象的增

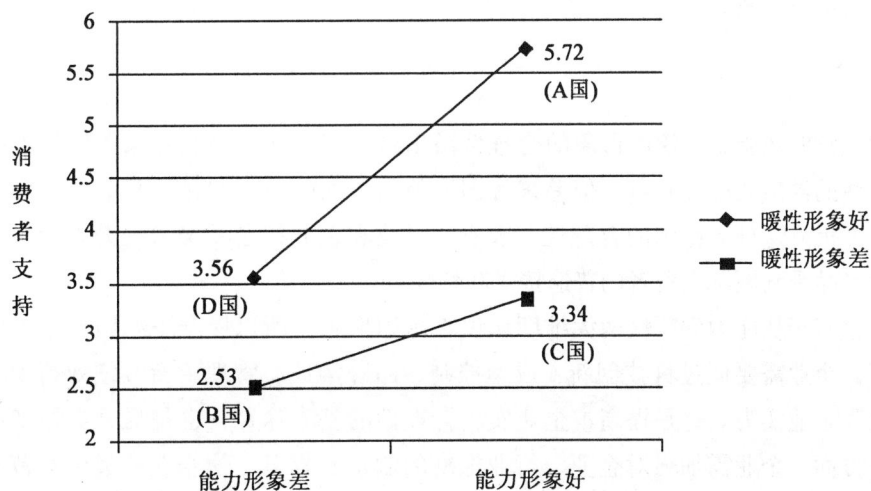

图1　来源国能力形象和暖性形象对国际化企业市场绩效的影响

高而变大。相对于好来源国暖性形象情境而言，差来源国暖性形象情境下消费者支持随来源国能力形象增长的幅度要相应低于平均水平，也就是说，差来源国暖性形象会制约消费者支持随来源国能力形象提升而增高的程度。综上所述，H3 得到支持。

4. 总结与讨论

4.1 结论与创新

本文的研究结果表明：来源国形象对消费者购买行为和企业市场绩效的影响机制之一是合理性溢出效应：消费者会基于来源国能力形象和暖性形象形成对所有某国企业的大范围感知，从而影响对该国某特定企业及产品小范围合理性的判断，进而决定对企业及产品采取何种支持态度和行为（购买、口传或抵制）。所以，如果消费者对某国的来源国形象的大范围认知越好，那么其对属于该国的某特定企业或产品的合理性感知也越高，对该企业或产品的支持也就会越高；反之，则越低。除此以外，因为东道国消费者所在制度环境中的一系列制度规范都会使其在评价某一企业的合理性时得更多考虑企业或产品绩效之外的问题，所以来源国暖性形象不仅会通过影响消费者感知的企业合理性而影响消费者对企业的支持，还会正向调节来源国能力形象对消费者支持的影响。当某来源国的制度、文化、规范、道德等因素受到消费者的认可而具备较高的暖性形象时，那么此时随着来源国能力形象的提高，消费者对该国企业及产品的支持的增长幅度也会增加。但是当某来源国的暖性形象较低时，来源国能力形象增长对提高消费者支持所起的作用就要低于来源国暖性形象高情境。

到目前为止，已有研究对于来源国形象影响机制的解释主要是将来源国形象当做一个产品外在属性线索，与其他属性一起影响产品判断，这既没有揭示来源国形象这种判断的本质，同时也缺乏对现有部分现象（如本文引言所提的法国与中国产品在国际市场上的反向表现）的解释力。本文基于制度理论，证明了来源国形象本质上是消费者对该国所有企业及产品的一种大范围合理性认知和判断，它通过合理性溢出效应而影响消费者对该国特定企业及产品的支持。这样进一步扩宽了来源国形象研究领域的理论基础，证实了除却产品评价、感知价值和感知质量等产品维度之外，来源国形象还会通过合理性溢出效应影响国际化企业的市场绩效。

4.2 管理意义

企业国际化经营绩效受到来源国形象的合理性溢出效应的影响，因此好来源国形象的企业可以从正面的大范围合理性的溢出效应而获益，但差来源国形象的国家（如中国）的政府、行业和企业需协力改善来源国形象，努力提升这种大范围的合理性。政府、行业和企业都必须努力提升本国来源国形象，才能保证该国企业及产品受到国际消费者的普遍接受和喜爱。

鉴于消费者会基于从能力和暖性两大维度认识来源国形象，所以提升来源国形象可以从这两大方面来进行：一方面，企业需要通过科技创新、成本控制、品牌沟通、管理革新等绩效行为，努力提高产品品质、品牌形象和企业实力。这是提高本企业实用合理性的基本途径，也是提升本国来源国实用形象的必经之路；另一方面，企业需加强对企业、行业标准的制定及提升，使企业的经营规范、制度与目标国家的规范保持一致；行业协会及政府也需要在对外宣传的过程中，在国内科技、企业创新力等绩效性因素外，加入并加强对中国文化、制度、规范等制度性因素的正面宣传。这是提升产品、企业和国家的社会形象的必要努力，也是产品获得国际消费者支持的关键所在。提升我国来源国形象的关键在于树立我国良好的社会形象，以帮助众多中国企业和产品获得大范围内的社会合理性。社会形象的建立与推广不能缺少国家营销，中国需要学习美国、德国等国家营销方式，利用各种经济的、文化的方式，以科技、创意的产品为载体来传播自己的国家形象。

4.3 局限及展望

本研究通过实验证明来源国能力形象和暖性形象会通过合理性溢出效应影响东道国消费者对某企业的合理性判断，从而再影响消费者对企业的支持。但是，这种来源国的合理性溢出效应是否会受到企业本身的能动战略行为的影响呢？企业是否可以发展相应的战略行为来应对来源国形象对企业合理性的制约呢？这需要后续研究的进一步回答。

◎ 参考文献

[1] 汪涛，周玲，周南，牟宇鹏，谢志鹏. 来源国形象是如何形成的? 基于美印消费者评论和合理性理论的扎根研究[J]. 管理世界，2012，3.

[2] Ettenson R., and Klein J. G.. The fallout from French nuclear testing in the South Pacific: A longitudinal study of consumer boycotts. *International Marketing Review*, 2005, 22(2).

[3] Grayson, K., Johnson, D., and Der-Fa Robert Chen.. Is firm trust essential in a trusted environment? How Trust in the Business Context Influences Customers[J]. *Journal of Marketing*, 2008, 45(2).

[4] Handelman, J. M., and Arnold., S. J.. The role of marketing actions with a social dimension: Appeals to the institutional environment[J]. *Journal of Marketing*, 1999, 63(3).

[5] Kostova, T., and Zaheer, S.. Organizational legitimacy under conditions of complexity: The case of the multinational enterprise[J]. *Academy of Management Review*, 1999, 24(1).

[6] Maher, A. A., and Carter, L. L.. The affective and cognitive components of country image: Perceptions of American products in Kuwait[J]. *International Marketing Review*, 2011, 28(6).

[7] Roberts, P. W., and Greenwood, R.. Integrating transaction cost and institutional theories: Toward a constrained-efficiency framework for understanding organizational design adoption[J]. *Academy of Management Review*, 1997, 22(2).

[8] Samiee, S.. Advancing the country image construct—A commentary essay[J]. *Journal of Business Research*, 2010, 63.

[9] Verlegh, P. W. J., and Steenkamp, J. B. E. M.. A review and meta-analysis of country-of-origin research[J]. *Journal of Economic Psychology*, 1999, 20(5).

How Does Country-of-Origin Image Effect Firms' International Market Performance?
—From the Perspective of Legitimacy Spillover Effect in Institutional Theory

Mou Yupeng[1]   Wang Tao[2]   Zhou Ling[3]

(1, 2 Economics and Management School of Wuhan University, Wuhan, 430072;

3 Business School of Hunan University, Changsha, 410082)

Abstract: Country-of-Origin effect has gains lots of attention in both international marketing research domain and consumer behavior research domain. However, the extant literatures still do not have a convinced conclusion of how country-of-origin exerts its impacts on consumers. In addition, extant explanation for country-of-origin effect also lacks the relevance of the practices. Based on the theory of liability of foreignness and legitimacy spillover, this research conducts 2 experiments and finally finds out a new possible explanation for country-of-origin effect. The results show that country-of-origin image is an essentially kind of recognitions and judgments of broad-scope legitimacy and will exert its impacts on consumer support through the legitimacy spillover effect. Consumers would judge the narrow-scope legitimacy of one specific enterprise by its country-of-origin image and then decide whether give support to the enterprise or not. In addition, the perceived warmth image of the origin country moderates the relationship between perceived competence image and consumer support.

Key words: Country-of-Origin image; Enterprise's legitimacy; Legitimacy spillover effect; Consumer support

信任品市场研究述评*

● 喻 言[1,2]

（1 中南财经政法大学工商管理学院　武汉　430070；2 湖南农业大学经济学院　长沙　410128）

【摘　要】信任品是指即使在消费之后也很难知道其质量的商品，这种特征决定了其市场上买者和卖者之间存在很大的信息不对称，这种信息不对称使卖者有很强的积极性对买者进行欺骗。本文首先从需求、供给、博弈过程、均衡和相关拓展方面对信任品市场的基本分析框架进行了总结，然后基于相关文献，从研究对象、基本假设、研究方法方面对文献进行了比较研究，最后在此基础上对信任品市场的未来研究进行了展望。

【关键词】信任品　信息不对称　文献述评

1. 引言

商品的分类最早可追溯至 Nelson（1970），他沿用 Stigler（1961）提出的搜寻成本的概念，将商品分为搜寻品（search goods）和经验品（experience goods）。搜寻品（search goods）是指消费者在购买之前就能知道其质量的商品，经验品（experience goods）是指消费者在购买之后才能知道其质量的商品。对低成本的商品来说，购买商品是体验其质量最好的方式。如果商品的价格非常低，消费者会偏好于通过体验获取商品信息，但如果商品的价格非常高，消费者就只能通过其他方式获取信息了。

Darby 和 Karni（1973）拓展了 Nelson（1970）关于商品的分类，他们在搜寻品（search goods）和经验品（experience goods）的基础上增加了另外一类商品——信任品（credence goods）。信任品（credence goods）是指即使在消费后也很难知道其质量的商品。Darby 和 Karni（1973）分析了信任品买者、卖者的行为以及两者的均衡，并讨论了信誉、市场条件、技术因素如何影响欺诈的数量。他们提出，对信任品来说，必须依靠第三方（如政府）为消费者提供关于商品质量真实可靠的信息。

大多数信任品是专家服务型商品，即卖者不仅销售信任品，还作为专家参与市场。经常举出的例子有医疗、修理、咨询和教育等专家服务型商品。在信任品市场上，买者对他们确实所需商品的程度不确定，因此，卖者决定了买者的需求（Emons，1997）。这种卖者和买者之间的信息不对称，使卖者有很强的积极性对买者进行欺骗。对于卖者来说，他们可能会向买者推荐那些买者并不需要，但对自己来说最有利可图的方案，从而向买者收取额外的费用；对于买者来说，发现卖者欺骗行为的机会是非常小的，而

---

* 本文是湖南省教育厅科学研究项目"基于产业集群创新网络的区域竞争力提升研究——以湖南省为例"（项目批准号：10C0786）的阶段性成果。

且确定卖者是否欺骗往往需要通过获取更多信息才能加以判断，而这需要很高的成本。

本文第二部分从需求、供给、博弈过程、均衡和相关拓展方面对信任品市场的基本分析框架进行了总结，第三部分梳理相关文献，从研究对象、基本假设、研究方法方面对文献进行了比较研究，第四部分对信任品市场的未来研究进行了展望。

2. 信任品市场基本分析框架

2.1 需求方面

假设市场上的消费者是风险中性的。一个消费者知道自己（或自己所拥有的商品）有问题，但不知道问题的严重性，他仅仅知道自己有 h 的概率对应严重问题，$1-h$ 的概率对应不严重问题。也就是说，消费者的类型有两种，需要高水平治疗 t^h 的消费者的概率为 h，需要低水平治疗 t^l 的消费者的概率为 $1-h$。

从图1可以看出，如果消费者需要的治疗水平和他得到的治疗水平是相应的，或者得到的治疗水平超过需要的治疗水平时，他所获得的效用都为 v。只有当消费者得到的治疗水平低于所需要的治疗水平时，他所获得的效用才为0。这也说明了信任品的一个重要特征，即当消费者得到的治疗至少和他需要的一样好时，消费者会感到满意，即过度治疗不会被消费者察觉。信任品的这种特征为专家对消费者进行欺骗提供了很好的机会。

<table>
<tr><td></td><td colspan="2">消费者需要的治疗水平</td></tr>
<tr><td rowspan="2">消费者得到的</td><td>v</td><td>0</td></tr>
<tr><td>v</td><td>v</td></tr>
</table>

图1　信任品市场中消费者的效用①

进一步分析，我们可以看到，在上图的左上角和右下角，消费者所获得的效用都是 v，因此消费者不能清楚地辨认出自己所属的类型。当一个消费者所需的仅仅是低水平的治疗时，专家通过诊断，也许会声称他所需要的是高水平的治疗，并索取相应的高费用。只有当消费者所拥有的知识水平达到一定程度，足以辨认自我类型时，专家对消费者的欺骗才不会发生。

不管消费者是否选择由某一个专家进行治疗，他访问专家都会产生诊断成本 d，若他访问 n 个专家，则总的诊断成本为 nd。消费者的得益等于他所获得的效用（图1中的 v 或0）减去总诊断成本再减去专家的索价（p）。假设如果一个消费者在访问或不访问专家之间是无差异的，他会选择访问；如果一个消费者在访问两个或更多个专家之间是无差异的，他会以相同的概率随机选择。这两点假设在专家和消费者之间是公共知识。

2.2 供给方面

假设市场上的专家是风险中性的，每一个专家能为很多消费者提供服务。专家提出两个价格 p^h 和 p^l，分别对应高水平治疗 t^h 和低水平治疗 t^l，他能够通过诊断过程发现消费者问题的严重程度（即消费者的类

---

① Dulleck, U., and Kerschbamer, R.. On Doctors, mechanics and computer specialists: The economics of credence goods [J]. *Journal of Economic Literature*, 2006, 44(3): 5-42.

型），然后提供恰当的治疗并索取费用，或者利用自己和消费者之间的信息不对称来欺骗消费者。C^h 和 C^l 分别表示高水平治疗和低水平治疗的成本（$C^h > C^l$）。

专家在对消费者实施治疗之前必须进行诊断。就诊断和治疗之间的范围经济而言，存在两种情况：如果这种范围经济很小，那么将诊断和治疗分离就是有利的；如果这种范围经济很大，最好的方式就是将诊断和治疗捆绑在一起，也就是说，诊断和治疗由同一个专家实施是最有利的。专家的利润等于总收益减去治疗成本（$p-c$）。

Emons（1997）还提出了专家的时间成本 L，这个成本是一种沉没成本，因为一旦专家进入市场，他就只能用他的时间来进行诊断和治疗，而不能从事其他的工作获得收益。假设如果一个专家在对消费者提供恰当治疗和错误治疗间是无差异的，那么他会提供恰当治疗，这一点是专家和消费者之间的公共知识。

Darby 和 Karni（1973）、Emons（1997）将专家的行为分为两种情况。第一，当专家没有足够的消费者时，他可能会利用闲散资源来修理好的商品，即对仅需要低水平治疗的消费者提供高水平治疗。第二，当专家面临太多消费者时，若诊断比修理利润更大时，他可能连坏的商品都不会全部修理（Emons，1997），即对需要提供高水平治疗的消费者提供低水平治疗或不治疗，或者他们会通过减少服务的数量来减少成本，这时专家对消费者的欺骗仍会发生，但会采取不同的形式。一种形式是，专家声称要提供服务（治疗），但实际上却没有提供服务（治疗）；另一种形式是，通过再出售旧的部件以充当全新的部件，因为对修理服务而言，如果已经使用过的耐用品身上有好的部件可以回收再出售，这比重新替换一个全新的部件对专家来说利润更大（Darby 和 Karni，1973）。

2.3　博弈过程

信任品市场消费者和专家之间的博弈过程可用图 2 表示（其中 E 表示专家，N 表示自然，C 表示消费者，r 表示拒绝，a 表示接受）。

博弈步骤如下：

第一步，专家提出两个价格 p^h 和 p^l，分别对应高水平治疗 t^h 和低水平治疗 t^l。

第二步，消费者观察到专家提出的价格后，决定是否去访问专家。如果消费者决定不访问专家，博弈结束；如果消费者决定访问专家，博弈进入下一步。

第三步，自然随机决定消费者问题的严重性，即消费者的类型，需要高水平治疗 t^h 的消费者的概率为 h，需要低水平治疗 t^l 的消费者的概率为 $1-h$。

第四步，专家对消费者进行诊断。在诊断过程中，专家能清楚地知道消费者类型，并向消费者推荐高水平治疗 t^h 或低水平治疗 t^l。

第五步，消费者决定是否接受专家推荐的治疗。如果消费者拒绝专家推荐的治疗，博弈结束；如果消费者接受专家推荐的治疗，博弈进入下一步。

第六步，专家提供治疗，并向消费者索要费用 p^h 和 p^l。

如果消费者需要的是高水平治疗（即在博弈第三步，自然选择左边），若在第四步专家向消费者推荐低水平治疗，即选择 t^l，这种情况就是"治疗不足"（undertreatment）；如果消费者需要的是低水平治疗（即在博弈第三步，自然选择右边），若在第四步专家向消费者推荐高水平治疗，即专家选择 t^h，这种情况就是"治疗过度"（overtreatment）；如果专家提供的是低水平治疗 t^l，却向消费者索取高水平治疗的价格 p^h，这种情况就是"过度索价"（overcharging）（Dulleck 和 Kerschbamer，2006）。当然，如果专家提供的是高水平治疗 t^h，他不会向消费者索取低水平治疗的低费用 p^l，因为这不符合专家个人利益最大化的原则，即"索价不足"（undercharging）的情况不会发生。

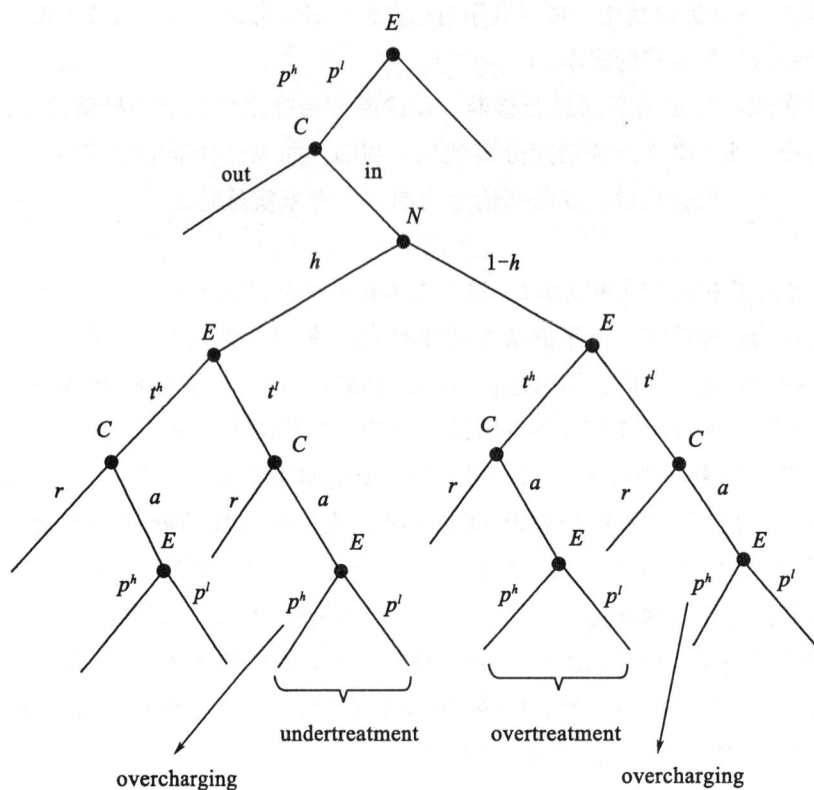

图 2　信任品市场扩展型博弈①·②

2.4　均衡

Pitchik 和 Schotter(1987)建立了一个专家和顾客的 2×2 博弈,这个博弈可以看做上述博弈树的简化形式。此博弈存在混合策略均衡,而且,这个均衡是子博弈的唯一的纳什均衡,即专家在真实告知消费者实际情况和欺骗消费者之间随机选择,消费者在接受或拒绝专家的治疗意见之间随机选择。

在 Pesendorfer 和 Wolinsky(2003)建立的模型中,专家提供竞争性合约,消费者可以收集到多种专家的意见。他们根据专家服务是否可观测和专家信息是否专有这两个特征,将现实分为四种情形:专家服务不可观测,信息具有专有性;专家服务可观测,信息不具有专有性;专家服务可观测,信息具有专有性;专家服务不可观测,信息不具有专有性。只有在第二种情形(服务可观测,信息不具有专有性)时,不受约束的竞争才会导致专家进行诊断,而在剩余的三种情形中,不受约束的竞争会导致专家不对未来的顾客进行诊断。最后的结论是,均衡没能实现福利的次优结果。

Dulleck 和 Kerschbamer(2006)对专家服务型信任品的研究进行了总结和比较,通过对前人研究成果的梳理,建立了一个统一的研究框架,证明了在消费者同质(homogeneity)、诊断者的承诺(commitment)、厂商承担低效服务的责任(liability)和不同服务水准的可验证性(verifiability)四个假设得到满足的情况下,市场机制自身能控制专家的欺骗行为,此时市场机制是有效率的。随后,通过放松上述某些假设,得到不

---

① Dulleck, U., and Kerschbamer, R.. On doctors, mechanics and computer specialists: The economics of credence goods [J]. *Journal of Economic Literature*, 2006, 44(3): 5-42.

② Kerschbamer, R., Sutter, M., and Dulleck, U.. the impact of distributional preferences on(experimental) markets for expert services[D]. *Working Paper*, 2009: 1-12.

同市场失灵且欺骗行为伴生的结果。

2.5　相关拓展

上述框架是信任品市场最基本的分析框架，不少学者在此基础上从不同的层面对信任品市场的分析做了有益的拓展。

2.5.1　需求方面

在基本模型中，假设消费者是同质的，即如果所有的消费者都存在同样的问题，那么他们将对问题有相同的忍受程度，专家对不同顾客提供特定服务的成本也是相同的。但现实中，由于所面临问题的不同，顾客是异质的(heterogeneity)，而且顾客的区别对专家来说也是可以辨认的。Fong(2003)考虑了消费者可辨认的异质性，对基本模型进行了一些修改。

首先，专家基于顾客的特征对顾客进行欺骗。如果消费者对同样的问题可忍受的程度不一样，那么专家就能根据消费者的这种异质性对消费者进行价格歧视。专家会提供一个不同价格的菜单，让消费者进行自我选择。在很多情况下，专家可能为了简单起见，对不同的消费者只提供一个价格，那么这时他可能会对那些更不能忍受严重问题的消费者说谎，以此对消费者进行价格歧视。

其次，专家用欺骗行为代替价格歧视。如果消费者问题的严重程度是相同的，但可能存在专家为某些消费者提供服务(治疗)的成本更高的情况。对于更高的服务(治疗)成本，若专家向消费者推荐低水平的治疗，则会无利可图。因此，专家会为这部分消费者推荐高水平的治疗，但其实消费者并不是因为问题更严重而需要高水平的治疗，因此欺骗发生。

最后，消费者由于害怕被专家欺骗，有时会隐瞒信息，从而得到次级服务。在一般的模型中，消费者对专家的诊断过程均无任何贡献。但在现实中，消费者在咨询专家之前通常对自己的问题已有一些自己的意见，消费者自己所拥有的信息通常会让专家提供更精确的诊断和更成功的治疗。如果专家能利用消费者的信息为其提供更好的服务，消费者就愿意与专家分享自己的私人信息。一旦专家获取了信息，如知道消费者对他的治疗估价更高以后，他欺骗消费者的激励就会上升，消费者获取低水平治疗的可能性就会下降，最后的结果是，消费者不与专家分享信息，专家提供次级服务。

2.5.2　供给方面

在基本模型中，没有考虑专家的类型。Emons(1997，2001)对专家之间的关系进行了补充。Emons(1997)考虑的是竞争型专家，通过分析得出，如果专家进行欺骗需要支付相应的费用，那么价格机制本身就能使欺骗行为消失。Emons(2001)考虑的是垄断型专家，即信任品垄断者，他们的能力是外生给定的。他根据专家诊断和治疗服务的是否可观察性，将所有案例分为四种情形，并发现只有当诊断和治疗服务都不可观察时，才没有交易发生，而在另外的三种情形中，垄断型专家总是选择不欺诈行为。这两篇文章在基本结论上是相互关联的：如果消费者理性的拥有事前信息，市场机制就能够自己解决专家的欺诈问题。对于信任品的供给者，Emons(2001)也给出了两点建议：在成本结构给定的情况下，要想使消费者对专家服务的质量有信心，就必须通过尽力建立契约关系来模拟这种成本结构；当专家的服务不可观测时，就应当尽力承诺一个沉没的能力水平。

Wonlinsky(1993)考虑了专家在诊断过程中犯错误的可能性。专家的这个特征增加了他和消费者之间的信息不对称程度，很可能会导致消费者利用专家犯错误情况的出现。当搜寻诊断成本足够低时，消费者会更加努力搜寻以利用专家的错误。从专家的角度看，低水平治疗会产生更高的均衡价格；从消费者的角度看，这是需要高水平治疗的消费者对需要低水平治疗的消费者所带来的搜索的外部性。

Wonlinsky(1993)还考虑了专家的声誉。他得出的结论是，在其他条件相同的情况下，更低的搜寻诊断成本和更高的诊断精确性倾向于支持搜索环境(不考虑声誉的环境)。也就是说，当成本更低，精确性更高时，声誉均衡会被那些专业提供低水平治疗和事先就承诺成本的专家打破。例如，在修理市场上，当声誉环境和搜索环境并存时，声誉环境更加迎合那些拥有高搜索成本的顾客，更加能够处理那些在诊断前难以处理的问题。

Dulleck 和 Kerschbamer(2009)分析了信任品专家和折扣店之间的竞争。折扣店只提供商品，而不提供任何关于商品服务的建议。折扣店的这种特性很容易造成消费者的搭便车行为，即消费者接受了专家的意见，但不购买其提供的商品，而是去折扣店以更低的价格购买。通过模型分析，他们能识别专家为了阻止消费者的搭便车行为而故意错误诊断的情形，而且发现，诚实诊断的专家能在与折扣店的竞争中胜出。

3. 信任品市场文献比较研究

3.1 研究对象

在信任品市场的研究中，大多数文献的研究对象以医疗服务为主(Wonlinsky，1993；Taylor，1995；Emons，1997，2001；Pesendorfer 和 Wolinsky，2003；Fong，2003；Dulleck 和 Kerschbamer，2006；Dulleck 和 Kerschbamer，2009；Kerschbamer 等，2009；Dulleck 等，2011；黄涛和颜涛，2009)，但也有少部分文献的研究对象有所不同。

Thambisetty(2007)以专利作为研究对象，将专利看做一种信任品。专利所有者(patentee)和专利应用者(applicant)之间存在信息不对称，专利所有者掌握更多关于专利真实价值的信息。特别是在新兴技术领域，专利的质量对应用者来说是不可观测的，从而会带来信息不对称，这样就使专利所有者有很强的积极性对应用者进行欺骗。

李想(2011)以食品安全为例，研究了信任品市场的信号显示问题。他认为，食品是否安全、是否会对人体健康产生负面影响，消费者往往在食用后也无法得出结论，即使之后出现健康问题也难以将病因明确归结于该食品，要想确定该食品的安全程度，消费者要么需要清楚该产品的生产、加工、流通等各环节是否符合必要的规范标准，要么需要对该样品进行专业的检测分析和推断，而这些信息的获取或专业技能的掌握往往都要付出高昂的代价，因此，食品安全具有明显的信任品特征。食品安全同时又具有某些不同于专家服务型信任品的方面：第一，消费者虽然大多具有食品安全意识，但是对于食品安全应达到怎样的水平并没有清晰的目标，并且该目标通常随着消费者对于自身健康的重视程度、对于健康知识的掌握程度的变化而变化。第二，通常情况下，终端食品的销售商并非该产品在上游整个产销链条上的关键参与者与负责人，影响食品安全程度的质量控制服务散布于这一链条的各个环节。因此，相对于专家服务型信任品而言，食品安全型信任品在服务水平的可验证性方面的问题更严重，从而很容易导致过度索价。

3.2 基本假设

信任品市场模型需要在至少三个相互关联的特征上做出假设：供给者的技术(也就是专家提供不同程度治疗的成本)、市场的竞争程度和微观结构、消费者的信息结构。

在供给者技术的假设上，Wonlinsky(1993)、Taylor(1995)、Fong(2003)、Dulleck 和 Kerschbamer(2005a，2005b)假设专家能以不变的边际成本为顾客提供服务；Darby 和 Karni(1973)假设专家以递增的边际成本为顾客提供服务；Emons(1997)则认为，专家服务会受其个人能力的限制。在专家治疗和问题得到修复的关系方面，Pitchik 和 Schotter(1987)、Wonlinsky(1993)、Taylor(1995)、Fong(2003)、Dulleck 和 Kerschbamer(2005a，2005b)在专家正确的治疗一定能修复问题的基础上建立模型，而 Darby 和 Karni (1973)、Emons(1997)则认为问题是否能修复并不确定，它是专家服务的随机函数。

在市场竞争程度和微观结构的假设上，Pitchik 和 Schotter(1987)、Emons(2001)、Fong(2003)、Dulleck 和 Kerschbamer(2005b)假设专家有一定程度的市场势力，即垄断型专家；Wonlinsky(1993)、Taylor(1995)、Emons(1997)、Dulleck 和 Kerschbamer(2005a)则考虑竞争型专家，顾客可以对专家进行选择。在市场价格的假设上，Wonlinsky(1993)、Taylor(1995)、Emons(1997)、Dulleck 和 Kerschbamer (2005a，2005b)、Fong(2003)、黄涛和颜涛(2009)假设专家能事前承诺一个接受或离开的价格；而另一些文献中(Wonlinsky，1995)，价格是在时候双方讨价还价的过程中决定的；还有一些文献(Darby 和 Karni，1973；Pitchik 和 Schotter，1987)在价格外生的条件下考虑模型。

在消费者信息结构的假设上，所有有关信任品的文献要么满足可验证性假设(verifiability)，要么满足厂商承担低效服务的假设(liability)，或两者都满足。可验证性假设是指，如果专家对顾客提供的是轻度治疗，那么他一定不能向顾客索取重度治疗的费用；而厂商承担低效服务的假设是指，如果顾客需要重度治疗，那么专家一定不能向他提供轻度治疗。例如，Emons(1997，2001)、Dulleck 和 Kerschbamer (2005a，2005b)在文章中非常直接地提出了可验证性假设，研究了专家对顾客过度治疗和治疗不足的问题。Pitchik 和 Schotter(1987)、Wonlinsky(1993，1995)、Fong(2003)则是在厂商承担低效服务的假设满足而可验证性假设不满足的情况下，分析了专家对顾客过度索价的行为。

3.3 研究方法

关于信任品市场的研究方法，主要经历了图解法、委托代理分析法、博弈分析法、数理模型分析法以及实验经济学分析法这样一个发展过程。

Darby 和 Karni(1973)在分析信任品市场上消费者的需求时，用简单的图形描绘了修理服务的三条派生需求曲线。

Demski 和 Sappington(1987)、Pesendorfer 和 Wolinsky(2003)运用委托代理分析法，建立了委托人(顾客)和代理人(专家)之间的委托代理模型，并解出了最优和次优条件下的最优合约。

Pitchik 和 Schotter(1987)运用博弈理论的相关知识，建立了一个专家和顾客的之间的博弈模型，此博弈存在混合策略均衡，即专家在真实告知顾客和撒谎之间随机选择，顾客在接受或拒绝专家的治疗意见之间随机选择。黄涛、颜涛(2009)建立了一个离散型的信号博弈，对医疗中存在过度治疗的现象进行了分析。李想(2011)通过一个连续型的信号博弈模型，研究了食品安全型信任品的质量信号显示问题，得到了分离均衡以及可能并存的混同均衡的实现条件。

Wonlinsky(1993)、Taylor(1995)、Emons(1997)、Emons(2001)、Fong(2003)、Dulleck 和 Kerschbamer(2005a，2005b)、Dulleck 和 Kerschbamer(2006)均在文章中运用恰当的数理模型对信任品市场中专家和顾客的行为进行了分析。

Kerschbamer 等(2009)在文中建立了一个实验，使之能对专家行为进行分类；Dulleck 等(2011)运用实验经济学的方法，研究了信息、制度限制和市场条件如何影响信任品市场的行为，以及信任品市场上的信息不对称如何产生非效率。实验表明，责任性、可验证性、声誉和竞争四个因素中，责任性对效率的影响较大，可验证性和厂商声誉对效率的影响较小，只要违背了责任性，厂商的竞争就不能提高效率。结论表明，合法的责任条款是提高效率的最合适的方式。

4. 研究展望

信任品市场研究的关键是克服市场中的信息不对称，现有文献已经做出了很多努力。笔者认为，在此基础上，今后可继续研究如下一些方向。

4.1 进一步拓展信任品市场的研究对象

专家服务型信任品的专家不仅仅局限于医疗服务领域的医生，还可拓展到对教育者、律师、会计师、投资银行家、信用评估师、经营顾问等的研究。近几年，许多金融产品也被看做信任品，如可调整利率贷款（ARMs）、担保债务凭证（CDOSs）等。在这些领域中，专家为消费者提供的服务的信息是不对称的，当消费者在消费商品之后还不能对其质量做出准确评价时，信任品市场的问题就产生了。

4.2 在信任品市场中考虑消费者的重复购买

重复购买模型在研究经验品市场时运用得比较多，而关于信任品市场的文献却很少考虑消费者的重复购买行为。李想（2011）通过引入质量缺陷在重复购买之前可能被曝光这一因素，提供了一个可以反映信任品质量信号显示机理的重复购买模型。他的模型与已有的经验品重复购买模型不同的是，即使对于那些没有参加前期购买的消费者来说，质量安全事故的爆发与否也是这些消费者所知晓的信息；在产品没有出事并且后期价格合适的情况下，这些消费者虽然没有经历对产品质量的直接体验过程，但也会因为其对产品质量的较乐观估计而成为该产品在后期的"新顾客"。李想（2011）的模型只考虑了消费者的两期购买行为，在进一步的研究中，还可以考虑消费者的 n 期购买行为，以及声誉因素对信任品市场的影响。

4.3 在信任品市场模型中引入时间因素

Nelson（1970）把经验品（experience goods）定义为消费之后才能知道其质量的商品，Darby 和 Karni（1973）把信任品定义为即使在消费后也很难知道其质量的商品。笔者认为，这两个概念之间的界限并不是非常清晰的。例如，如果某人喝水直接导致了生病，则可以认为水是经验品；如果喝水没有直接导致生病，则可认为水是信任品。但随着时间的推移，喝水人可以逐渐察觉是否由于喝水导致了生病，这时，水由信任品转变成了经验品（当然，水也可以是搜寻品，如浑浊、有异味的水，这里只考察信任品到经验品的转化）。因此，若考虑一个较长时间段，信任品也是可以被消费者逐渐识别，从而成为经验品的。在今后的研究中，可在信任品市场模型中引入时间因素，进一步考察如何克服信任品市场中的信息不对称问题。

（作者电子邮箱：yuyanwhu@yahoo.com.cn）

◎ 参考文献

[1]黄涛，颜涛. 医疗信任商品的信号博弈分析[J]. 经济研究，2009，8.

[2]李想. 信任品质量的一个信号显示模型：以食品安全为例[J]. 世界经济文汇，2011，1.

[3]Demski, J., and Sappington, D.. Delegated expertise[J]. *Journal of Accounting Research*，1987，25.

[4]Darby, M. R., and Karni, E.. Free competition and the optimal amount of fraud[J]. *Journal of Law and*

Economics, 1973, 16(1).

[5]Dulleck, U., and Kerschbamer, R.. On doctors, mechanics and computer specialists: The economics of credence goods[J]. *Journal of Economic Literature*, 2006, 44(3).

[6]Dulleck, U., and Kerschbamer, R.. Experts vs. discounters: Consumer free-riding and experts withholding advice in markets for credence goods[J]. *International Journal of Industrial Organization*, 2009, 27(1).

[7]Dulleck, U. et al.. The economics of credence goods: On the role of liability, verifiability, reputation and competition[J]. *American Economic Review*, 2011, 101(2).

[8] Dulleck, U., and Kerschbamer, R.. Experts vs. discounters-competition and market unravelling when customers do not know what they need[J]. *Mimeo*, *Department of Economics*, *University of Vienna*, 2005.

[9]Dulleck, U., and Kerschbamer, R.. Price discrimination via the choice of distribution channels [J]. *University of Vienna Department of Economics Working Paper*, 0511, 2005b.

[10]Emons, W.. Credence goods and fraudulent experts[J]. *Rand Journal of Economics*, 1997, 28(1).

[11]Emons, W.. Credence goods monopolists[J]. *International Journal of Industrial Organization*, 2001, 19 (3-4).

[12]Fong, Y.. When do experts cheat and whom do they target? [J]. *Rand Journal of Economics*, 2005, 36 (1).

[13] Kerschbamer, R., Sutter, M., and Dulleck, U.. The impact of distributional preferences on (experimental)markets for expert services[D]. *Working Paper*, 2009.

[14]Nelson, P.. Information and consumer behavior[J]. *Journal of Political Economy*, 1970, 78(2).

[15]Pitchik, C., and Schotter, A.. Honesty in a model of strategic information transmission [J]. *American Economic Review*, 1987, 77(5).

[16]Pesendorfer, W., and Wolinsky, A.. Second opinions and price competition: Inefficiency in the market for expert advice[J]. *Review of Economic Studies*, 2003, 70(2).

[17]Stigler, G. J.. The economics of information[J]. *Journal of Political Economy*, 1961, 69(3).

[18]Taylor, C.. The economics of breakdowns, checkups, and cures[J]. *Journal of Political Economy*, 1995, 103(1).

[19]Thambisetty, S.. Patents as credence goods[J]. *Oxford Journal of Legal Studies*, 2007, 27(4).

[20] Wolinsky, A.. Competition in a market for informed experts' services [J]. *Rand Journal of Economics*, 1993, 24(3).

[21] Wolinsky, A.. Competition in a market for credence goods [J]. *Journal of Institutional and Theotetical Economics*, 1995, 151.

A Literature Review of Credence Goods Market

Yu Yan[1,2]

(1 Business and Management School of Zhongnan University of Economics and Law, Wuhan, 430070;

2 Economics School of Hunan Agriculture University, Changsha, 410128)

Abstract: Credence goods is a kind of products or service whose aspects of the quality are rarely learned even after consumption. This information asymmetry between the buyers and sellers creates strong incentives for the sellers to cheat on services. We firstly summarize the basic analytical framework of credence goods market from the aspects of demand, supply, game process, equilibrium and the relevant expand. Then we make a comparative study of the object of study, basic assumptions, research methods based on the relevant literature. Finally, we put forward the suggestions in future research for the credence goods market.

Key words: Credence goods; Information asymmetry; Literature review

电子商务服务业集群治理：一个分析框架[*]

● 刘征驰[1]　赖明勇[2]

（1，2　湖南大学经济与贸易学院　长沙　410079）

【摘　要】电子商务服务业集群是网络经济条件下形成的新兴组织形式，具有一系列不同于传统集群的组织特性。面对"合作关系虚拟化"和"交易对象服务化"的两大挑战，集群治理必须基于其内部不完全契约联结和社会嵌入所形成的各种协调关系，转向"市场"和"层级"之间的网络治理模式。研究发现，集群成员企业既嵌入于合作导向的信任网络中，也嵌入于创新导向的知识网络中，其治理目标的实现依赖于治理机制设计。基于"集体声誉"的信任网络治理和基于"进入权"的知识网络治理从两个维度构建了集群的核心治理机制，这两方面治理手段保证了集群共同治理目标的实现。

【关键词】电子商务　现代服务业　集群治理　治理机制

1. 引言

随着商业模式的不断创新和专业化分工的不断细化，传统意义上的电子商务产业已经分解成"电子商务交易"、"电子商务环境"和"电子商务服务"三个联系紧密、相互依存的新兴业态①。其中尤其以"电子商务服务"的发展最为迅猛，众多的第三方专业服务提供商，正在向运营服务、物流服务、信用服务、金融服务等领域广泛渗透。相对于以"地理接近"为主要关系纽带的传统产业集群，网络经济条件下的服务业集群内部关系协调面临着一系列新的挑战，也这对集群治理提出了更高的要求。

学者们对产业集群治理的关注已经有相当长的历史，如 Gilsing（2000）首次提出了集群治理概念，认为集群治理是集群内成员旨在促进和改善创新进程的目的明确的集体行动，这些提升集群竞争力的集体行动就是建立治理机制的过程。对集群治理框架和治理逻辑的思考也一直是研究的重点，如 Menger（2000）分析了网络治理对产业集群的作用，从利益集团、决策风格、网络社会功能逻辑三方面探讨集群治理问题②。张聪群（2008）也从网络治理的视角提出，关系、互动与协同构成了产业集群治理的三维逻

＊ 本文是国家重点基础研究发展计划（973）课题"未来互联网网络科学模型"（项目批准号：2012CB315805）；教育部博士点基金项目"电子商务环境下的服务业生态集群治理机制研究"（项目批准号：20120161120040）；国家杰出青年科学基金"管理系统工程"（项目批准号：70925006）的阶段性成果。

① 阿里研究中心．2011 中国电子商务服务业报告［EB/OL］．http：//www. aliresearch. com.

② Menger, C.. *Principle of Economics*［M］. New York：New York University Press, 2000：53.

辑，产业集群的治理机制主要有社会机制和激励约束机制。李世杰（2009）等关注了组织契约在集群治理中的作用，认为集群中具有彼此协商和共同参与色彩的组织间契约是集群治理的主要工具，集群剩余的创造是集群治理的物质基础和激励根源，而"声誉"则构成了产业集群内生约束机制。周泯非、魏江（2010）总结了集群治理模式，认为其可分为自组织型、中心领导型和多元协作型三种典型的类型，微观治理机制与集群交互式创新行为之间存在双向影响的反馈机制，其相互促进和制约的动态适应过程导致了特定产业集群治理模式的演化和发展。

近年来，随着服务经济在我国的兴起，已有少数学者开始关注服务业集群治理问题。如刘奕、夏杰长（2009）对服务业集群形成机理和作用机制做了初步探讨。胡雅蓓（2011）从现代服务业集群治理的典型特征出发，通过对水平互动的网络治理维度和垂直关联的价值链治理维度分析，指出服务业集群实现过程创新和结构创新的路径等。

应当说，上述关于集群治理的研究成果为后续研究做出了有益的探索，但正如 Pitelis（2006）等所指出的，集群的组织效率本身是高度情境依赖的，特定集群治理战略的内容要依据集群自身特质来制定。作为虚拟网络经济背景下产生的新兴经济组织，电子商务服务业集群具有一系列不同于传统集群的特质，这将对传统集群治理模式提出挑战：其一，在传统经济条件下，"地理聚集"是集群组织的根本特征，也是集群治理模式与机制研究的出发点，而在以网络为交易设施的电子商务环境下，"地理聚集"丧失了存在的基础，这将考验集群的组织稳定性。其二，电子商务经营活动的核心理念是以消费者需求为导向的快速创新，这对集群内部信息沟通和知识共享提出了更高的要求。其三，现有研究倾向于强调政府、行业协会等权威机构在区域性的集群治理中的主导作用，而新兴的网络经济则更加崇尚"平等、分享、去中心化"的商业文化，这也将使集群治理模式发生适应性的转变。本文试图探讨的是：通过何种有效的制度安排（治理结构与机制）保障电子商务服务业集群组织目标的实现？本文首先将分析集群治理环境，界定其组织范式，剖析其契约属性和治理结构，进而提出集群关键视图与治理目标，并在此基础上探讨其核心治理机制的实现，最终为电子商务服务业集群治理研究搭建一个理论框架。

2. 集群治理环境

电子商务企业的业务发展和商业模式创新极度依赖专业化服务商群体的紧密协作，与传统企业相比，它们响应需求更迅速、经营理念更开放、信息沟通更顺畅。由这些服务企业构成的集群组织也有着一系列不同于传统集群的特征，这些组织特性是我们思考集群治理结构和治理机制的出发点，它们构成了集群治理的环境条件。

2.1 集群组织特性分析

本文认为，电子商务服务业集群具有"组织关系动态化"、"核心资产无形化"、"协作模式柔性化"三大特性，现分别阐述如下。

2.1.1 组织关系动态化

互联网的发展给经济生活创造了一种虚拟网络空间，为电子商务服务业集群提供了技术条件和全新的平台环境。这不仅改变着经济活动本身的性质，还改变着经济实体之间的关系。集群组织运用信息技术手段将各类服务企业动态联接，跨越地理间隔构建企业虚拟关系链条，及时向电子商务应用推出其所需的服务产品，形成专业领域中的核心竞争力。由于成员企业摆脱了原有的地域限制，进入或退出集群的障碍比较小，集群总是处于不断发展变化之中。此外，各成员企业必须保持一定的动态适应性，及时解决成员间关系的不一致性，以谋求集群关系的长期维持，这也使集群组织结构具有一定的动态化特点。

2.1.2 核心资产无形化

互联网时代，土地、厂房、设备等有形资产可能不再被列入企业的"核心资产"范围，竞争的重点也逐渐由设备、资金等硬件资源转移到信息、知识等软件要素上，对创新能力的追求成为网络时代经营活动的重要内容。在电子商务环境下，以满足消费者多元化的需求为导向，集群组织成员间必须频繁地进行信息沟通和知识共享，不断加深对所提供服务产品的理解程度，并合作创造出新的产品、服务，甚至商业模式。正如 Pinch 和 Henry（1999）所认为的，交易成本的节约不足以解释高附加值和知识密集型集群活动的持续增长；相反，更举足轻重的是获取本地化的缄默知识以及知识外溢。在长期的集群协作过程中，这些组织学习的成果——隐含在集群内部的专业化知识积累，构成了电子商务服务业集群最重要的公共资产，也是其区别于其他商业组织的核心竞争力的最终来源。

2.1.3 协作模式柔性化

市场的重心正在从厂商向消费者转移，而互联网则加速了这种重心的转移。市场竞争全球化、需求多样化以及生产的相对过剩，使产品生命周期缩短、价格竞争加剧，原有的大规模标准化生产、海量营销模式受到了挑战。互联网上大量分散的个性化需求，促使电子商务企业在生产方式上具备更强的柔性化能力，进一步推动整条供应链乃至整个产业的发展，使之在响应效率、行动逻辑和思考方式上逐步适应快速多变的需求。随着客户对电子商务交易需求的逐步提升，围绕电子商务服务的工作流程不断细化，新的服务协作模式不断出现。在此过程中，集群中的专业化服务企业根据自身的业务优势，定位于产业链的特定服务环节，使企业之间可以基于柔性供应链关系进行自发的协作。例如近期出现的 C2B（Customer to Business）模式，即消费者定制驱动的商业模式，对支持其实现的服务业集群内部柔性化协作能力提出了更高的要求，同时也为电子商务服务业集群发展提供了更广阔的空间。

2.2 集群组织范式界定

在面向电子商务应用进行服务生产的过程中，集群中的企业个体不仅仅依靠自身对于知识、人力等资源的充分利用，也依赖于合作伙伴所控制的关键资源，以及集群整体对于资源的整合能力。以上组织特征符合学者们对"网络组织"的界定：网络组织是以专业化联合的资产、共享的过程控制和共同的集体目的为基本特性的组织方式①。因此可认为，电子商务服务业集群是一种典型的网络组织。

Messner 等（2000）概括了网络组织的三个特征：行为主体间的水平联结、跨组织关系和行为主体的互动（如图1所示）。电子商务服务业集群也具有这些特征：首先，电子商务服务业集群中的企业是以水平联结为主的，各个成员企业相互进行横向协作，共同为电子商务应用提供高质量的支撑服务。其次，跨组织关系是电子商务服务业集群的常态，跨组织的紧密协作使企业边界模糊化，形成"你中有我，我中有你"的局面。最后，企业主体之间的多层次互动是电子商务服务业集群组织的基本特征，其中信息沟通、知识传递是构成互动的最重要方面。与传统产业集群相比，电子商务服务业集群对信息交流、资源共享和合作学习的高度依赖，使其网络组织的特征尤为显著。

基于以上分析，本文将"电子商务服务业集群"定义为：以服务于特定电子商务应用为群体目标，基于互联网进行跨地域、跨组织边界的商业协作，通过虚拟组织形式进行优势互补和资源共享，形成的具有群体竞争优势的网络组织。

---

① 罗仲伟. 网络组织的特性及其经济学分析[J]. 外国经济与管理，2000，6：25-28.

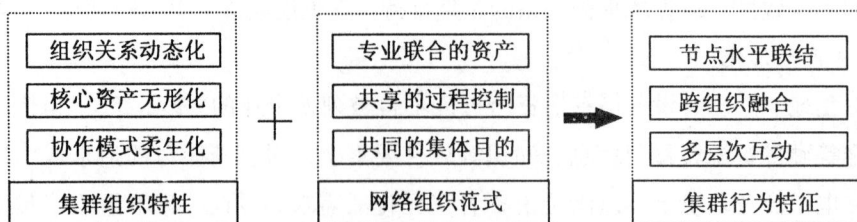

图 1 电子商务服务业集群组织范式分析

3. 集群治理模式

3.1 网络组织范式下的集群契约属性

按照新制度经济学的基本观点，节点间的契约关系决定了组织治理结构及最优制度安排。因此，对契约关系的正确理解是集群治理结构分析和治理机制设计的基础。本文认为，电子商务服务业集群网络契约关系有以下三大特征。

首先，集群网络契约关系具有"非正式性"的特点。在电子商务服务业集群中，成员企业间的交易对象主要是服务产品，其交易涉及更为复杂的契约安排。服务产品的无形化、差异化、定制化特征，使交易双方存在更强的机会主义倾向。而由于服务产品质量往往无法被第三方验证，违反契约的行为有时不会带来法律强制执行的惩戒后果。集群组织将主要依靠个人信任、社会规范、惠顾关系、道德约束等非正式契约维系稳定。

其次，集群网络契约关系具有"自组织性"的特点。在自组织型契约关系下，集群中很少存在"中心签约人"，集群中每个企业成员以权衡利益和互惠原则来管理和协调自身的内外部关系，政府、公共机构和行业协会等特殊主体较少对集群经济活动进行实质性干预。集群治理以各个服务企业的自发私人秩序为主要推动力量，发展出以信任和共同学习为基础的隐性契约。

最后，集群网络契约关系具有"长期性"和"重复性"的特点。电子商务服务业集群在网络平台上形成的自发行为规范促成了关系型交易的大量发生，其交易特征表现为：合作成员间具有共同偏好和目标；互相了解并学习各自的需求和能力；基于互惠、共同理解进行专业化分工。由于服务交易的非标准化特征，合作双方需要维持稳定持久的关系。

3.2 集群治理结构

在网络治理结构视角下，集群网络中节点之间的不完全契约联结关系是彼此进行互动合作的基础，而长期的互动合作反过来又进一步强化了相互之间的关系（例如加深信任度等），互动的结果又产生了协同，对协同效益的追求是集群成员间合作的直接推动力量。同时，协同效应又进一步强化了集群成员间的关系①。因此，网络组织范式下的电子商务服务业集群治理，必须基于其内部不完全契约联结和社会嵌入所形成的各种协调关系，转向"市场"和"层级"之间的网络治理结构，它具体表现为一种自组织式共同治理，形成一种各主体互动博弈、协作共赢的治理谱系（如图 2 所示）。

可从以下两个方面对电子商务服务业集群治理模式作进一步说明：

---

① 孙国强. 关系、互动与协同网络组织的治理逻辑[J]. 中国工业经济, 2003, 11: 14-20.

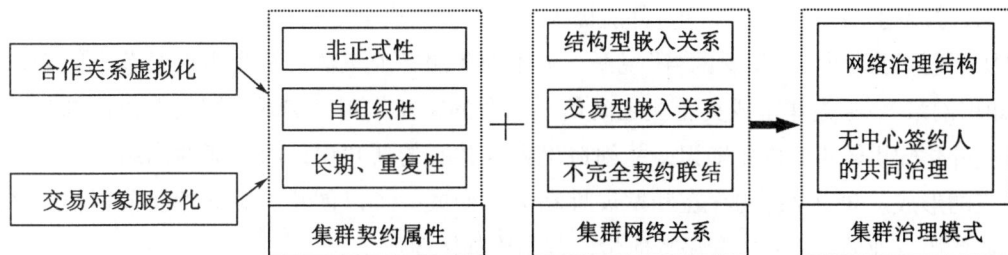

图2　电子商务服务业集群：从契约属性到治理模式

第一，电子商务服务业集群治理的本质是对服务企业群体集体行动的治理。集群内企业面向电子商务活动的各个环节，从微观层面看虽然各个企业都单独提供了独立的服务价值，但其服务效果必须通过电子商务应用的全流程价值链增值来体现。因此，集群服务过程是一个集体行动的过程。正如 De Langen 所指出的，集群由多种行为主体构成，它们的利益和目标存在差异，也会出现搭便车、决策效率低、内耗等的集体行动问题。于是，围绕着如何形成共同利益和目标，达成集体学习、集体经营、集体创新的行为，提高集体行动的效率，必须对其做出一系列制度安排。从另一个角度看，只有为电子商务活动各环节提供了整体性协同服务价值的集群才最具竞争力和生命力。

第二，电子商务服务业集群治理的原则是平等和开放。植根于网络虚拟空间的集群组织，必然受到崇尚"平等、分享、去中心化"的网络商业文化的影响。集群治理的主体是集群网络内的节点企业，良性发展的集群主要是成员企业自我组织的结果，政府、行业协会、交易平台等在其中能够起到促进作用，但不是决定性性作用。同样，虽然可能有某些核心企业在集群治理中的作用会比较突出，但是集群治理的目的并非仅仅指向某几个核心企业，而是兼顾各个利益主体，追求整个集群组织的协同效应。集群成员企业间的重复交易和网络化的组织结构都促使集群中形成信任、分享与合作的浓厚氛围，促进产生协调一致的集体行动。

4. 集群治理机制

有效的集群治理是实现组织协同创新的基础和前提。网络组织范式下电子商务服务业集群能否成功运作的关键在于，其治理机制能否保证合作各方有强大的动机不去利用它们之间的信息不对称和不完全契约而谋取私利①。本文的基本观点是：电子商务服务业集群治理主要依靠"非正式"机制。由于不对称信息和不完全契约的存在，与正式机制相比，非正式机制更有利于加强合作和传播隐喻知识。集群网络契约更多地是一种默会契约，集群网络契约的履行更多地依靠自我履约机制。下面将首先明确集群组织治理的两个关键视图，总结其治理逻辑，进而探索其核心治理机制的实现。

4.1 集群治理逻辑

可将网络组织范式下的电子商务服务业集群进一步分解为以下两个相对独立的关键视图：

一是以稳定合作为导向的"信任网络"视图。电子商务服务业集群可视为由成员节点间信任契约所支撑的一个"信任网络"，信任是集群成员之间互动合作和取得协同效应的自动履约机制，可以降低交易成本、提高合作效率。随着信任扎根于网络中，集群成员倾向于追求长远利益和重复多次的交易行为，以

---

① De Langen，P. W.. Clustering and performance：The case of maritime clustering in the netherlands maritime[J]. *Policy and Management*，2002，29(3)：209-221.

及形成在知识、技术上的相互依赖，这些都能极大地抑制短期机会主义行为①。

二是以协同创新为导向的"知识网络"视图。电子商务服务业集群可视为由成员节点间知识契约所形成的一个"知识网络"，通过集群成员企业之间信息沟通的交互作用，实现了网络节点间知识的共享、接受与消化，使外化知识转化为内化知识，并创造出集群共有的新知识，而便捷的网络通信手段则加速了这一知识网络的形成。知识网络的存在和发展推动集群变成一个以创新为导向的协同群体，从而极大地提升了电子商务服务业的技术水平和服务质量。其结构如图3所示。

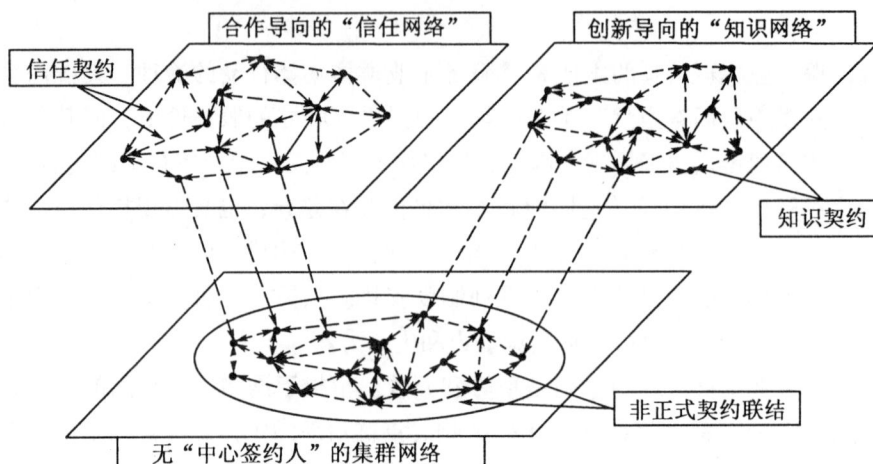

图3　电子商务服务业集群的两个关键视图：信任网络和知识网络

因此，电子商务服务业集群中存在一种由信任和知识交织作用的双网络机制：成员企业既嵌入于合作导向的信任网络中，也嵌入于创新导向的知识网络中。集群稳定合作是集群存在的基础，它依赖于信任网络治理；而集群协同创新是集群发展的前提，它依赖于知识网络治理。信任网络治理的指向是交易成本的降低，知识网络治理则促进无形资产的增值。

本文认为，在网络经济条件下，电子商务服务业集群的信任治理侧重于宏观层面的社会信任机制的构建，依赖基于"集体声誉"带来的长期重复性合作契约；而集群的知识治理则偏重于微观层面的知识共享行为的协调，依赖基于"关键知识资源进入权"的节点间专用性投资激励。这两方面治理手段的结合保证了集群共同治理目标实现。其治理逻辑如图4所示。

依此思路，下文将分别从信任与知识两个维度进一步探讨核心治理机制的实现途径，以期对电子商务服务业集群治理的内涵作更深入剖析。

4.2　基于"集体声誉"的集群信任网络治理机制

信任是集群组织形成与运作的基础，它能降低交易成本与合作关系的复杂性，这一点在虚拟的电子商务经济环境下体现得尤为明显。作为基本的治理工具，信任的功能在于利用积极的预期替代理性的判断，形成弹性化的协作关系。Desgupta(1988)认为，所有的信任都基于声誉。传统产业集群的声誉机制局限于一个特定的社会网络中，声誉机制具有内敛性，一旦某企业出现机会主义行为，声誉扩散主要局限于已有的网络结构中，即使向外部扩散，范围也不会很大。但是对于电子商务服务业集群而言，声誉机制存在于开放性网络连接占主导的跨地域虚拟社会结构中，其扩散效应会更为明显。电子商务环境极大

---

①　卢福财，胡平波．网络组织成员合作的声誉模型分析[J]．中国工业经济，2005，2：73-79.

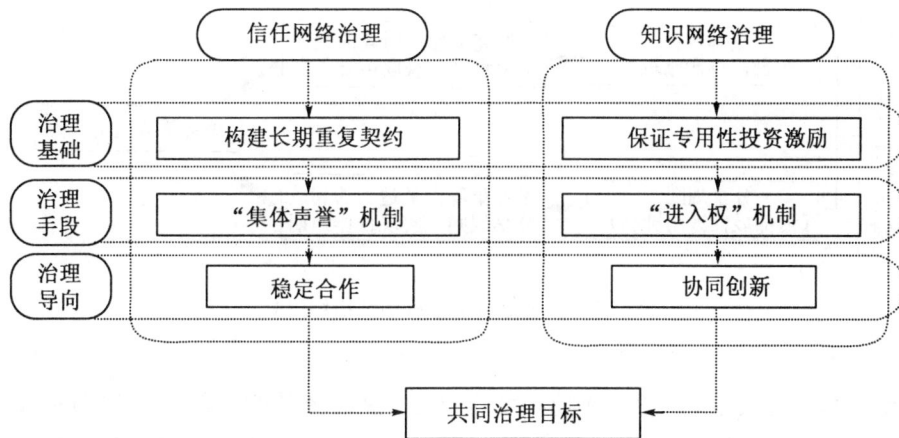

图 4 电子商务服务业集群治理逻辑

地加速了企业间声誉信息的传递，集群中的"社会实施(惩罚/奖励)"机制，使成员企业面临的不再是孤立的一次性博弈对手，而是一个信息畅通、相对稳定的企业群体。因此本文认为，电子商务服务业集群的信任网络构建将主要依赖于集群社会信任机制，尤其是"集体声誉"对集群成员企业信任行为的影响。

正如上文所提到的，电子商务服务业集群治理的本质是对集体行动的治理，而信任关系的构建则是集体行动的"润滑剂"。因此，集群信任网络治理的关键是：在非正式契约联结的集群网络中，如何通过一定的制度安排尽量消除集群成员企业间的机会主义行为预期？本文认为，顾及"集体声誉"，在合理的利益分享机制激励下，集群成员企业将在内部合作中自觉增强信任度(降低对对方机会主义行为的预期)，以求得集群利益和企业利益的双赢。

电子商务服务业集群存在的基础是为电子商务交易各环节提供全流程的整体性服务价值，集群在上一期的服务绩效往往被服务对象用来推断集群的内在服务能力，这一推断形成了集群的"集体声誉"，进而影响下一期集群的市场机会，这种声誉的积累将是决定集群生存和发展的关键因素。那么，集体声誉作为一种外部监督机制是如何减轻集群团队生产过程中的机会主义行为预期的呢？可以认为，集体声誉在集群内部创造了一种社会信任机制。一个集群为了向市场显示对自己有利的产出信号，会提供高于静态博弈的联合努力水平，从而形成一种集体声誉。在多期博弈中，当集体声誉租金足够大时，通过集群内部适当的分享规则或者产权安排，不同类型的企业组合均可能实现一定程度的合作①。在集群内部监督难以实现(缺乏中心签约人)的条件下，来自外部市场的隐性激励机制(集体声誉)和集群内部的显性激励机制(分享规则)将共同起作用，以缓解集群组织中的团队道德风险难题。更重要的是，这种治理机制不需要一个特定的第三方来监督，更契合崇尚平等、自治的电子商务市场的现实情况。其具体过程如图5所示。

4.3 基于"进入权"的集群知识网络治理机制

在电子商务服务业集群中，知识生产和共享如何有效地组织和协调呢？此即面向集群创新的知识治理问题。知识治理是对组织内和组织间知识的交换、转移和共享的治理和协调机制，以最优化选择、创造、共享和利用知识。

电子商务服务业集群知识治理的关键是：在非正式契约联结的条件下，作为知识网络自治节点的集

---

① 卢福财，胡平波. 网络组织成员合作的声誉模型分析[J]. 中国工业经济，2005，2：73-79.

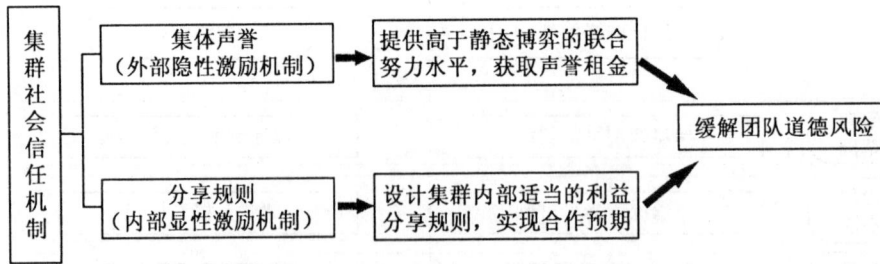

图 5　电子商务服务业集群信任治理机制

群成员企业如何解决事前关系专用性投资激励不足的问题。从经典的产权理论（如 GHM 模型）视角来看，合理的产权安排是关系专用性投资激励的有效治理手段。然而，电子商务服务业是典型的知识与信息密集型产业，其关系专用性投资并非由传统的"物质资本"构成，而大部分由"知识资本"和"人力资本"构成，这导致传统的"产权激励"手段失效，因此关键问题是找到除物质资本产权之外的激励手段。本文认为，在创新导向的电子商务环境下，"关键知识获取权"将成为"传统物质资本产权"的替代性治理手段。因此，基于 Rajan 和 Zingales（1998）提出的"进入权"（access）理论，可构建集群网络节点间的"知识治理"机制，即集群网络节点企业通过向合作方开放其"关键知识资源进入权"（主动的知识共享），激励其进行相应的关系专用性知识投资（被动的知识共享），进而形成稳定的协同创新关系。

在电子商务服务业集群网络环境中，所谓"进入权"，就是节点企业 A 通过赋予节点企业 B 接触、使用本企业中关键知识资源的机会，使企业 B 有机会针对关键知识资源做专用性投资，同时这种专用性投资可以使这些关键知识资源发挥更好的效能（可以理解为协同创新）。在现实商业环境中，我们可以观察到，掌握一定的关键知识资源（例如重要的客户资料、技术标准等）的电子商务服务企业通常必须授予合作企业一定程度的"进入权"，保证其有权力接触和使用其关键资源，并激励其针对这些资源进行专用性投资。进入权对专用性投资的激励是一个动态的过程，给予企业 B 接触关键知识资源的机会，相当于赋予它一个看涨期权，诱导企业 B 自发地对关键知识资源进行专用性投资。另一方面，企业 B 通过不断积累针对关键知识资源的专用性投资，也会获得一定程度上的专业化知识积累和分享合作剩余的权力，进而形成一种互有顾忌的锁定关系。可以证明，在长期合作（多期博弈）条件下，集群网络节点企业间可以获得社会最优的关系专用性投资激励水平。其过程如图 6 所示。

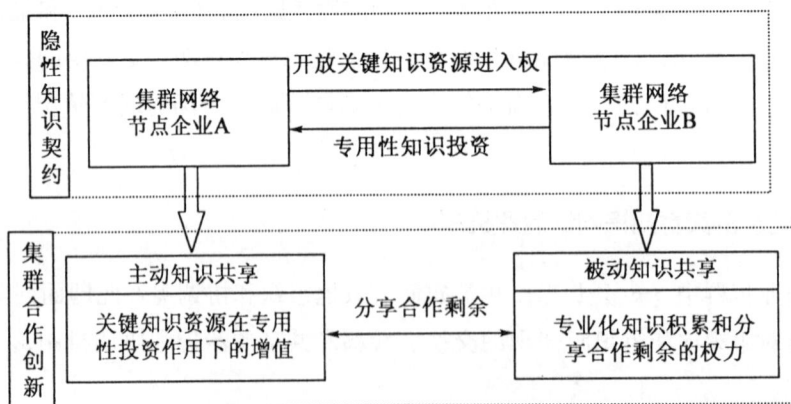

图 6　基于进入权的集群知识治理机制

172

5. 结论与启示

本文在分析电子商务服务业集群治理环境与组织范式的基础上，明确了集群治理模式，提出其核心治理机制，尝试构建一个集群治理的理论分析框架。研究认为，网络经济条件下的电子商务服务业集群组织具有"组织关系动态化"、"核心资产无形化"、"协作模式柔性化"三大特性。治理环境的变化促使集群网络节点间契约关系的转变，并引起集群治理结构的适应性调整。因此，集群治理转向"市场"和"层级"之间的网络治理结构，表现为一种自组织式的共同治理。研究发现，基于"集体声誉"的信任网络治理和基于"进入权"的知识网络治理从两个维度构建了集群的核心治理机制，这两方面治理手段的结合促进和保证了集群共同治理目标的实现。

目前电子商务引起的社会经济变革正在进行之中。这场变革使信息这一核心生产要素广泛应用于经济生产活动，极大地改变了消费行为、企业形态和社会创造价值的方式。在此过程中，电子商务服务业集群的兴起有效地降低了社会交易成本，促进了社会分工协作，深刻地影响着其他传统行业，并逐渐发展成为信息经济时代重要的基础设施。在这样的背景下，开展对电子商务服务业集群的理论研究十分必要。本文所提出的集群治理框架只是一个初步探索，还需要更多的理论支撑和实践验证。另外，其核心治理机制设计和优化等问题也值得进一步探索。

（作者电子邮箱：liuzhengchi@gmail.com）

◎ 参考文献

[1]阿里研究中心. 2011 中国电子商务服务业报告[EB/OL]. http：//www. aliresearch. com.

[2]胡雅蓓. 现代服务业集群治理研究：基于组织创新的视角[J]. 经济问题探索，2011，11.

[3]罗仲伟. 网络组织的特性及其经济学分析[J]. 外国经济与管理，2000，6.

[4]卢福财，胡平波. 网络组织成员合作的声誉模型分析[J]. 中国工业经济，2005，2.

[5]李金波，聂辉华，沈吉. 团队生产、集体声誉和分享规则[J]. 经济学(季刊)，2010，4.

[6]刘征驰，赖明勇. 进入权、声誉与服务外包组织治理[J]. 当代经济科学，2010，1.

[7]刘奕，夏杰长. 服务业集群的形成机理和作用机制：相关研究及启示[J]. 国外社会科学，2009，11.

[8]李世杰，李凯. 产业集群治理逻辑：一个分析框架[J]. 产业经济评论，2009，3.

[9]任志安. 企业知识共享网络理论及其治理研究[M]. 北京：中国社会科学出版社，2008.

[10]孙国强. 关系、互动与协同网络组织的治理逻辑[J]. 中国工业经济，2003，11.

[11]张聪群. 产业集群治理的逻辑与机制[J]. 经济地理，2008，5.

[12]周泯非，魏江. 产业集群治理模式及其演化过程研究[J]. 科学学研究，2010，1.

[13]曾鸣，宋斐. C2B，互联网时代的新商业模式[J]. 哈佛商业评论(中文版)，2012，2.

[14]Anna Grandori. Neither hierarchy nor identity：Knowledge-governance mechanisms and the theory of the firm [J]. *Journal of Management and Governance*，2001，5.

[15]De Langen，P. W.. Clustering and performance：The case of maritime clustering in the Netherlands maritime [J]. *Policy and Management*，2002，29(3).

[16]Dasgupta，P.. Trust as a commodity[A]. In Gambett，D. ed.. Globalization，institutions，and regional development in Europe[C]. *New York：Oxford University Press*，1988.

[17] Foss，N. J.，Husted，K.，Michailova，S.，and Pedersen，T.. Governing knowledge processes：

Theoretical foundations and research opportunities [R]. *CKG Working Paper*, Center for Knowledge Governance, Copenhagen Business School, 2003, No. 1.

[18]Gilsing, V.. Cluster governance[R]. *Paper presented for the DRUID PhD- Conference, Copenhagen*, 2000.

[19]Menger, C.. *Principle of economics*[M]. New York: New York University Press, 2000.

[20]Messner, D. , and Meyer Starmer, J.. Governance and networks: Tools to study the dy namics of clusters and global value chains[C]. *Paper prepared for the IDS/ INEF Project " The Impact of Global and Local Governance on Industrial Upgrading"*, 2000.

[21]Pitelis, Christos, Roger Sugden, James R. Wilson (eds.). *Clusters and globalization: The development of urban and regional economies*[M]. Edward Elgar Publishing Limited, 2006.

[22]Pinch, S. , and Henry, A.. Paul Krngman's geographical economics, industrial clustering and the British motor sport industry[J]. *Regional Studies*, 1999, 33.

[23]Rajan, R. G. , and Zingales, L . Power in a theory of the firm[J]. *Quarterly Journal of Economics*, 1998.

The Governance of E-commerce Oriented Service Enterprise
Clusters: An Analytical Framework

Liu Zhengchi[1]   Lai Mingyong[2]

(1, 2College of Economics and Trade, Hunan University, Changsha, 410079)

Abstract: E-commerce oriented service enterprise clusters, which grow up in the internet economy, have a series of different characteristics from traditional clusters. Facing the challenge of " cooperation virtualization" and "products servitization", and based on the internal incomplete contract connection and social embedded relationship, the governance model of clusters turns to the network governance, which is between market and hierarchy model. The research finds that members of clusters are embedded in the trust network, which is cooperation oriented, and the knowledge network, which is innovation oriented. The achievement of governance goals depends on how to design governance mechanisms. The trust network governance based on the "collective reputation" and the knowledge network governance based on "access" constitute the core of the cluster governance mechanism, which ensures that the clusters can achieve their co-governance goals.

Key words: E-commerce; Modern service industry; Cluster governance; Governance mechanism

航空物流园区的形成机制探讨

● 阎 欣[1]　海 峰[2]　朱健群[3]

（1，2，3　武汉大学经济与管理学院　武汉　430072）

【摘 要】本文在分析航空物流园区的内涵、特点、功能及形成条件的基础上，运用系统动力学方法分析了航空物流园区的形成机制，研究提出了航空物流园区形成的利益机制、供求机制、政策机制和创新机制等四大机制，旨在为我国航空物流园区的建设和发展提供指导。

【关键词】航空物流园区　系统动力学　形成机制

1. 引言

随着航空物流的发展，作为航空物流各个主体发展的综合设施平台的航空物流园区的发展也如火如荼。航空物流园区能够吸引基地航空公司、货代企业、第三方物流企业、海关监管机构、金融机构等入驻，形成航空产业集群，有利于降低物流成本、提高物流服务质量，同时还能够带动相关产业的发展，增加政府部门收入，解决就业问题，另外还可以提升机场周边区域土地的价值。根据国外先进机场的经验，为提高机场的经营效率和降低物流成本，各大机场都在其周边区域建设综合性的航空物流园区，如日本的成田机场物流园区、韩国的仁川机场物流园区、法国的法兰克福机场物流园区。近年来我国也在大力推进航空物流园区的建设，目前北京首都机场、上海浦东机场、广州白云机场、深圳机场等都在积极筹划建设航空物流园区，部分航空物流园区已经投入经营使用，在经济发展中发挥了巨大作用。

国内外对航空物流园区的研究始于 20 世纪 60 年代。McKinley Conway 提出了航空综合体（airport complex）的概念，它以机场为依托，整合航空货运、航空物流、商务休闲、交易展示等功能，这是航空物流园区的雏形①。费瑞涛指出规划建设航空物流中心的意义，提出航空物流中心发展的基本模式，并以桃仙机场为例进行了实证研究②。吴昌勇运用产业集群的相关理论，分析了航空物流园区的形成机理，航空物流的基本集聚机制、航空物流集聚的特点等③。张得志详细阐述了物流园区形成的内外因和形成与发展的动力机制，分析了物流园区的形成途径，旨在探讨物流园区形成和发展的一般经济规律④。梁世翔运用

---

① McKinley Conway. The Great Cities of the Future[J]. The Futurist，1999，33(6)：28-29.
② 费瑞涛. 浅谈区域性航空物流中心的构建[C]. 第三届中国国际物流高峰会，2002：133-136.
③ 吴昌勇. 航空物流园区形成机理. 中国民用航空[J]. 2004，8：32-34.
④ 张得志. 物流园区演化机理与布局优化方法的研究[D]. 长沙：中南大学博士论文，2006：66-69.

ITS 相关理论分析了物流园区的形成机理和物流园区的空间演化规律①。陈志刚在总结物流园区相关理论的基础上，从市场经济的集聚效应，规模经济、降低交易成本、政府的推进作用等方面对物流园区的形成机理进行了分析②。李婵娟尝试用复杂系统的元胞自动机建模方法，对临港物流园区复杂系统内的物流企业进行演化行为分析③。王福华根据系统学和成长理论，将物流园区看成具有生命力的经济主体，从规模扩张和结构演进两个方面对物流园区的成长路径进行了分析④。

综上所述，国内外关于航空物流园区形成机制研究的文献较为少见，运用系统动力学方法分析航空物流园区的形成机制的文献尚未见到。基于此，本文试图运用系统动力学的分析方法，研究探讨航空物流园区的形成机制。

2. 航空物流园区的形成机制

2.1 航空物流园区的内涵、特点和功能

2.1.1 航空物流园区的内涵与特点

有关航空物流园区的概念，目前尚未有一致的认识，大多是从区域、功能、产业集聚角度给出的定义⑤。本文认为：航空物流园区的内涵是指在机场周边的某一特定区域内，以机场公司提供航空物流基础设施为基础，以机场公司为园区主导，集航空物流服务供给者(包括航空公司、货运企业、货代企业、运输企业、仓储企业、加工企业等)、海关、商检、保税、金融机构、信息服务等服务功能于一体，以其服务于对时间响应高、产品附加值高、体积小、重量轻等特点的高科技产业、花卉业、生物医药业、快递业等行业为主要服务对象，根据服务对象的物品供应链物流活动的服务要求，提供其航空供应链物流服务的产业集群。

航空物流园的主要特点体现在四个方面：第一，准入门槛高。航空物流园区的规划、建设、运营都是以当地机场为依托的，众所周知机场的配套基础设施建设具有很强的专业性，必须严格按照国际规定建设跑道以满足飞机的起降要求，建设停机坪以满足飞机装卸货物的需求，建设精密的导航系统以满足飞机安全飞行的要求。这些因素导致了航空物流园区建设的准入门槛较高，国家对于航空物流园区建设的批复要高于一般物流园区。第二，服务对象特定。航空物流的速度很快，但是同时也受到飞机载重的限制，这就导致了航空物流的成本高于其他交通运输方式。所以并不是所有的货物都适合在航空物流园区进行运输中转。一般而言，价值高、体积小、时间紧的高科技产成品、鲜花蔬菜、紧急物品是航空物流园区服务的对象。第三，货物中转速度快。航空物流本身所追求的快捷性要求进入航空物流园区的货物要迅速地中转或者运输，一般而言货物进入园区后 24 小时内就会被安排运出物流园区，但保税中心或者保税区的货物除外。第四，具有保税功能。由于机场本身具有口岸的功能，随着国际贸易的发展，为了更好地适应市场的需求，现在规划设计航空物流园区都会划定专门的区域作为保税中心或者保税区，便于货物的进出口和海关的监管，这成为航空物流园区区别于一般物流园区的特征。

2.1.2 航空物流园区的功能

航空物流园区不同于一般的物流园区，在功能规划上有其自身的特点。通常航空物流园区的功能规

① 梁世翔. 基于 ITS 的物流园区协同研究[D]. 武汉：武汉理工大学，2007.
② 陈志刚，程慧平. 物流园区形成机理研究[J]. 商场现代化，2008，4：111-112.
③ 李婵娟. 基于元胞自动机的临港物流园区分析[J]. 物流工程与管理，2009，31(10)：68-69.
④ 王福华. 物流园区成长路径研究[J]. 中国流通经济，2009，23(4)：26-29.
⑤ 吴昌勇. 航空物流园区形成机理[J]. 中国民用航空，2004，8(44)：56-57.

划以传统航空货运为基础进行拓展和延伸。具体来说航空物流园区的功能可以分为以下三种：基本物流服务功能、航空特定物流服务功能、其他增值服务和衍生服务。

基本物流服务功能主要包括以下几个方面：集货、中转、分拨、仓储、分拣、装卸搬运、流通加工等货运服务。

航空特定物流功能主要包括快件、保税、监管、通关、金融、保险等服务。由于快件的时效性更强，更加注重中转的速度，一般的航空物流园区为了满足发展的需要都会在园区中设置专门的一块区域作为快件分拣中心。为了加快进出航空物流园区货物的中转速度，航空物流园区实行大通关模式，在园区内提供监管、通关、金融等综合化的服务。

航空物流园区还会提供除基本物流功能以外的服务，为的就是最大化地满足园区内各个主体的需求。其他的增值和衍生服务包括信息服务、交易展示、综合办公、管理咨询等。

2.2 航空物流园区的形成条件

2.2.1 资源禀赋条件

区域的资源禀赋是航空物流园区形成的资源条件，影响着航空物流园区的位置、规模和发展潜力。资源禀赋包含了很多方面的内容，如基础设施条件、综合交通条件等。航空物流园区的形成和发展是以机场为依托的，因此良好的机场和相关设施（航站楼、货站、跑道、停机坪）等是其形成发展的必要条件。此外，要实现人流、物流的快速中转和流动，航空物流园区必须具备良好的综合交通条件，需要公路、铁路等运输方式相互配合，建立综合化、立体化的交通运输网络。因此，良好的交通运输条件也是航空物流园区形成的条件之一。

2.2.2 市场需求条件

市场需求条件是航空物流园区形成的经济基础。市场需求条件受制于区域经济发展水平，良好的区域经济发展水平会衍生出对航空物流园区的市场需求，航空物流园区旨在快捷、高速地满足客户对于商品运输、存储等相关服务的需求。只有存在足够的对航空物流市场服务的需求，航空物流园区才有建设的可能性。知识经济、信息经济时代的到来，大量附加值高、规格小、质量轻的产品不断涌现，这些产品对市场敏感程度高，产品生命周期短，时间价值竞争日趋激烈，这就对航空物流产生了巨大的市场需求，也推动了航空物流园区的形成和发展。因此，区域范围内巨大的航空物流市场需求是航空物流园区形成的保障。

2.2.3 航空物流服务供给及口岸功能条件

航空物流服务供给者包括航空公司、货运企业、货代企业、运输企业、仓储企业、加工企业等，能够提供航空物流服务，口岸机构如海关、商检、保税等，能够提供完善的进出口服务，同时金融机构、信息服务等为航空物流需求服务提供必要的配套功能服务支持条件。

2.2.4 政府扶持与引导

政府的扶持是航空物流园区发展的制度条件。完善的政府扶持政策会大力推动航空物流园区的形成和发展，实现航空物流园区的跨越式发展。航空物流园区具有一般物流园区的基本特征，其建设周期长、资金投入规模大，且具有公共品的性质，这就使政府在航空物流园区的形成和发展过程中扮演着重要的角色。政府需要营造航空物流园区形成发展的有利环境，扶持和引导园区的健康发展，如园区规划、基础设施建设、政策扶持、资金投入、市场运作规范、联检通关服务等。因此，政府扶持的力度也在很大的程度上关系着航空物流园区的形成和发展。

2.3 航空物流园区形成机制的系统动力学分析

在上述分析的基础上，可以看到影响航空物流园区形成的因素有很多，且各因素之间又相互影响，为了更加清楚地说明各因素在航空物流园区的形成中所发挥的作用，我们利用系统动力学的思想，将各因素之间的关系表示为一些反馈回路，如图1所示。通过对航空物流园区形成动力的整理，我们从动力、供求、政府支持和创新四个方面分析归纳了航空物流园区形成的机制。

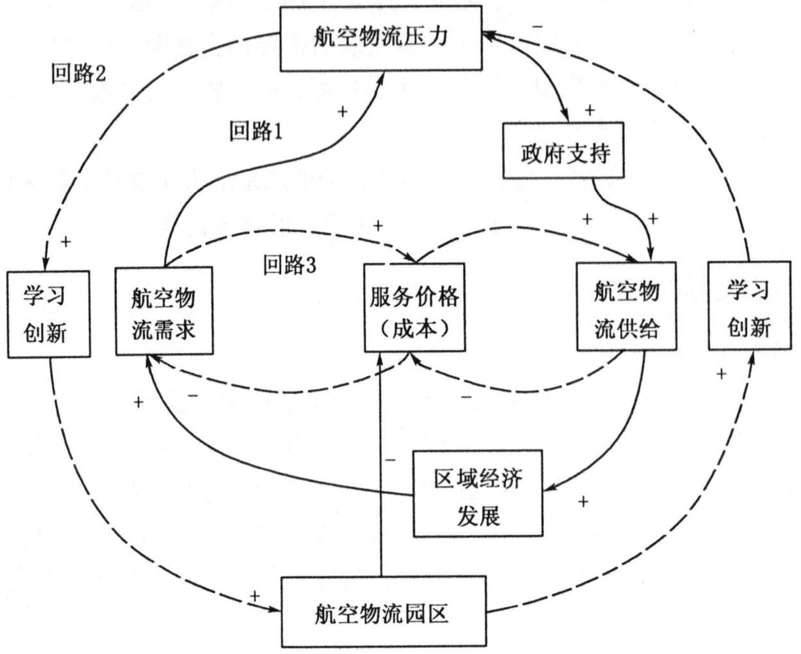

图1　航空物流园区形成机制图

反馈回路1：航空物流需求→航空物流压力→政府投入→航空物流供给→区域经济发展。航空物流需求的增加会加大航空物流压力，为了减少航空物流的压力，政府会加大扶持力度，进而促进航空物流的供给，航空物流供给的增加为经济发展提供了保障，进而促进区域经济的发展，区域经济的发展又会导致航空物流需求的增加。回路1包含了航空物流园区形成的利益机制、供求机制、政府机制。

反馈回路2：航空物流压力→学习创新→航空物流园区→学习创新。为了解决日益增大的航空物流压力，航空物流服务主体有了学习创新的动力，为了更好地学习创新，它们在某一区域聚集形成航空物流园区，航空物流园区的形成又可以促进学习创新，从而减少了航空物流服务的压力。回路2包含了航空物流园区形成的创新机制。

反馈回路3：服务价格(成本)→航空物流需求，服务价格(成本)→航空物流供给。前者表现为航空物流服务价格(成本)对航空物流需求的调节，后者表现为航空物流服务价格(成本)对航空物流供给的调节，两者使航空物流园区平衡发展。回路3包含了航空物流园区形成的利益机制、供给机制。

2.4　航空物流园区形成的利益机制

在市场经济活动中，利益是一切活动开展的根本动力。利益机制引导企业家将资本投入有限的经济活动中以获得最大的经济利润，不同经济主体之间合作的前提是共同利益，合作建立起来的组织机构能够试图实现各自利益和整体利益的最大化，这样经济主体才会参与到合作经济组织中与其他主体进行合作。正因为航空物流园区能够为航空物流经济主体搭建实现共同利益的综合平台，航空物流园区才得以形成和发展。航空物流园区的利益机制可以通过集聚实现成本节约。这里探讨的成本只包括交易成本和交通成本。

2.4.1 交易成本的节约

航空物流园区有产业集群的优势，园区管理机构（航空物流园区管理委员会）的存在为其发展提供了制度上的保障，在某种程度上管理部门是作为第三方监督者对航空物流园区的服务需求者和服务供给者的行为进行监督和指导，这有利于航空物流园区企业之间维持长期的良好的合作关系。此外，在航空物流园区内物流服务的需求者和供给者之间很容易形成一种长期合作的关系，这种关系使得达成交易更加简便，减少了谈判的成本，而且双方都有规范的合同对其行为进行约束，降低了合同的履行成本。长期的合作关系需要经过重复博弈才能形成，在博弈过程中不诚信的一方会受到严厉的惩罚（断绝往来），这使各自的行为更加自觉，双方之间由显性契约（合同）转变为隐性契约，这样可以有效地抑制航空物流园区的经济活动中的机会主义倾向，同时也减少了诉诸法律带来的相关成本（如图2所示）。

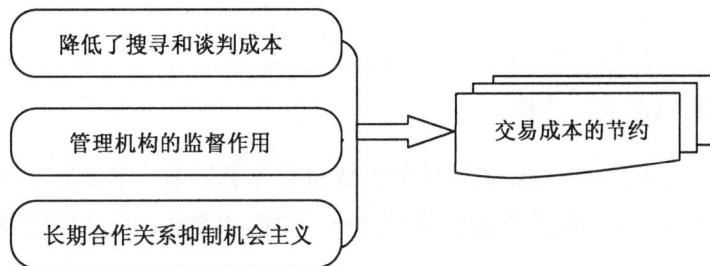

图2　航空物流园区降低交易成本

2.4.2 交通成本的节约

根据航空物流园区的定义可以知道，航空物流园区在本质上是一种产业集群的现象，航空物流服务的供给者和需求者在一定空间上集聚。这种集聚带来很多的便利，其中之一就是可以缩短企业之间的运输距离，增加彼此之间产品的流动性，降低企业的运输成本。图3表示航空物流园区形成前的企业分布，

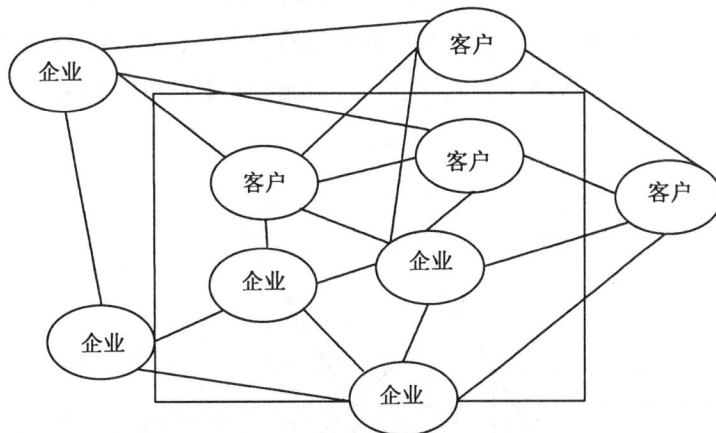

图3　航空物流园区形成前的企业分布图

矩形表示一个区域，区域内的企业会和区域内外的企业发生经济联系，直线表示运输的距离，因为彼此分离，经济活动中产生的交通成本会很高。图4表示航空物流园区形成后的企业分布，相关企业和客户大部分集中在航空物流园区内部，只有少数企业和客户在园区外分布，这大大缩减了航空物流企业与客户进行的经济活动中产生的交通成本。

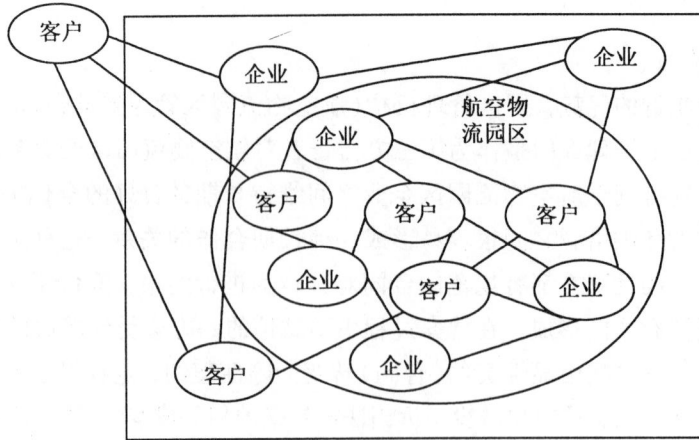

图4 航空物流园区形成后的企业分布图

2.5 航空物流园区形成的供求机制

航空物流的供给和需求状况对航空物流园区的形成也有显著影响，它是航空物流园区平衡发展的保障。航空物流服务需求决定了航空物流服务供给的种类、规模和方向，反之航空物流供给也会反作用于航空物流需求。

航空物流园区是一个庞大而复杂的系统，参与的主体很多，包括航空物流服务供给者（航空货运企业、航空货代企业、航空公司、仓储企业、装卸搬运企业等）、基础设施平台（机场、飞机、道路、信息平台）、政府部门（海关、检验检疫）、中介服务体系（园区管委会、银行）等。航空物流服务供给者负责提供相关航空物流服务，它们的发展水平决定了航空物流园区的功能定位、服务范围、服务对象以及服务水平，只有保证一定的供给水平，航空物流园区才有形成的现实可能性。基础设施平台、政府部门、中介服务体系能够为航空物流服务供给提供保障，增强航空物流园区的供给能力。

航空物流园区的供求机制如图5所示，随着知识经济时代和信息经济时代的到来，对航空物流的服务需求从 D_1 增加到 D_2，航空物流服务供给还没有进行调整仍然处于 S_1，此时航空物流市场上有 Q_1Q_2 的需求得不到满足，航空物流服务价格由 P_1 增加到 P_2。在市场机制作用下，相关企业会发现此处的商机，加入

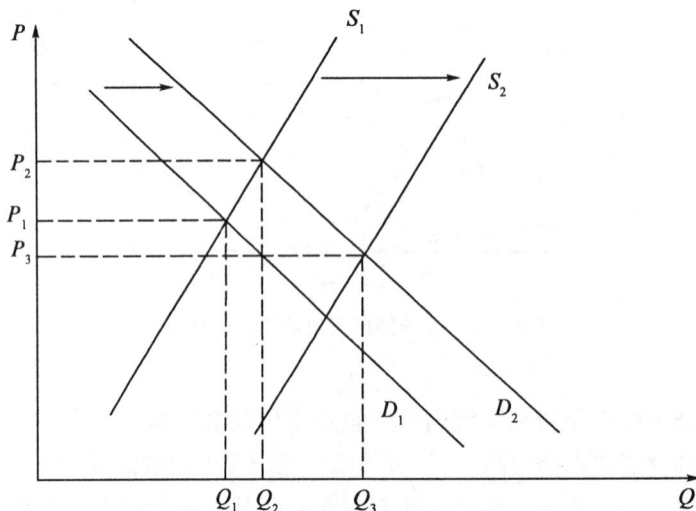

图5 航空物流园区供求机制图

到航空物流供给企业的行列中，由于市场要求的是综合化和一体化的航空物流服务，单一的企业很难提供，于是它们会相互协作分工，在某个区域经济，形成航空物流园区。航空物流园区内的基础设施平台、政府部门、中介服务体系能够增强航空物流园区的供给能力。此情况下，航空物流服务的供给会由 S_1 增加到 S_2，航空物流服务数量增加到 Q_3，航空物流需求得到满足，价格也由 P_2 下降到 P_3。在供求机制的影响下，航空物流园区的物流服务供求达到平衡，航空物流服务的价格得到调整。

2.6 航空物流园区形成的政策机制

根据波特的产业集群理论，政府机构在产业集群的形成过程中有着非常重要的影响，政府的政策导向会在一定程度上影响产业集群的形成和演进过程，如图6所示。因此在航空物流园区的形成机制中政策机制的影响是不容忽视的。

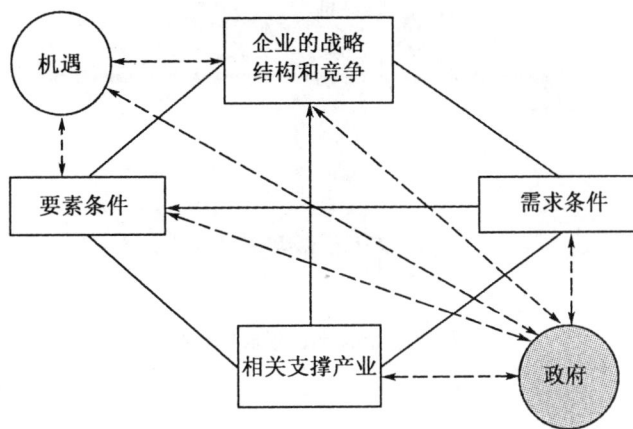

图6　波特钻石模型图

政府在航空物流园区的形成过程中应该明确自己的角色，履行好自己的职能。首先，政府应完善相应的法律法规、物流标准，为航空物流园区的形成提供制度保障；其次，政府应该完善基础设施和信息平台的建设，为航空物流园区的形成提供基础平台；最后，政府应投入一定的资金对入驻航空物流园区的企业进行补贴，同时落实各项优惠政策如税收政策、土地政策等，为航空物流园区的形成提供资金方面的扶持。通过政策机制为航空物流园区的形成创造良好的产业环境。

另一方面，政府机制也会对航空物流园区的形成产生消极的影响，如果政府机构不能客观地分析航空物流园区的经济发展规律，而是为了追求政绩，盲目地建设航空物流园区，就会造成很大的社会资源的浪费。或者政府机构不能有针对性地制定航空物流园区的发展政策，对所有的物流园区"一刀切"，那么政府机制也起不到促进航空物流园区形成和发展的作用。

2.7 航空物流园区形成的创新机制

创新是社会经济发展的持续动力，也是社会经济结构变革的推动力，可以刺激新的产业形态的出现。创新机制是航空物流园区形成的机制之一，当社会航空物流压力过大，航空物流供给不能满足航空物流需求时，为了解决这一结构性矛盾，就需要进行创新，从而促进航空物流园区的形成。航空物流园区的创新主要从物流服务模式创新和物流技术创新两方面进行。物流服务模式创新主要通过航空物流服务供给者针对航空物流需求的变化和要求，协调园区管理组织和相关组织不断拓展航空物流服务的新领域和创新模式，实现航空物流需求者的要求；航空物流技术创新主要通过不断运用现代物流技术、信息技术、网络技术和技术手段等提高航空物流服务的水平，满足航空物流服务的要求。

总之，利益机制是航空物流园区形成的基础，供求机制在航空物流园区形成机制中起到了平衡的作用，政府机制是航空物流园区形成的助推器，创新是航空物流园区形成的实现机制，四个机制共同作用推动了航空物流园区的形成和发展，如图7所示。

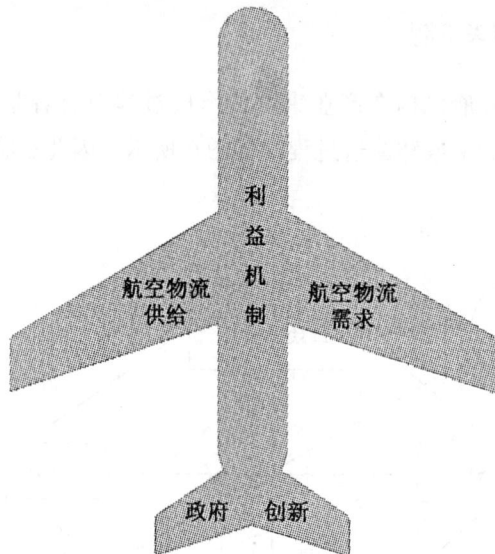

图7 航空物流园区形成机制图

3. 结语

航空物流园区为相关物流企业和客户提供了综合服务平台，能够吸引基地航空公司、货代企业、第三方物流企业、海关监管机构、金融机构等入驻，形成航空产业集群，这有利于降低物流成本、提高物流服务质量，同时还能带动相关产业的发展，增加政府部门收入，解决就业问题，并提升机场周边区域土地的价值。但是航空物流园区的规划建设是一项庞大而复杂的工程，分析航空物流园区的形成和演化机制，有助于从本质上认识航空物流园区，从而更加科学合理地推动航空物流园区的发展。

（作者电子邮箱：haifenglan@163.com）

◎ **参考文献**

[1]曹云春，沈丹阳.航空物流产业化形成机理研究[J].商业研究，2010，1.

[2]陈志刚，程慧平.物流园区形成机理研究[J].商场现代化，2008，4.

[3]戴卫明，肖光华.产业集群的发展轨迹分析[J].湖南科技学院学报，2005，26(1).

[4]符正平.论企业集群的产生条件与形成机制[J].中国工业经济，2002，10.

[5]黄建伟，张丽，赵佳妮，等.空港物流园区：产业集群竞争优势视角的研究[J].中国市场，2008，28.

[6]梁心琴，张立华.空港物流规划与运作实务[M].北京：中国物资出版社，2008.

[7]李兰冰.物流产业集群的创新机制研究[J].科学学与科学技术管理，2007，28(6).

[8]李斌，陈长彬.区域物流产业集群形成和发展的动力机制分析[J].商业经济与管理，2010，7.

[9]李双艳，陈治亚，张得志，等．物流节点系统演化机理研究[J]．铁道科学与工程学报，2008，5(1)．

[10]李婵娟．基于元胞自动机的临港物流园区分析[J]．物流工程与管理，2009，31(10)．

[11]迈克尔·波特．国家竞争优势[M]．北京：华夏出版社，2002．

[12]徐公达．我国民航运输业融入现代物流的发展模式研究[J]．上海工程技术大学学报，2005，19(3)．

[13]吴新泉．航空物流园区系统规划研究[D]．南京：东南大学，2006．

[14]王珂．枢纽型航空港物流园区规划研究与应用[D]．上海：上海交通大学，2006．

[15]王福华．物流园区成长路径研究[J]．中国流通经济，2009，23(4)．

[16]王建优．产业聚集的机理分析[J]．南京社会科学，2003，1．

[17]王缉慈．地方产业群战略[J]．中国工业经济，2002，3．

[18]王喜富．机场物流园区规划建设相关特性研究[J]．交通与运输，2008，z2．

[19]徐康宁．产业集聚形成的源泉[M]．北京：人民出版社，2006．

[20]夏建忠．物流企业集群形成机理初探[J]．中国储运，2007，7．

[21]周通．论物流集群与我国物流园区的发展模式[D]．北京：对外经济贸易大学，2007．

Study on Formation Mechanism of Air Logistics Park

Yan Xin[1]   Hai Feng[2]   Zhu Jianqun[3]

(1, 2, 3 Economics and Management School of Wuhan University, Wuhan, 430072)

Abstract：This paper uses system dynamics method to analyze the forming mechanism of air logistics park based on the connotation, the characteristics, the function and formation conditions of air logistics park, and put forward the profit mechanism, supply and demand mechanism, policy mechanism and innovative mechanism of air logistics park, aiming to provide guidance to the construction and development of the aviation logistics park in China.

Key words：Air logistics park; System dynamics; Forming mechanism